正保会计网校
www.chinaacc.com

U1068843

梦想成真®
Dream Come True

2022年注册会计师全国统一考试

经济法

经典题解

■ 刘佳星 主编
■ 中华会计网校 编

做习题

感恩22年相伴 助你梦想成真

上海交通大学出版社
SHANGHAI JIAO TONG UNIVERSITY PRESS

目录

CONTENTS

章节习题·巩固阶段

跨章节主观题·突破阶段

模拟试卷·决胜阶段

章节习题·巩固阶段

1个月

第一章　法律基本原理

本章重要程度：●○○

本章综合练习（限时30分钟）

扫我做试题

一、单项选择题

1. 下列关于法的特征的表述中错误的是(　)。
   A. 法是由国家制定或认可，这一特征使法律成为国家意志的体现，具有权威性和统一性
   B. 国家强制力是保证法律实施的唯一力量
   C. 法律所规定的权利和义务不仅指个人、组织及国家(作为普通法律主体)的权利和义务，还包括国家机关及其公职人员在依法执行公务时所行使的职权和职责
   D. 法虽然是调整人类社会关系的重要社会规范，但并不是唯一的社会规范

2. 法是调整人类社会关系的重要社会规范，但并不是唯一的社会规范。下列关于法与道德关系的表述中错误的是(　)。
   A. 法律与道德的调整范围相互包容
   B. 道德属于社会制度的范畴
   C. 法律是由国家强制力保证实施的
   D. 法律所鼓励的，也是道德所倡导的

3. 下列各项中，属于行政法规的是(　)。
   A. 全国人民代表大会制定的《民法典》
   B. 辽宁省人民代表大会制定的《辽宁省志愿服务条例》
   C. 国务院制定的《社会救助暂行办法》
   D. 中国人民银行发布的《人民币图样使用管理办法》

4. 下列关于全国人民代表大会常委会的立法表述中错误的是(　)。
   A. 全国人民代表大会常委会可以制定一般法律
   B. 全国人民代表大会常委会制定的法律效力等级仅低于宪法
   C. 全国人民代表大会常委会可以在特殊情况下对基本法律进行修改
   D. 全国人民代表大会常委会负责制定行政法规

5. ☆*法律规范可以分为授权性规范和义务性规范。根据这一分类标准，下列法律规范中，与“当事人依法可以委托代理人订立合同”属于同一规范类型的是(　)。
   A. 中华人民共和国境内经济活动中的垄断行为，适用本法
   B. 公司股东依法享有资产收益、参与重大决策和选择管理者等权利
   C. 未经证券交易所许可，任何单位和个人不得发布证券交易即时行情
   D. 票据的签发、取得和转让，应当遵循诚实信用的原则，具有真实的交易关系与债权债务关系
6. ☆下列关于法律规范与法律条文关系的表述中正确的是(　)。
   A. 法律规范等同于法律条文
   B. 法律条文的内容除法律规范外，还包括法律原则等法要素
   C. 法律规范是法律条文的表现形式
   D. 法律规范与法律条文一一对应
7. 下列各项表述中，不属于法律关系的是(　)。
   A. 甲向乙签发一张支票
   B. 甲拾得乙遗失的手机
   C. 甲与乙发生口角而大打出手，致乙住院治疗
   D. 甲与乙谈恋爱
8. 下列各项中，不属于我国法律关系主体的是(　)。
   A. 在我国居住的无国籍人
   B. 某外国人在中国参与设立的合伙企业
   C. 经授权代表国家签署条约的某国家部委
   D. 某企业推出的虚拟话务员
9. 晓彤今年14周岁，精神健康，智力正常，她每天自己乘坐公交车投币上学，并在学校门口的便民早餐店吃早饭。下列关于晓彤上述行为效力的表述中，正确的是(　)。
   A. 晓彤是无民事行为能力人，其实施的行为无效
   B. 晓彤是无民事行为能力人，其实施的行为须经法定代理人追认方为有效
   C. 晓彤是限制民事行为能力人，其实施的行为有效
   D. 晓彤是限制民事行为能力人，其实施的行为须经法定代理人追认方为有效
10. 下列关于全面依法治国的表述中，错误的是(　)。
   A. 是实现党和国家长治久安的长远考虑
   B. 是实现中华民族伟大复兴的中国梦的重要保证
   C. 具有基础性、保障性作用
   D. 2020年，“依法治国”写入宪法，得到了宪法的确认

二、多项选择题

1. 下列关于法律关系特征的表述中正确的有(　)。
   A. 并非所有社会关系都属于法律关系
   B. 并非所有法律关系都属于社会关系
   C. 法律关系可以由当事人约定产生
   D. 法律关系以国家强制力为保障
2. 下列各项中，不具有重复适用性及普遍适用性的有(　)。
   A. 法律规范
   B. 立法机关的个别性决定
   C. 司法机关的判决
   D. 法律条文
3. 下列各项中，属于我国的法律渊源的有(　)。
   A. 签署的国际条约中，中国未声明保留的条款
   B. 最高人民检察院出台的《关于办理利用未公开信息交易刑事案件适用法律若干问题的解释》
   C. 最高人民法院出台的《关于发布第十二批指导性案例的通知》

---

* 标记“☆”的题目为经典题目。

D. 中国人民银行发布的《紧紧围绕国家发展战略创新金融支持和服务》报告

4. 下列各项中，可以成为民事法律关系主体的有（ ）。

A. 有限责任公司的分公司

B. 国家

C. 无国籍人

D. 公立医院

5. 下列选项中，不能成为法律关系客体的有（ ）。

A. 爱情 B. 亲情

C. 友情 D. 尊严

6. 下列各项中，能导致法律关系产生、变更或消灭的有（ ）。

A. 人的出生 B. 自然灾害

C. 时间的经过 D. 侵权行为

7. 下列各项中，属于事实行为的有（ ）。

A. 甲的创作行为

B. 乙的侵权行为

C. 丙签订合同的行为

D. 丁的死亡

8. 全面推进依法治国是新时代中国特色社会主义思想的重要组成部分。下列各项表述中，正确的有（ ）。

A. 中央全面依法治国委员会办公室设在司法部

B. 全面依法治国是坚持和发展中国特色社会主义的本质要求和重要保障

C. 实现全面推进依法治国的总目标，必须从中国实际出发

D. 实现全面推进依法治国的总目标，必须要坚持人民主体地位

9. 建设中国特色社会主义法治体系，是全面推进依法治国的总抓手。下列各项中，属于判断中国特色社会主义法律体系是否完善的标准有（ ）。

A. 法的部门要齐全

B. 不同法律部门的调整对象要相同

C. 不同法律部门内部的主要法律规范要齐备

D. 不同法律规范之间要和谐统一

10. 下列各项中，属于全面推进依法治国必须坚持的基本原则的有（ ）。

A. 坚持中国共产党的领导

B. 坚持人民主体地位

C. 坚持法律面前人人平等

D. 坚持依法治国和以德治国相结合

本章综合练习·参考答案及解析

一、单项选择题

1. B 【解析】本题考核法的特征。法律的实施主要依赖于社会主体的自觉遵守和执行，只有相关社会主体不遵守法律规定，并依照法律规范应当就不遵守法律规范的行为承担相应的法律后果时，才由国家机器保证实施。选项 B 表述错误。

2. B 【解析】本题考核法与道德的关系。法律与道德的调整范围相互包容、相互交叉，选项 A 表述正确。法律属于社会制度的范畴，道德属于社会意识形态的范畴，选项 B 表述错误。法律是由国家强制力保证实施的，道德主要靠社会舆论、人的内心信念等方式实现，选项 C 表述正确。法律所鼓励的或者禁止的，也是道德所鼓励或者禁止的，选项 D 表述正确。

3. C 【解析】本题考核法律渊源。行政法规是指作为国家最高行政机关的国务院制定的规范性文件，选项 C 正确。选项 A 由全国人民代表大会制定，属于“法律”。选项 B，由辽宁省人民代表大会制定，属于“地方性法规”。选项 D，由中国人民银行发布，属于“部门规章”。

4. D 【解析】本题考核全国人民代表大会常委会立法权限。基本法律全国人大制定（修改），一般法律全国人大常委会制定

（修改），选项 A 表述正确。全国人民代表大会及其常务委员会制定的法律，效力等级仅低于宪法，选项 B 表述正确。全国人大闭会期间，全国人大常委会可以对基本法律进行部分补充和修改，但不得同该法律的基本原则相冲突，选项 C 表述正确。行政法规由国务院制定，选项 D 表述错误。

5. B 【解析】本题考核法律规范的种类。授权性规范是规定人们可以作出一定行为或者要求别人作出一定行为的法律规范；义务性规范是要求人们必须作出或不作出某种行为的法律规范。选项 D 要求必须作出，选项 C 要求人们不作出某种行为，故选项 C、D 都属于义务性规范。选项 A，基于法律的属地管辖，境内垄断行为必须适用反垄断法，其也属于义务性规范。选项 B，公司股东出资后，按照章程授权规定享有权利，与“当事人依法可以委托代理人订立合同”同属于授权性规范。

6. B 【解析】本题考核法律规范。法律规范与法律条文不同，选项 A 错误。法律条文是法律规范的表现形式，选项 C 错误。法律规范与法律条文并不一一对应，选项 D 错误。

7. D 【解析】本题考核法律关系的概念。法律关系是一种社会关系，但并非所有的社会关系都是法律调整的对象，一些社会关系受道德、习惯等的调整。选项 D 属于爱情、友情等领域，不受法律调整。

8. D 【解析】本题考核法律关系主体。无论中国公民、外国人或者无国籍人，都可以成为我国法律关系的主体，选项 A 不选。外国人在中国参与设立的合伙企业，属于非法人组织，是我国法律关系的主体，选项 B 不选。国家部委，属于特别法人，是我国法律关系的主体，选项 C 不选。虚拟话务员，并非人类，不属于我国法律关系的主体，选项 D 应选。

9. C 【解析】本题考核法律关系主体的权利能力和行为能力。8 周岁以上的未成年人为限制民事行为能力人。限制民事行为能力人订立的合同，经法定代理人追认后，该合同有效，但纯获利益的合同或者与其年龄、智力、精神健康状况相适应而订立的合同，不必经法定代理人追认。晓彤实施的上述行为，属于与其年龄、智力状况相适应的行为，选项 C 正确。

10. D 【解析】本题考核全面依法治国基本方略。1999 年，“依法治国”写入宪法，得到了宪法的确认。

二、多项选择题

1. ACD 【解析】本题考核法律关系的特征。法律关系是以法律规范为前提的社会关系，但并非所有社会关系都属于法律关系，选项 A 正确，选项 B 错误。法律关系是以权利义务为内容的社会关系，可以由法律赋予，也可以是当事人双方约定，选项 C 正确。法律关系是以国家强制力为保障的社会关系，选项 D 正确。

2. BC 【解析】本题考核法律规范。选项 BC 属于国家的个别命令，其不具有普遍适用性，仅针对特定的主体等发生效力。

3. AB 【解析】本题考核法律渊源。选项 A，对国际条约中中方未声明保留的条款，视为我国的法律渊源。选项 B，最高人民检察院同样可以颁布司法解释，属于我国的法律渊源。选项 C，最高人民法院出台指导案例，是对典型案例的分析，并非依法定程序发布的司法解释，不属于法律渊源。选项 D，中国人民银行发布的该报告，属于政策文件，非法律渊源。

4. ABCD 【解析】本题考核法律关系主体的种类。法律关系主体包括公民、法人和非法人组织、国家。选项 A，分公司虽然不具备独立的法人资格，但可以独立对外签订合同，属于民事法律关系主体。选项 B，国家可以参与征收、行政购买、发行国债等行为，成为民事法律关系的主体。选项 C，无国籍人也需要遵守所在国的相关法律。选项 D，公立医院属于非营利法人，同样是民事法律关系的主体。

5. ABC 【解析】本题考核法律关系的客体。法律关系的客体包括物、行为、人格利益和智力成果。人格利益是人身权法律关系的客体，也是刑事、行政法律关系的客体。人格利益，包括姓名(自然人主体)、名称(企业主体)、人身、人格、身份、肖像、名誉、尊严等。选项 D 可以成为法律关系客体。例如，对他人尊严的侮辱，构成侵权法律关系甚至刑事法律关系。但爱情、亲情、友情，属于人类的情感表现方式，并不能直接成为法律关系客体。例如，爱情不能买卖。

6. ABCD 【解析】本题考核法律事实。法律事实可以分为两类：事件和行为。选项 A、B、C 均属于事件的范围，选项 D 属于事实行为，都能导致一定法律关系发生、变更或消灭。

7. AB 【解析】本题考核法律事实。事实行为，通常与当事人的意思表示无关。选项 AB 都是事实行为，选项 C 属于法律行为，选项 D 属于事件。

8. ABCD 【解析】本题考核全面依法治国基本方略。

9. ACD 【解析】本题考核中国特色社会主义法治体系是否完善的判断标准。法律的调整对象，是指法律所调整的具体社会关系。不同法律部门所调整的具体社会关系并不同，例如，刑法与民法之间在调整对象上存在较大区别，选项 B 错误。

10. ABCD 【解析】本题考核全面依法治国基本原则。

第二章　基本民事法律制度

本章重要程度：●○○

本章综合练习（限时45分钟）

扫我做试题

一、单项选择题

1. ☆根据民事法律制度的规定，下列选项中属于民事法律行为中的处分行为的是(　)。
   A. 租赁合同　　B. 所有权转让
   C. 买卖合同　　D. 拆除房屋
2. 根据民事法律制度的规定，法律规定必须采取一定的形式或者履行一定的程序才能成立的民事法律行为，属于(　)。
   A. 要式民事法律行为
   B. 主民事法律行为
   C. 不要式民事法律行为
   D. 附条件民事法律行为
3. 根据民事法律制度的规定，下列各项中，属于有偿民事法律行为的是(　)。
   A. 开顺风车的甲看到邻居着急去医院，免费送邻居去了医院
   B. 某保险公司业务员赠送乙一份保额100万元的意外伤害险
   C. 丙向好友借50万元用以周转，双方未约定利息
   D. 保管人丁无偿保管一批货物，提货人逾期一个月提货，丁依约向其收取逾期保管费1万元
4. 赠与合同是赠与人将自己的财产无偿给予受赠人，受赠人表示接受赠与的民事法律行为。根据民事法律制度的规定，下列关于该民事法律行为性质的表述中，不正确的是(　)。
   A. 诺成法律行为　　B. 双务法律行为
   C. 双方法律行为　　D. 负担行为
5. ☆根据民事法律制度的规定，关于意思表示，下列表述符合规定的是(　)。
   A. 要约不属于意思表示
   B. 非对话的意思表示属无相对人的意思表示
   C. 继承开始后，继承人无意思表示的，视为放弃继承
   D. 以公告方式进行意思表示的，自公告发布时生效
6. 根据民事法律制度的规定，下列关于意思表示的表述中，不正确的是(　)。
   A. 有相对人的意思表示分为对话的意思表示和非对话的意思表示
   B. 承诺不需要通知的，根据交易习惯或者要约的要求作出承诺的行为时生效
   C. 行为人不可以撤回意思表示
   D. 以对话方式作出的意思表示，相对人知道其内容时生效；以非对话方式作出的意思表示，到达相对人时生效
7. 民事法律行为以意思表示为核心。根据民事法律制度的规定，下列关于意思表示的表述中，不正确的是(　)。
   A. 意思表示包括意思和表示
   B. 意思表示可以没有相对人
   C. 意思表示到达生效
   D. 交易习惯也有可能被视为意思表示
8. 根据民事法律制度的规定，下列各项中，属于有效民事法律行为的是(　)。

A. 限制行为能力人甲临终立下遗嘱：“我死后，我的全部财产归谢某。”
B. 甲、乙双方约定，若乙将与甲有宿怨的丙殴伤，甲愿付乙酬金 5 000 元
C. 甲因妻子病重，急需医药费，遂向乙筹款。乙提出，可按市场价买下甲的祖传清代青花瓷瓶，甲应允
D. 甲要求乙为其债务提供担保，乙拒绝。甲向乙出示了自己掌握的乙虚开增值税专用发票的证据，并以检举相要挟。乙被迫为甲出具了担保函

9. 无效民事法律行为是指因欠缺民事法律行为的有效要件而不能发生相应法律后果的民事法律行为。根据民事法律制度的规定，下列各项中，不属于无效民事法律行为的是(　)。
A. 5 岁的小朋友接受的压岁红包
B. 赌场马仔与参赌人签订借款合同，借款金额为赌债及其高额利息
C. 借款人与出借人之间签订房屋买卖合同，约定如果借款人按期归还借款，出借人则将房屋返还
D. 双方签订毒品制作技术的传授协议

10. 根据民事法律制度的规定，行为人没有代理权，超越代理权或者代理权终止后以被代理人名义订立的合同，相对人可催告被代理人在一定期限内予以追认，该期限为(　)。
A. 2 个月　　B. 30 日
C. 15 日　　D. 10 日

11. 根据民事法律制度的规定，下列各项中，属于附条件的民事法律行为的是(　)。
A. 由于小刘的工作表现出色，所以公司年终奖励了他一台彩电
B. 老张对小王说，如果老张的儿子结婚，老张租给小王的房子要收回
C. 房屋抵押合同的当事人约定将不动产的抵押登记作为抵押权设立的条件
D. 小马对他的朋友许诺，在朋友 30 岁时赠送朋友一辆汽车

12. 根据民事法律制度的规定，下列各项中，可以适用代理的是(　)。
A. 演出合同中约定，某网红歌星需演唱 3 首歌曲
B. 出版合同中约定，该出版物必须由某专家执笔
C. 未成年人参加民事诉讼
D. 自书遗嘱

13. 诉讼时效原则上适用于债权请求权。根据民事法律制度的规定，下列各项中，适用于诉讼时效的债权请求权是(　)。
A. 请求支付存款本息
B. 请求排除妨碍
C. 请求支付赡养费
D. 请求返还借款本息

14. 根据民事法律制度的规定，下列关于行纪的表述中，错误的是(　)。
A. 行纪中，经纪人以自己的名义从事商业活动
B. 行纪的法律效果直接由委托人承受
C. 行纪必为有偿民事法律行为
D. 行纪中，经纪人需要进行独立的意思表示

15. 根据民事法律制度的规定，下列各项中，不属于滥用代理权行为的是(　)。
A. 甲以被代理人乙的名义与自己进行民事活动
B. 没有代理权的代理行为
C. 代理人和第三人恶意串通
D. 甲作为乙和丙的代理人进行同一项民事行为

16. 刘某谎称是甲企业推销员，向乙推销甲企业产品，并以甲的名义与乙签订了买卖合同。根据民事法律制度的规定，下列各项中，正确的是(　)。
A. 刘某的行为属于表见代理
B. 乙可以催告甲在 1 个月内予以追认，如果甲未作表示，则视为追认
C. 在甲追认后，乙不可以行使撤销权
D. 该买卖合同无效

17. 王小二于2019年7月1日离职，离职时与公司签订保密条款，双方约定自离职后半年内，王小二不得到相同类型公司任职，不得泄露公司商业秘密；作为对价，公司每月月初向其支付5 000元报酬；如果公司违约，则王小二无需遵守竞业限制条款。王小二于2019年11月1日，到经营相同业务的其他公司任职。公司2019年11月15日发现后，于2019年12月1日停止向其支付约定的5 000元报酬。公司要求王小二承担违约责任的诉讼时效起算点是(　)。
   A. 2019年7月1日
   B. 2019年11月1日
   C. 2019年11月15日
   D. 2020年12月1日
18. ☆根据基本民事法律制度的相关规定，下列各项中，属于诉讼时效中止法定事由的是(　)。
   A. 申请支付令
   B. 申请仲裁
   C. 申请宣告义务人死亡
   D. 权利被侵害的无民事行为能力人没有法定代理人

二、多项选择题

1. 根据民事法律制度的规定，下列各项中，不属于单方民事法律行为的有(　)。
   A. 股东大会决议
   B. 购进原材料签订的买卖合同
   C. 免除关联企业部分债务
   D. 将企业产成品无偿赠与希望小学
2. ☆根据民事法律制度的相关规定，下列各项中，属于无相对人的意思表示的有(　)。
   A. 抛弃动产　　B. 授予代理权
   C. 设立遗嘱　　D. 行使解除权
3. ☆根据民事法律制度的规定，下列关于无效民事法律行为特征的表述中，正确的有(　)。
   A. 不能通过当事人的行为进行补正
   B. 其无效须以当事人主张为前提
   C. 从行为开始起就没有法律约束力
   D. 其无效须经人民法院或仲裁机构确认
4. 可撤销民事法律行为中，权利人可以行使撤销权。根据民事法律制度的规定，下列关于撤销权行使的表述中，错误的有(　)。
   A. 在欺诈情形下，双方都可以行使撤销权
   B. 当事人自民事法律行为发生之日起1年内没有行使撤销权的，撤销权消灭
   C. 可撤销民事法律行为中的撤销权与效力待定的民事法律行为的追认权性质相同
   D. 受胁迫的企业进入破产程序后，只能选择适用破产法中的撤销权
5. 根据民事法律制度的规定，限制民事行为能力人订立的下列合同，无需法定代理人追认也可有效的有(　)。
   A. 纯获利益的合同
   B. 与限制民事行为能力人年龄、智力相适应的合同
   C. 他人赠与限制民事行为能力人房产的合同
   D. 格式合同
6. 根据民事法律制度的规定，下列各项中，不得附条件的有(　)。
   A. 赠与　　B. 结婚
   C. 离婚　　D. 法定抵销
7. ☆根据民事法律制度的规定，下列各项中，属于滥用代理权的有(　)。
   A. 代理人甲以被代理人乙的名义将乙的一台塔吊卖给自己
   B. 代理人甲以被代理人乙的名义卖出一台塔吊，该塔吊由甲以丙的名义买入
   C. 代理人甲与买受人丁串通，将被代理人乙的一台塔吊低价卖给丁
   D. 代理人甲在被代理人乙收回代理权后，仍以乙的名义将乙的塔吊卖给戊
8. 无权代理是指没有代理权而以他人名义进行的代理行为。根据民事法律制度的规

定，下列各项中，属于无权代理的有(　)。

A. 甲未取得授权，以他人名义对外签订合同

B. 乙超越授权，以他人名义对外签订合同

C. 丙代理权被终止后，以他人名义对外签订合同

D. 丁声称自己有代理权，以被代理人名义取得善意相对人信赖并签订合同

9. 甲公司委托业务员刘某代理公司去乙厂购买机器设备。根据民事法律制度的规定，下列各项中，表述正确的有(　)。

A. 甲与刘某之间的法律关系按照代理处理

B. 甲与刘某之间的法律关系按照委托处理

C. 甲、刘某及乙之间的法律关系按照代理处理

D. 甲、刘某及乙之间的法律关系按照委托处理

10. 根据民事法律制度的规定，下列关于诉讼时效的表述中，错误的有(　)。

A. 诉讼时效届满只是让债权人产生抗辩权

B. 诉讼时效并非适用于所有的请求权

C. 诉讼时效期间届满，消灭当事人实体权利

D. 当事人一审期间未提出诉讼时效抗辩的，二审期间无新证据又提出的，人民法院不予以支持

11. 根据民事法律制度的规定，下列各项中，属于除斥期间的有(　)。

A. 当事人在知道权利被侵害时 3 年内提起诉讼

B. 当事人受胁迫，自胁迫行为终止之日起一年内行使撤销权

C. 当事人的保证合同对保证期间约定不明的，保证期间为主债务履行期届满之日起 6 个月

D. 债权人领取提存物的权利，自提存之日起 5 年内不行使则消灭

12. 根据民事法律制度的规定，诉讼时效的中止必须具备法定事由。下列各项中，属于引起诉讼时效中止的情形有(　)。

A. 地震导致债权人无法主张权利

B. 涉诉的成年孤儿突遭车祸，变成植物人

C. 债权人因牵涉贩假，被有关机关关羁押

D. 突发疫情导致法院暂停受理诉讼

13. ☆根据民事法律制度的相关规定，提起诉讼是中断诉讼时效的法定事由。下列各项中，与提起诉讼具有同等效力，导致诉讼时效中断的有(　)。

A. 申请强制执行

B. 申请仲裁

C. 在诉讼中主张抵销

D. 申请追加当事人

本章综合练习·参考答案及解析

一、单项选择题

1. B 【解析】本题考核民事法律行为的分类。处分行为是直接导致权利发生变动的法律行为。拆除房屋属于事实行为，不是法律行为。选项 B 是法律行为中的处分行为。选项 AC 是负担行为。

2. A 【解析】本题考核民事法律行为的分类。要式的民事法律行为是指法律规定必须采取一定的形式或者履行一定的程序才能成立的民事法律行为。

3. D 【解析】本题考核有偿与无偿的民事法律行为。该分类的标准是当事人是否支付了一定的对价。开顺风车的甲免费送邻居去医院，没有收取车费，属于无偿民事法律行为，选项 A 错误。某保险公司业务员赠送乙的保险，虽然保额为 100 万元，

但乙获得该保险未支付对价，所以是无偿民事法律行为，选项B错误。丙向好友借款，双方未约定利息，属于无息借款，丙并未支付使用资金的对价，属于无偿法律行为，选项C错误。保管人丁向提货人收取逾期的保管费用，提货人支付了必要的对价，所以是有偿法律行为，选项D正确。

【思路点拨】判断民事法律行为是否有偿，不能简单的看该行为中是否存在金额，而一定要看当事人是否支付了对价。

4. B 【解析】本题考核赠与合同的性质。赠与合同在当事人达成意思表示一致时成立，属于诺成法律行为，选项A的说法正确。赠与合同中，只有单方负有义务，属于单务法律行为，选项B的说法错误。赠与合同需要双方意思表示达成一致，属于双方法律行为，选项C的说法正确。赠与合同使赠与人承担给付义务，属于负担行为，选项D的说法正确。

5. D 【解析】本题考核意思表示。选项A：要约属于意思表示。选项B：有相对人的意思表示分为对话的意思表示和非对话的意思表示。选项C：继承开始后，继承人放弃继承的，应当在遗产处理前，以书面形式作出放弃继承的表示；没有表示的，视为接受继承。

6. C 【解析】本题考核意思表示。行为人可以撤回意思表示。撤回意思表示的通知应当在意思表示到达相对人前或者与意思表示同时到达相对人。

7. C 【解析】本题考核意思表示。意思表示分为意思和表示。意思是当事人的内心想法，表示是将该想法表现于外部，选项A的说法正确。意思表示分为有相对人的意思表示和无相对人的意思表示。例如遗嘱行为就是无相对人的意思表示，选项B的说法正确。无相对人的意思表示，完成即生效，选项C的说法错误。沉默在符合当事人之间的交易习惯时，可以被视为意思表示，选项D的说法正确。

8. C 【解析】本题考核民事法律行为的效力。无民事行为能力人或者限制民事行为能力人所立的遗嘱无效，所以选项A不选。选项B属于违反法律或者社会公共利益的民事法律行为，应为无效，不选。选项C并非乘人之危所为的民事法律行为，而是“按照市场价”购买，并没有严重损害处于危难境地当事人甲的利益，因此是有效民事法律行为，当选。选项D构成胁迫，属于可撤销民事法律行为。

9. C 【解析】本题考核无效民事法律行为。无民事行为能力人独立实施的民事法律行为无效，即使是纯获利益行为也无效，选项A不选。双方签订借款合同掩盖赌债的实质，属于虚假意思表示，该民事法律行为无效，选项B不选。双方签订买卖合同，掩盖担保的意思表示，属于隐藏行为，依有关法律处理，非无效民事法律行为，选项C应选。双方签订与毒品有关的协议，违反强制性规定，该民事法律行为无效，选项D不选。

10. B 【解析】本题考核无权代理。行为人没有代理权、超越代理权或者代理权终止后以被代理人名义订立的合同，未经被代理人追认，对被代理人不发生效力，由行为人承担责任。相对人可以催告被代理人在30日内予以追认。

11. B 【解析】本题考核附条件的民事法律行为。选项A所述条件为已经发生过的而不是将来有可能发生的；选项B所述为附解除条件的法律行为；选项C所述的合同生效条件是法定的，不是约定的；选项D所述为附期限的法律行为。

12. C 【解析】本题考核代理的适用范围。依照法律规定、当事人约定或者民事法律行为的性质，应当由本人亲自实施的民事法律行为不得代理。选项A，是依据民事法律行为性质不得代理。选项B，是依照当事人约定不得代理。选项C，未成年人参加民事诉讼，需由法定代理人代理。选项D，订立遗嘱属于身份行为，不得适用代理。

13. D 【解析】本题考核诉讼时效的适用。请求支付存款本息、兑付国债及金融债券、缴付出资请求权等债权请求权不适用诉讼时效，选项A错误。请求停止侵害、排除妨碍、消除危险属于物权请求权，不适用诉讼时效，选项B错误。请求支付赡养费、抚养费等费用，与特定人身密切相关，不适用诉讼时效，选项C错误。请求返还借款本息，属于依借款合同产生的债权请求权，适用诉讼时效，选项D正确。

14. B 【解析】本题考核行纪合同。行纪人最先承受行纪行为的法律效果，然后将该法律效果转给委托人。

15. B 【解析】本题考核代理权的滥用。没有代理权的代理行为属于无权代理，不属于滥用代理权。

16. C 【解析】本题考核无权代理的效力。因为是刘某谎称为甲公司推销员，没有证据证明使得相对人乙相信刘某有代理权，那么构成的是狭义无权代理，合同效力待定，因此选项AD错误；乙可以催告甲在30日内予以追认，如果甲未作表示，则视为拒绝，因此选项B错误；甲一旦追认，那么合同就产生效力，善意相对人乙的撤销权只能够在甲追认之前行使，因此选项C正确。

17. C 【解析】本题考核诉讼时效期间的起算。请求他人不作为的债权请求权，应当自权利人知道义务人违反不作为义务时起算。本题中，公司2019年11月15日发现王小二违约，从此时开始计算诉讼时效。

18. D 【解析】本题考核诉讼时效中止的事由。无民事行为能力人、限制民事行为能力人没有法定代理人，或者法定代理人死亡、丧失民事行为能力、丧失代理权的，引起诉讼时效中止，选项D应选。选项ABC属于诉讼时效的中断事由。

二、多项选择题

1. ABD 【解析】本题考核民事法律行为的分类。选项A属于决议，决议是多方民事法律行为。选项BD均属于双方民事法律行为。

2. AC 【解析】本题考核意思表示。无相对人的意思表示于意思表示完成时即可产生法律效力，除法律另有规定的，如遗嘱行为、抛弃动产等单方民事法律行为。所以选项A、C正确。有相对人的意思表示又分为对话的意思表示和非对话的意思表示。以非对话方式作出的意思表示，到达相对人时生效。如订立合同过程中的要约和承诺、债务免除、授予代理权、合同解除等意思表示，均采取到达主义。所以选项B、D错误。

3. AC 【解析】本题考核无效民事行为的特征。无效民事法律行为绝对不发生法律效力，不能通过当事人的行为进行补正，选项A正确。无效民事法律行为自始无效。从行为开始时起就没有法律约束力，选项C正确。

4. ABD 【解析】本题考核撤销权。在欺诈、胁迫的情形下，只有受欺诈、受胁迫方才可行使撤销权，选项A应选。当事人自民事法律行为发生之日起5年内没有行使撤销权的，撤销权消灭，选项B应选。可撤销民事法律行为中的撤销权与效力待定的民事法律行为的追认权都属于形成权，性质相同，选项C不选。企业进入破产程序后，本撤销权和《破产法》中的撤销权可以并用，选项D应选。

5. ABC 【解析】本题考核民事法律行为的效力。限制民事行为能力人订立的合同，经法定代理人追认后，该合同有效，但纯获利益的合同或者与其年龄、智力、精神健康状况相适应而订立的合同，不必经法定代理人追认。

6. BCD 【解析】本题考核附条件的民事法律行为。根据《民法典》的规定，民事法律行为可以附条件，但是根据其性质不得附条件的除外。例如《民法典》规定，抵销不得附条件。结婚、离婚等身份性法律行为，原则上也不得附条件。

7. ABC 【解析】本题考核代理权的滥用。滥用代理权包括：自己代理(选项 A)；双方代理(选项 B)；代理人与第三人恶意串通、损害被代理人的利益(选项 C)；选项 D 属于狭义的无权代理。

8. ABCD 【解析】本题考核无权代理。无权代理的情形一般包括：没有代理权的代理，超越代理权的代理和代理权终止后的代理。选项 ABC 分别针对上述三种情况。选项 D，丁实施的无权代理行为，足以产生让第三人信赖的结果，该行为称为表见代理。表见代理也是无权代理的一种，选项 D 正确。

   【思路点拨】表见代理虽然是无权代理的一种，但却发生有权代理的法律后果。

9. BC 【解析】本题考核代理和委托。在委托代理中，委托人(被代理人)与受托人(代理人)之间的法律关系按照委托处理；委托人、受托人及相对人三方当事人之间的法律关系按照代理处理。

10. AC 【解析】本题考核诉讼时效的特点。诉讼时效的功能在于督促权利人行使权利，当事人未在规定时间内行使权利，并不消灭当事人的实体权利，只是让债务人产生对抗债权人的抗辩权，而非债权人产生抗辩权，选项 A、C 的说法错误。诉讼时效只能适用在部分请求权上，当事人在一审期间未提出时效抗辩的，在二审期间提出的，人民法院不予支持，但其基于新的证据能够证明对方当事人的请求权已过诉讼时效期间的除外，选项 B、D 的说法正确。

11. BCD 【解析】本题考核除斥期间。除斥期间是指法律规定的某种权利存在的预定期间。除斥期间届满，实体权利即消灭。A 是诉讼时效。

12. ABCD 【解析】本题考核诉讼时效中止的法定事由。地震和疫情，属于不可抗力，可以引起诉讼时效中止，选项 A、D 正确。成年孤儿失去民事行为能力，暂未确定法定代理人，应中止诉讼时效，选项 B 正确。债权人被他人控制，无法行使权利，选项 C 正确。

13. ABCD 【解析】本题考核诉讼时效的中断。下列事项均与提起诉讼具有同等诉讼时效中断的效力：①申请仲裁；②申请支付令；③申请破产、申报破产债权；④为主张权利而申请宣告义务人失踪或死亡；⑤申请诉前财产保全、诉前临时禁令等诉前措施；⑥申请强制执行；⑦申请追加当事人或者被通知参加诉讼；⑧在诉讼中主张抵销；⑨其他与提起诉讼具有同等诉讼时效中断效力的事项。

第三章　物权法律制度

本章重要程度：●●○

本章综合练习（限时45分钟）

扫我做试题

一、单项选择题

1. 根据物权法律制度的规定，下列选项中，不属于物具有的特点是(　)。

A. 有体性　　B. 排他性

C. 可支配性　　D. 在人的身体之外

2. 担保物权是指以担保债权实现即以确保债务的履行为目的的物权。根据物权法律制度的规定，下列选项中，不属于担保物权的是(　)。

A. 土地承包经营权　B. 抵押权

C. 质权　　D. 留置权

3. 根据物权法律制度的规定，下列选项中，属于基于法律行为的物权变动的是(　)。

A. 村民甲在自己的宅基地上建造房屋

B. 张某因继承取得了其父亲的房产

C. A房地产开发企业转让商品房并办理登记

D. 甲将自己的汽车租赁给乙

4. 甲自行合法建造了一套房屋。根据物权法律制度的规定，该房屋建造完成后归甲所有，该行为属于(　)。

A. 基于法律行为的物权变动

B. 基于公法行为的物权变动

C. 基于法律规定的物权变动

D. 基于事实行为的物权变动

5. 甲公司出卖一批钢材给乙公司，订立合同的日期是2020年3月1日，乙公司在2020年3月5日支付第一笔货款，甲公司按照合同规定于3月10日将钢材运至乙公司，乙公司验收，并于3月15付清剩余的货款。根据物权法律制度的规定，这批钢材的所有权转移时间是(　)。

A. 3月1日　　B. 3月5日

C. 3月10日　　D. 3月15日

6. 甲与乙公司订立房屋买卖合同，并对房屋买卖进行了预告登记。后乙公司未经甲同意，又将该房屋卖给丙。根据物权法律制度的规定，下列选项表述中，正确的是(　)。

A. 甲可以主张丙的所有权无效

B. 甲无权主张丙的所有权无效

C. 甲和乙之间的预告登记失效

D. 丙取得该房屋的所有权

7. ☆根据物权法律制度的规定，下列关于更正登记与异议登记的表述中，正确的是(　)。

A. 提起更正登记之前，须先提起异议登记

B. 更正登记的申请人可以是权利人，也可以是利害关系人

C. 异议登记之日起10日内申请人不起诉的，异议登记失效

D. 异议登记不当造成权利人损害的，登记机关应承担损害赔偿责任

8. 根据物权法律制度的规定，下列关于共同共有的表述，错误的是(　)。

A. 共同共有人对共有的不动产或动产共同享有所有权

B. 共有人约定不得分割共有的动产，在共同关系存续期间，任何共有人都不得请求划分其共有权的份额，无重大理由不得请求分割共有物

C. 在共有关系存续期间，共同共有人没有优先购买权

D. 在对外关系上，按份共有人承担按份责任；共同共有人承担连带责任

9. 根据物权法律制度的规定，下列选项中，善意第三人不能依据善意取得制度取得相应物权的是(　)。

A. 代为运输货物的承运人将其占有的标的物以市价卖给不知情的第三人

B. 电脑的承租人将其租赁的电脑向不知情的债权人设定质权

C. 代为保管某一物品的人将该物品以高价出售给不知情的第三人

D. 受托代为转交某一物品的人将该物品赠与不知情的第三人

10. 有关部门收到遗失物后，法定期限内无人认领的，遗失物归国家所有。根据物权法律制度的规定，该法定期限是(　)。

A. 自发出招领公告之日起3个月内

B. 自发出招领公告之日起6个月内

C. 自发出招领公告之日起9个月内

D. 自发出招领公告之日起1年内

11. 建设占用土地，涉及农用地转为建设用地的，应当办理农用地转用审批手续。根据物权法律制度的规定，永久基本农田转为建设用地的，批准机构为(　)。

A. 国务院

B. 原批准土地利用总体规划的机关

C. 市、县人民政府

D. 省、自治区、直辖市人民政府

12. 根据物权法律制度的规定，下列关于住宅建设用地使用权期间届满后续期问题的表述中，正确的是(　)。

A. 自动续期

B. 建设用地使用权收归国有，不得续期

C. 经县级以上人民政府批准，可以续期

D. 经不动产登记机构批准，可以续期

13. 根据物权法律制度的规定，以有偿出让方式取得居住用地的建设用地使用权，出让的最高年限是(　)。

A. 30年　　B. 50年

C. 60年　　D. 70年

14. 根据物权法律制度的规定，下列关于担保物权不可分性的表述中，错误的是(　)。

A. 留置权人行使留置权时，若留置财产为可分物，留置财产的价值应当相当于债务的金额

B. 担保财产被分割的，担保权人可以就分割的担保物行使担保物权

C. 主债权被分割的，各债权人以其享有的债权份额行使相应比例的担保物权

D. 主债务被分割的，第三人提供物的担保的，担保人对未经其书面同意转移的债务不再承担担保责任

15. 抵押权登记产生生效和对抗两种情形。根据物权法律制度的规定，下列关于未登记的法律后果的表述中，错误的是(　)。

A. 抵押财产被征收导致不能办理抵押登记的，债权人均可以要求抵押人在约定的担保范围内承担责任

B. 因不可归责于抵押人自身的原因导致抵押物灭失，抵押人已经获得相应赔偿金的，债权人可以要求抵押人在其获得的金额范围内承担赔偿责任

C. 抵押人转让抵押财产导致不能办理抵押登记，债权人可以要求抵押人在约定的担保范围内承担责任

D. 因登记机构的过错导致不能办理抵押登记的，债权人可以要求登记机构承担赔偿责任

16. 根据物权法律制度的规定，下列选项中，以登记作为抵押权生效条件的是(　)。

A. 建设用地使用权

B. 企业的原材料

C. 医院的医疗卫生设施

D. 正在建造的航空器

17. 根据物权法律制度的规定，动产抵押担保的主债权是抵押物的价款，标的物交付后一定时间内办理抵押登记的，该抵押权人优先于抵押物买受人的其他担保物权人受偿，但是留置权人除外。该时间是(　)。

A. 5 日　　B. 10 日

C. 15 日　　D. 30 日

18. 甲公司于 2021 年 2 月 1 日向 A 银行贷款 300 万元用于购买一台生产设备，2 月 3 日，甲收到该设备并储存于乙公司的仓库中。2 月 10 日，甲向丙公司借款 100 万元，以该设备设定抵押并办理了登记。2 月 12 日，A 银行就该设备办理抵押登记，用于担保甲的借款。3 月 5 日，因甲公司未支付仓储费用，该设备被乙公司留置。假设两笔借款到期后，甲均无力清偿，A 银行、乙公司、丙公司均主张优先受偿。根据物权法律制度的规定，关于清偿顺序表述正确的是(　)。

A. A 银行>乙公司>丙公司

B. A 银行>丙公司>乙公司

C. 丙公司>A 银行>乙公司

D. 乙公司>A 银行>丙公司

19. 甲公司以其机器设备抵押给乙公司，以书面形式签订了抵押合同但未办理抵押登记。10 日后，丙公司向银行贷款 100 万元，甲公司为丙公司担保，将该机器设备质押给银行并已交付，同时，丙公司将自有房产抵押给银行，办理了抵押登记。20 日后，甲将机器设备再抵押给丁公司，办理了抵押登记。丙公司届期不能清偿银行贷款。根据物权法律制度的规定，下列表述中，错误的是(　)。

A. 如银行放弃对甲的机器设备的质权，丙可以在银行丧失优先受偿权益的范围内免除担保责任

B. 银行的质权优先于乙公司对机器设备的抵押权

C. 银行的质权优先于丁公司对机器设备的抵押权

D. 丁公司的抵押权优先于乙公司对机器设备的抵押权

20. 根据物权法律制度的规定，下列选项中，甲享有留置权的是(　)。

A. 甲为乙修理汽车，乙拒付修理费，待乙前来提车时，甲将该汽车扣留

B. 甲为了迫使丙偿还欠款，强行将丙的一辆汽车拉走

C. 甲为丁有偿保管某物，保管期满，丁取走保管物却未付保管费。于是，甲谎称丁取走的保管物有误，要求丁送回调换。待丁送回该物，甲即予以扣留，要求丁支付保管费

D. 甲为了确保对戊的一项未到期债权能够顺利实现，扣留戊交其保管的某物不还

二、多项选择题

1. 甲继承了一套房屋，在继承开始后，办理过户登记前，关于甲对房屋的权利状态，下列选项正确的有(　)。

A. 甲已经取得了该房屋的所有权

B. 甲未取得该房屋的所有权

C. 若甲出卖该房屋，未经登记不发生物权效力

D. 甲可以出租该房屋

2. 2020 年 6 月 1 日甲将自己的相机卖给乙，签订了买卖合同，甲表示相机已经归乙所有，但约定从 2020 年 6 月 1 日至 2020 年 6 月 13 日甲继续使用。2020 年 6 月 8 日，甲又将相机卖给不知情的丙，签订了买卖合同，甲表示相机已经归丙所有，并约定甲继续使用相机十天。根据物权法律制度的规定，下列选项中，正确的有(　)。

A. 甲和丙签订的买卖合同无效，因为一物只能签订一个买卖合同

B. 甲丙签订的买卖合同有效

C. 甲乙之间的交付属于占有改定

D. 物权只能转让一次，故甲将相机转让给丙的物权行为无效

3. 甲向乙出售房屋并订立买卖合同。双方约定：乙应在一年内分期支付完毕价款；甲先将房屋交付乙使用，一年后转移所有权。房屋交付后，双方前往房屋登记机构办理了预告登记。根据物权法律制度的规定，下列选项中，正确的有(　)。
A. 乙已取得房屋所有权
B. 若甲未经乙同意，将房屋另行出卖给丙，则甲、丙的买卖合同无效
C. 若甲未经乙同意，将房屋抵押给丁，该抵押行为不发生物权效力
D. 若甲因为乙没有按期支付价款而依法解除合同，则预告登记失效

4. 根据物权法律制度的规定，下列关于集体所有权的表述中，正确的有(　)。
A. 集体所有权分为村集体所有、农村集体经济组织所有和乡(镇)集体所有
B. 农民集体所有的不动产和动产，属于本集体成员集体所有
C. 矿藏、水流可以属于集体所有，海域属于国家所有
D. 农村土地只能是集体所有，不可以是国家所有

5. 根据物权法律制度的规定，下列关于按份共有人优先购买权的表述中，正确的有(　)。
A. 因继承、遗赠等非交易方式发生转让时，其他共有人不得主张优先购买
B. 优先购买权需在同等条件下行使
C. 优先购买权的行使期间，按份共有人有约定的按照约定，没有约定的，自通知送达之日起15日
D. 两个以上按份共有人主张优先购买且协商不成时，按照转让时各自份额比例行使优先购买权

6. 根据物权法律制度的规定，下列选项中，属于动产善意取得必须具备的条件有(　)。
A. 依法律行为转让所有权
B. 让与人为善意
C. 转让人基于真权利人意思合法占有标的物
D. 以合理的价格转让

7. 城乡规划确定为经营性用途，并依法登记的集体经营性建设用地，土地所有权人可以通过出让、出租的方式交由单位或个人使用。根据物权法律制度的规定，下列选项中，正确的有(　)。
A. 以出让、出租方式交由单位或个人使用的，应当签订书面合同，载明双方的权利义务
B. 集体经营性建设用地出让、出租的，应当经本集体经济组织成员的村民会议1/2以上成员同意
C. 通过出让方式取得的集体经营性建设用地使用权可以进行抵押，法律另有规定或当事人另有约定的除外
D. 集体经营性建设用地的最高年限，参照同类用途的国有建设用地执行

8. 根据物权法律制度的规定，下列关于担保物权特性的表述中，正确的有(　)。
A. 从属性
B. 权利行使的附条件性
C. 优先受偿性
D. 不可分性

9. 甲因向乙借款而将自己的一辆汽车抵押给乙，双方签订了抵押合同，但未办理登记手续。后甲又将该汽车转让给不知情的丙，将汽车交付给丙并办理了过户手续。根据物权法律制度的规定，如果甲逾期不能偿还乙的借款，下列表述正确的有(　)。
A. 因没有办理登记手续，乙对该汽车的抵押权不成立
B. 乙对该汽车的抵押权成立
C. 丙取得汽车的所有权
D. 乙有权要求丙退还该汽车，以实现抵押权

10. 根据物权法律制度的规定，下列关于房地一体原则的表述中，错误的有(　)。
A. 以建筑物抵押的，该建筑物占用范围

内的建设用地使用权一并抵押

B. 以建设用地使用权抵押的，该土地上的现有以及将来增加的建筑物一并抵押

C. 乡镇、村企业的建设用地使用权可以单独抵押

D. 以乡镇、村企业的厂房等建筑物抵押的，其占用范围内的建设用地使用权一并抵押

11. 根据物权法律制度的规定，下列选项中，属于抵押担保范围的有（　）。

A. 主债权的利息

B. 违约金

C. 抵押物保管费用

D. 实现抵押权的费用

12. 根据物权法律制度的规定，动产抵押订立合同后未办理抵押登记的，抵押权人的下列主张中，法院不予支持的有（　）。

A. 抵押人将抵押财产转让给不知情的第三人，尚未交付，抵押权人主张行使抵押权

B. 抵押人将抵押财产出租给不知情的第三人并转移占有，抵押权人主张行使抵押权解除租赁合同

C. 人民法院对抵押人的财产作出财产保全裁定或采取执行措施，抵押权人主张对抵押财产优先受偿

D. 抵押人破产，抵押权人主张对抵押财产优先受偿

13. 根据物权法律制度的规定，买受人在出卖人正常经营活动中通过支付合理对价取得已被设立担保物权的动产，担保物权人请求就该动产优先受偿的，人民法院不予支持，但是有下列情形之一的除外（　）。

A. 购买商品的数量明显超过一般买受人

B. 购买出卖人的生产设备

C. 订立买卖合同的目的在于担保出卖人或者第三人履行债务

D. 买受人与出卖人存在直接或者间接的控制关系

14. 权利人为担保价款债权或者租金的实现而订立担保合同，并在该动产交付后十日内办理登记，主张其权利优先于在先设立的浮动抵押权的，人民法院应予支持。根据物权法律制度的规定，下列选项中，属于该权利人的有（　）。

A. 在该动产上设立抵押权的出卖人

B. 在该动产上保留所有权的出卖人

C. 为价款支付提供融资而在该动产上设立抵押权的债权人

D. 以融资租赁方式出租该动产的出租人

15. 根据物权法律制度的规定，下列关于抵押权的表述中，正确的有（　）。

A. 主债权消灭，抵押权随之消灭

B. 抵押权仅能在不动产上设立

C. 同一物上抵押权与留置权并存时，抵押权人优先于留置权人受偿

D. 同一物上抵押权与质权并存时，按照登记、交付时间先后顺序确定清偿顺序

16. 根据物权法律制度的规定，下列关于同一抵押物上多个抵押权并存情形的表述中，正确的有（　）。

A. 抵押权已登记的，按照登记的时间先后顺序清偿

B. 抵押权已登记的先于未登记的受偿

C. 抵押权均未登记的，按照债权比例清偿

D. 抵押权人与抵押人协商变更被担保债权数额的，未经其他抵押权人书面同意，不得对其他抵押权人产生不利影响

17. 根据物权法律制度的规定，当抵押权与其他物权并存时，下列选项中，正确的有（　）。

A. 同一财产的抵押权与质权并存时，质权人优先于抵押权人受偿

B. 同一财产上抵押权与质权并存时，按照登记、交付时间先后顺序确定清偿

顺序

C. 同一财产抵押权与留置权并存时，抵押权人优先于留置权人受偿

D. 同一财产抵押权与留置权并存时，留置权人优先于抵押权人受偿

本章综合练习·参考答案及解析

一、单项选择题

1. B 【解析】本题考核物的概念。根据规定，物具有如下特点：①有体性；②可支配性；③在人的身体之外。选项 B 属于物权的特点。
2. A 【解析】本题考核担保物权的种类。担保物权是指以担保债权实现即以确保债务的履行为目的的物权，包括抵押权、质权、留置权等。
3. C 【解析】本题考核物权变动的原因。选项 A 是基于事实行为，B 是基于法律规定。选项 D 不发生物权变动。
4. D 【解析】本题考核物权变动的原因。基于事实行为。《民法典》第二百三十一条规定："因合法建造、拆除房屋等事实行为设立或者消灭物权的，自事实行为成就时发生效力。"
5. C 【解析】本题考核物权变动的公示方式。动产物权的设立和转让，自交付时发生效力，但法律另有规定的除外。本题中，甲公司于 3 月 10 日交付了钢材，该时间应为钢材所有权转移的时间。
6. A 【解析】本题考核不动产物权变动的登记类型。预告登记后，未经预告登记的权利人同意，处分该不动产的，不发生物权效力。
7. B 【解析】本题考核不动产物权变动的登记类型。不动产登记簿记载的权利人不同意更正的，利害关系人可以申请异议登记；因此是先更正登记，得不到实现的才异议登记。选项 A 错误；权利人、利害关系人认为不动产登记簿记载的事项错误的，可以申请更正登记。选项 B 正确；登记机构予以异议登记的，申请人在异议登记之日起 15 日内不起诉，异议登记失效。选项 C 错误；异议登记不当，造成权利人损害的，权利人可以向申请人请求损害赔偿。选项 D 错误。
8. D 【解析】本题考核共有。因共有的不动产或者动产产生的债权债务，在对外关系上，共有人享有连带债权、承担连带债务，但是法律另有规定或者第三人知道共有人不具有连带债权债务关系的除外；在共有人内部关系上，除共有人另有约定外，按份共有人按照份额享有债权、承担债务，共同共有人共同享有债权、承担债务。
9. D 【解析】本题考核善意取得。除法律另有规定外，符合下列情形的，受让人取得该不动产或者动产的所有权：①受让人受让该不动产或者动产时是善意的；②以合理的价格转让；③转让的不动产或者动产依照法律规定应当登记的已经登记，不需要登记的已经交付给受让人。赠与是无偿的，不符合以合理的价格转让，故不构成善意取得。选项 D 表述错误。
10. D 【解析】本题考核拾得遗失物。自有关部门发出招领公告之日起 1 年内无人认领的，遗失物归国家所有。
11. A 【解析】本题考核集体土地的建设使用。永久基本农田转为建设用地的，由国务院批准。
12. A 【解析】本题考核建设用地使用权。根据规定，住宅建设用地使用权期间届满的，自动续期。
13. D 【解析】本题考核建设用地使用权。根据规定，以有偿出让方式取得的建设用地使用权，出让最高年限按下列用途确定：①居住用地 70 年；②工业用地 50 年；③教育、科技、文化、卫生、体

育用地 50 年；④商业、旅游、娱乐用地 40 年；⑤综合或者其他用地 50 年。

14. C 【解析】本题考核担保物权的特性。主债权被分割或者部分转让的，各债权人可以就其享有的债权份额行使全部担保物权，选项 C 表述错误。

15. A 【解析】本题考核抵押权的设定。抵押财产因不可归责于抵押人自身的原因灭失或者被征收等导致不能办理抵押登记，债权人请求抵押人在约定的担保范围内承担责任的，人民法院不予支持，但是抵押人已经获得保险金、赔偿金或者补偿金等，债权人请求抵押人在其所获金额范围内承担赔偿责任的，人民法院依法予以支持。选项 A 表述错误。

16. A 【解析】本题考核抵押权的设定。如果以建筑物和其他土地附着物，建设用地使用权，海域使用权或正在建造的建筑物等财产设定抵押的，应当办理抵押物登记，抵押权自登记之日生效。

17. B 【解析】本题考核动产抵押权人的超级优先权。动产抵押担保的主债权是抵押物的价款，标的物交付后 10 日内办理抵押登记的，该抵押权人优先于抵押物买受人的其他担保物权人受偿，但是留置权人除外。

18. D 【解析】本题考核抵押权的实现。动产抵押担保的主债权是抵押物的价款，标的物交付后 10 日内办理抵押登记的，该抵押权人优先于抵押物买受人的其他担保物权人受偿，但是留置权人除外。乙公司是留置权人，因此优先于 A 银行与丙公司。A 银行于 2 月 12 日办理抵押登记，担保的是抵押物的价款，在动产交付(2 月 3 日)的 10 日内，因此 A 银行优先于丙公司。所以优先受偿的顺序为乙公司>A 银行>丙公司。

19. A 【解析】本题考核抵押权的实现。存在数项担保时，若债务人以自己的财产设定抵押，抵押权人放弃该抵押权、抵押权顺位或者变更抵押权的，其他担保人在抵押权人丧失优先受偿权益的范围内免除担保责任，但此题中银行放弃的是对第三人的质权，债务人不能在抵押权人丧失优先受偿权益的范围内免除担保责任，选项 A 表述错误；同一财产上既设定抵押权又设定质权的，拍卖、变卖该财产所得价款按照登记、交付时间先后顺序确定清偿顺序。选项 B、C 表述正确；抵押权已登记的优先于未登记的受偿，选项 D 表述正确。

20. A 【解析】本题考核留置权的成立。留置权是指债权人合法占有债务人或第三人的动产，在债务人不履行到期债务时，债权人有权依法留置该财产，并有权就该财产享有优先受偿的权利。选项 B、C 中不是“债权人合法占有债务人的动产”，不构成留置权。留置权的行使条件之一是“债务已届清偿期且债务人未按规定期限履行义务”，选项 D 中是“未到期”，不构成留置权。

二、多项选择题

1. ACD 【解析】本题考核物权变动的原因。因继承取得物权的，自继承开始时发生效力，故甲取得了该房屋的所有权，选项 A 正确；非基于法律行为的物权变动不必以公示为前提，只不过取得不动产物权之人再处分物权时，依照法律规定需要办理登记的，未经登记，不发生物权效力，选项 C 正确；房屋所有权人有权将房屋出租，选项 D 正确。

2. BC 【解析】本题考核一物二卖。债权行为因其仅负担义务，而不涉及物权变动，故可反复作出，在同一标的物上成立的数个买卖合同均可有效，选项 B 正确；动产物权转让时，当事人又约定由出让人继续占有该动产的，物权自该约定生效时发生效力，此种交付替代方式为占有改定，选项 C 正确；虽然物权只能转让一次，但甲的行为并不是转让自己的相机，而是处分乙的物权，无权处分的物权行为处于效力待定状态，而不是无效状态，选项 D 错误。

3. CD 【解析】本题考核不动产物权变动的登记类型。《民法典》第二百二十一条规定：当事人签订买卖房屋或者其他不动产物权的协议，为保障将来实现物权，按照约定可以向登记机构申请预告登记。预告登记后，未经预告登记的权利人同意，处分该不动产的，不发生物权效力。本题中，由于双方没有办理正式的登记，因此乙并没有取得房屋所有权，选项 A 的说法是错误的；预告登记的作用在于使得权利人擅自处分不动产时不发生物权变动效力，而对合同的效力没有影响，因此甲丙签订的买卖合同还是有效的，选项 B 的说法错误，选项 C 的说法正确；预告登记后，债权消灭的，预告登记失效，因此选项 D 的说法正确。

4. AB 【解析】本题考核集体所有权。矿藏、水流、海域属于国家所有；选项 C 错误。法律规定属于国家所有的农村和城市郊区的土地，属于国家所有；选项 D 错误。

5. ABD 【解析】本题考核优先购买权。优先购买权的行使期间，按份共有人之间有约定的，按照约定处理。没有约定或者约定不明的，按照下列情形确定：转让人向其他按份共有人发出的包含同等条件内容的通知中载明行使期间的，以该期间为准；通知中未载明行使期间，或者载明的期间短于通知送达之日起 15 日的，为 15 日；转让人未通知的，为其他按份共有人知道或者应当知道最终确定的同等条件之日起 15 日；转让人未通知，且无法确定其他按份共有人知道或者应当知道最终确定的同等条件的，为共有份额权属转移之日起 6 个月。

6. ACD 【解析】本题考核善意取得。结合《民法典》的规定，动产善意取得必须具备如下要件：①依法律行为转让所有权；②转让人无处分权；③受让人为善意；④以合理的价格转让；⑤物已交付；⑥转让人基于真权利人意思合法占有标的物；⑦转让合同有效。

7. ACD 【解析】本题考核集体土地的建设使用。集体经营性建设用地出让、出租的，应当经本集体经济组织成员的村民会议 2/3 以上成员或者 2/3 以上村民代表的同意，选项 B 表述错误。

8. ABCD 【解析】本题考核担保物权的特性。选项 ABCD 均属于担保物权的特性。

9. BC 【解析】本题考核抵押权的设定。当事人以交通运输工具设定抵押，抵押权自抵押合同生效时设立。如果没有登记，不能对抗善意第三人。

10. BC 【解析】本题考核抵押权的设定。以建设用地使用权抵押的，该土地上的建筑物一并抵押，但土地上的新增建筑物不作为抵押财产。乡镇、村企业的建设用地使用权不得单独抵押。

11. ABD 【解析】本题考核抵押担保范围。根据规定，抵押担保的范围包括主债权及利息、违约金、损害赔偿金和实现抵押权的费用。抵押合同另有约定的，按照约定。

12. BCD 【解析】本题考核动产抵押的特殊规则。抵押人转让抵押财产，受让人占有抵押财产后，抵押权人向受让人请求行使抵押权的，人民法院不予支持，但是抵押权人能够举证证明受让人知道或者应当知道已经订立抵押合同的除外，选项 A 不选。

13. ABCD 【解析】本题考核动产抵押的特殊规则。买受人在出卖人正常经营活动中通过支付合理对价取得已被设立担保物权的动产，担保物权人请求就该动产优先受偿的，人民法院不予支持，但是有下列情形之一的除外：①购买商品的数量明显超过一般买受人；②购买出卖人的生产设备；③订立买卖合同的目的在于担保出卖人或者第三人履行债务；④买受人与出卖人存在直接或者间接的控制关系；⑤买受人应当查询抵押登记而未查询的其他情形。

14. ABCD 【解析】本题考核动产抵押的特殊规则。

15. AD 【解析】本题考核抵押权。抵押权既可以在不动产上设立也可以在动产上设立。所以选项 B 错误；同一物上抵押权与留置权并存时，留置权优先于抵押权人受偿，所以选项 C 错误。

16. ABCD 【解析】本题考核抵押权。

17. BD 【解析】本题考核抵押权。同一财产抵押权与留置权并存时，留置权人优先于抵押权人受偿。同一财产上既设定抵押权又设定质权的，拍卖、变卖该财产所得价款按照登记、交付时间先后顺序确定清偿顺序。

第四章　合同法律制度

本章重要程度：●●●

本章综合练习（限时120分钟）

扫我做试题

一、单项选择题

1. ☆根据合同法律制度的规定，下列关于承诺的表述中，正确的是(　)。
   A. 迟到承诺为新要约
   B. 受要约人超过期限发出的承诺为迟到承诺
   C. 承诺一经作出不得反悔
   D. 承诺自通知到达要约人起生效
2. 根据合同法律制度的规定，下列关于按份之债与连带之债的表述中，错误的是(　)。
   A. 按份之债、连带之债是多数人之债的两个类型
   B. 债务人为二人以上，标的可分，按照份额各自负担债务的，为按份债务
   C. 债务人为二人以上，债权人可以请求部分或者全部债务人履行全部债务的，为连带债务
   D. 债权人对部分连带债务人的给付受领迟延的，对其他连带债务人不发生效力
3. 甲与乙于7月1日订立合同，规定甲应于8月1日交货，乙应于8月7日付款。7月底，甲有确切证据证明乙经营状况严重恶化，无支付货款之能力，遂提出中止合同，但乙不同意。基于上述因素，甲于8月1日未按约定交货。根据合同法律制度的规定，下列关于该案的表述中，正确的是(　)。
   A. 甲有权不按合同约定交货，除非乙提供了相应的担保
   B. 甲无权不按合同约定交货，但可以要求乙提供相应的担保
   C. 甲无权不按合同约定交货，但可以仅先交付部分货物
   D. 甲应当按合同约定交货，如乙不支付货款，可追究其违约责任
4. 甲从乙银行贷款200万元，双方于8月1日签订贷款合同，丙以保证人身份在贷款合同上签字，因担心丙的资信状况，乙银行又要求甲提供担保，为此双方于8月3日签订书面质押合同，质物为甲的一辆轿车，但甲未将轿车交付给乙银行。甲到期无力偿还贷款。根据合同法律制度的规定，下列关于乙银行主张担保权利的表述中，正确的是(　)。
   A. 乙银行只能主张保证债权，因为甲未将该轿车交付给乙银行，质权未设立
   B. 乙银行只能主张质权，因为丙与乙银行未签订保证合同，保证债权不成立
   C. 乙银行应先主张保证债权，因为保证债权先于质权成立
   D. 乙银行应先主张质权，因为质押担保是债务人甲自己提供的
5. 根据合同法律制度的规定，一般保证的债权人在保证期间届满前对债务人提起诉讼或者申请仲裁的，其保证合同的诉讼时效自特定时间点开始计算。下列关于该时间点的表述，正确的是(　)。
   A. 保证人拒绝承担保证责任的权利消灭

之日起

B. 提起诉讼或者仲裁之日起

C. 保证期间届满时起

D. 主债权的诉讼时效结束时起

6. 甲企业与乙企业签订买卖机床的合同，价格总额为100万元，由A企业为甲企业的付款提供保证，在合同履行过程中，由于该型号机床的市场价格发生较大变动，乙企业与甲企业协议将该合同的价格总额变更为120万元，甲企业同意，但是该变更未经A企业同意。根据合同法律制度的规定，下列表述中，正确的是(　)。

A. A企业不再承担任何担保责任

B. A企业仍应对100万元的债务承担保证责任

C. A企业应对120万元的债务承担保证责任

D. A企业应对20万元的债务承担保证责任

7. ☆根据合同法律制度的规定，下列关于买卖合同解除规则的表述中，正确的是(　)。

A. 因标的物的主物不符合约定而解除合同的，解除效力及于从物

B. 标的物为数物，仅其中一物不符合约定的，买受人不得单就该物解除合同

C. 出卖人分批交付标的物的，不交付其中一批致使今后其他各批交付不能实现合同目的的，买受人仅有权就该批标的物解除合同

D. 出卖人分批交付标的物的，其中一批标的物不符合约定时，买受人不得单就该批标的物解除合同

8. 根据合同法律制度的规定，下列关于合同的解除的表述中，错误的是(　)。

A. 合同的解除以合同有效为前提

B. 当事人一方主张解除合同的，应当通知对方，通知到达对方，合同即解除

C. 主合同解除后，担保人的担保责任同样解除

D. 合同解除后，尚未履行的，终止履行

9. 根据合同法律制度的规定，下列关于债权转让效力的表述中，错误的是(　)。

A. 债权人转让债权的，受让人一定可以取得与债权有关的从权利

B. 债务人接到债权转让通知后，债务人对让与人的抗辩可以向受让人主张

C. 在全部转让的情形下，原债权人脱离债权债务关系，受让人取代债权人地位

D. 债权人权利的转让，不得损害债务人的利益

10. 根据合同法律制度的规定，下列各项中，属于法定抵销的是(　)。

A. 出租人不履行房屋修缮所支出的费用与其应收取的租金冲抵

B. 甲欠乙货款，甲主张将该货款与其寄存于乙处的货物冲抵

C. 甲欠乙一批苹果尚未交付，乙欠甲一批香蕉也尚未交付，甲主张将两批货物的价值相抵

D. 甲租用乙的房屋，尚未支付租金，甲、乙之间又签订买卖合同，甲已支付了货款，但乙尚未向甲交付货物，乙主张交付货物的价值与租金冲抵

11. 根据合同法律制度的规定，下列关于法定抵销的表述中，错误的是(　)。

A. 诉讼时效届满后的债权，该债权人不得主张抵销；但作为被动债权，对方以其债权主张抵销的，应当允许

B. 一方债务已经到期，另一方债务尚未到期，则已经到期的债务人可以主张抵销

C. 因故意侵权产生的债务不得抵销

D. 法定抵销中的抵销权在性质上属于形成权，当事人主张抵销的，应当通知对方，通知到达对方时生效

12. 2月1日，甲、乙双方签订了一份购销合同。合同约定甲方在6月底前将货物运至乙方，乙方于接到货物后15天内将货款付给甲方。甲方按期将货物通过火车发运给乙方，但迟至9月底仍未收到乙

方的货款，后诉至法院。乙方在法庭上辩称，由于8月份本地发洪水，致使自己无法履行合同义务，请求免除违约责任。根据合同法律制度的规定，下列各项表述中，正确的是(　)。

A. 乙方的理由可以成立，法院应予支持

B. 乙方的理由不成立，该情况是由于乙延迟履行义务而造成的

C. 乙方的理由可以成立，该情况属于法律规定的免责事由，可以免除乙的责任

D. 乙方的理由可以成立，该货物的损失由甲自行承担

13. 甲公司与乙公司签订了一份购货合同，总货款50万元。合同约定违约金为总货款的5%。合同签订后，甲公司收到乙公司8万元定金和10万元预付款。在合同约定的期限内，甲公司没有交货。根据合同法律制度的规定，下列关于乙公司提起诉讼最多可以请求金额的表述，正确的是(　)。

A. 18万元　　B. 18.5万元

C. 20.5万元　　D. 26万元

14. 甲对某计算机软件具有知识产权，甲乙签订买卖该计算机软件的合同，关于该计算机软件的知识产权当事人没有约定。根据合同法律制度的规定，下列表述中，正确的是(　)。

A. 自甲将计算机软件交付给乙时起，知识产权属于乙

B. 自甲乙签订买卖该计算机软件的合同成立时起，知识产权属于乙

C. 自甲乙签订买卖该计算机软件的合同生效时起，知识产权属于乙

D. 即使甲将计算机软件交付给乙，知识产权也不属于乙

15. 甲、乙签订了价值30万元的房屋买卖合同，买方甲先预付了10万元，双方商定剩余的款项待办完过户手续后再交付，甲先行入住。在办理过户手续前，3间房屋被洪水冲毁。根据合同法律制度的规定，下列关于该房屋损失承担的表述，正确的是(　)。

A. 甲

B. 乙

C. 甲和乙各承担一半

D. 甲承担1/3，乙承担2/3

16. 甲向乙购买一台设备，合同中未约定检验期，设备运回后甲经检验未发现问题，遂投入使用，到第4年，设备故障，甲才发现是设备关键部位本身存在瑕疵，而该设备的质量保证期是6年。根据合同法律制度的规定，下列表述中，正确的是(　)。

A. 甲乙未在合同中约定检验期，存在过错，应平均分担责任

B. 设备质量保证期为6年，因此应由乙负责

C. 自标的物收到后2年内未通知出卖人的，视为符合约定，甲自行负责

D. 甲在检验时未发现问题，又未在合理期间内通知乙，应自行负责

17. 甲公司向乙企业订购一批车辆，同时订购了随车维修工具。根据合同法律制度的规定，下列表述中，正确的是(　)。

A. 如果因车辆不符合约定而解除合同，甲公司可以同时解除购买维修工具的合同

B. 如果因维修工具不符合约定而解除合同，甲公司可以同时解除购买车辆的合同

C. 如果某一辆车不符合约定，甲公司可以解除购买全部车辆的合同

D. 如果第二批交付辆车不符合约定，甲公司可以解除购买全部车辆的合同

18. 根据合同法律制度的规定，下列关于试用买卖合同的表述中，错误的是(　)。

A. 试用期间届满，买受人对是否购买标的物未作表示的，视为购买

B. 在试用期内，买受人将标的物抵押给

他人，此行为不视为买受人同意购买

C. 当事人约定标的物经过试用或者检验符合一定要求时，买受人应当购买标的物的，此情形不属于试用买卖

D. 当事人约定买受人在一定期间内可以调换或退还标的物的，此情形不属于试用买卖

19. 根据合同法律制度的规定，关于商品房预售合同的表述，正确的是(　)。

A. 出卖人未取得预售许可而与买受人订立预售合同的，合同一律无效

B. 出卖人未取得预售许可而与买受人订立预售合同的，但是在起诉前取得预售许可的，合同有效

C. 商品房预售合同无须办理登记备案手续

D. 办理登记备案手续是合同生效的条件

20. 根据合同法律制度的规定，下列关于赠与人享有撤销赠与合同的表述，错误的是(　)。

A. 赠与人对经过公证的赠与合同，可以任意撤销赠与

B. 受赠人对赠与人有抚养义务而不履行，赠与人可以撤销赠与

C. 受赠人不履行赠与合同约定的义务，赠与人可以撤销赠与

D. 受赠人严重侵害赠与人的近亲属的合法权益，赠与人可以撤销赠与

21. 根据合同法律制度的规定，下列关于自然人之间借款合同的表述，正确的是(　)。

A. 自然人之间的借款合同是诺成合同

B. 自然人之间的借款合同对支付利息没有约定或约定不明的，出借人可以按照银行同期贷款利息收取利息

C. 自然人之间的借款合同对偿还期限没有约定的，借款人经出借人催告后仍不偿还的，出借人可以要求借款人支付违约金

D. 自然人之间的借款合同对偿还期限有约定而借款人不按期偿还的，出借人可以要求借款人支付逾期利息

22. 甲企业因扩大生产需要，向乙合作社借款20万元，约定期限1年，利息为5%。乙合作社预先扣除利息1万元，甲企业实际拿到19万元。不考虑其他条件，根据合同法律制度的规定，下列关于借款到期时甲企业应偿还本金和利息的表述，正确的是(　)。

A. 19万元　　B. 19.95万元

C. 20万元　　D. 21万元

23. 2021年1月，甲和乙签订了房屋租赁合同，甲将自己的房屋出租给了乙，租期为1年。2021年3月，甲与丙又签订了房屋买卖合同，又将该房屋卖给了丙，并办理了所有权转移登记手续。根据合同法律制度的规定，下列关于甲的房屋租赁行为和房屋买卖行为的表述，正确的是(　)。

A. 房屋买卖合同和租赁合同都是有效的

B. 由于房屋已经卖给了丙，租赁合同的效力丧失

C. 甲将房屋租赁之后则不能再和丙签订房屋买卖合同

D. 租赁合同有效，房屋买卖合同无效

24. 根据合同法律制度的规定，下列关于租赁合同当事人解除权的表述，错误的是(　)。

A. 承租人未按照约定的方法或者租赁物的性质使用租赁物，致使租赁物受到损失的，出租人可以解除合同并要求赔偿损失

B. 不定期租赁合同，只有出租人可以随时解除合同

C. 承租人未经出租人同意转租的，出租人可以解除合同

D. 承租人无正当理由未支付或者迟延支付租金的，出租人可以要求承租人在合理期限内支付，承租人逾期不支付的，出租人可以解除合同

25. 甲乙签订租赁房屋合同，约定租期为

3年，在乙租房的第2年，出租人甲欲卖掉其房屋，甲的孙子丙也想要购买。甲在未告知乙的情况下，将房子卖给丙并办理了产权登记手续。根据合同法律制度的规定，下列表述中，正确的是(　)。

A. 在同等条件下，乙有优先购买权

B. 乙可以以自己优先受偿权遭到侵害为由主张赔偿损失

C. 乙可以以自己优先受偿权遭到侵害为由主张甲丙之间的房屋买卖合同无效

D. 乙不得主张优先购买权

26. 甲公司、乙公司、丙公司协商一致，签订融资租赁合同。甲公司为承租人，由其选定丙公司生产的一套机器设备，由乙公司购买后交付给甲公司使用。在租赁期限内，由于甲公司员工王某操作不当，机器设备导致第三人损害。根据合同法律制度的规定，下列关于对第三人承担赔偿责任的表述，正确的是(　)。

A. 甲公司　　B. 乙公司

C. 丙公司　　D. 甲公司和王某

27. 根据合同法律制度的规定，承揽合同成立后，下列关于定作人权利和义务的表述，正确的是(　)。

A. 仅仅在承揽人尚未履行合同时，可以要求解除

B. 因为定作人的定作物不具有通用性，合同一旦解除将造成浪费，所以一般不允许定作人解除合同，除非有特殊情况

C. 加工合同的定作人在提供原材料前，方可要求解除合同

D. 定作人在承揽人完成工作前可以随时要求解除合同，但要赔偿承揽人的损失

28. 根据合同法律制度的规定，下列关于承揽合同中民事责任的表述，错误的是(　)。

A. 如果承揽人因保管不善将定作人提供的材料毁损的，应当承担赔偿责任

B. 承揽工作需要定作人协助的，定作人有协助的义务，定作人不履行协助义务致使承揽工作不能完成的，承揽人可以解除合同

C. 承揽人发现定作人提供的图纸存在问题，应当及时通知定作人，定作人怠于答复造成承揽人损失的，定作人应当赔偿

D. 定作人在承揽人完成工作前可以随时解除承揽合同，但因此造成承揽人损失的，定作人应当赔偿

29. 根据合同法律制度的规定，下列关于建设工程价款结算的表述，错误的是(　)。

A. 当事人约定按照固定价结算工程价款，一方不得请求对工程造价进行鉴定

B. 建设工程施工合同有效，但工程竣工验收不合格的，不予以结算工程款

C. 当事人对工程量有争议的，按照施工过程中形成的签证等书面文件确认

D. 因设计变更导致工程量发生变化，不能协商一致的，可以参照主管部门发布的计价方法计算

30. 甲公司的办公楼由乙公司承建，因缺乏资金，甲公司将在建工程抵押给银行贷款。工程完工后，甲公司尚欠乙公司工程款200万元，合同还约定了违约金10万元。由于甲公司迟迟不付款，乙公司欲拍卖该办公楼以优先受偿。根据合同法律制度的规定，下列表述中，正确的是(　)。

A. 乙公司拍卖该办公楼需经银行同意

B. 乙公司必须在甲应当给付建设工程价款之日起18个月内行使该权利

C. 银行的抵押权优先于乙公司的工程款

D. 乙公司可以主张210万元的优先权

31. 甲委托乙购买一套机械设备，但要求以乙的名义签订合同，乙同意，遂与丙签订了设备购买合同。后由于甲的原因，乙不能按时向丙支付设备款。根据合同法律制度的规定，在乙向丙说明了自己

是受甲委托向丙购买机械设备后，下列关于丙的权利表述，正确的是(　)。

A. 只能要求甲支付

B. 只能要求乙支付

C. 可选择要求甲或乙支付

D. 可要求甲和乙承担连带责任

32. 根据合同法律制度的规定，下列各项中，不属于客运合同的承运人应当履行的义务是(　)。

A. 承运人应当向旅客及时告知安全运输应当注意的事项

B. 承运人迟延运输的，应当根据旅客的要求安排改乘其他班次或者退票

C. 承运人擅自降低服务标准的，应当根据旅客的要求退票或者减收票款

D. 在运输过程中旅客随身携带物品灭失，承运人应当承担损害赔偿责任

二、多项选择题

1. 根据合同法律制度的规定，下列关于连带之债的表述中，正确的有(　)。

A. 债权人为二人以上，部分或者全部债权人均可以请求债务人履行债务的，为连带债权

B. 债务人为二人以上，债权人可以请求部分或者全部债务人履行全部债务的，为连带债务

C. 连带债权或者连带债务，只能由法律规定

D. 连带债务人之间的份额难以确定的，视为份额相同

2. 根据合同法律制度的规定，下列关于债权人与连带债务人之间的关系的表述中，错误的有(　)。

A. 部分连带债务人履行债务的，其他债务人对债权人的债务在相应范围内消灭

B. 部分连带债务人的债务被债权人免除的，其他债务人的债务不受影响

C. 部分连带债务人的债务与债权人的债权同归于一人的，在扣除该债务人应当承担的份额后，债权人对其他债务人的债权继续存在

D. 债权人对部分连带债务人的给付受领迟延的，对其他连带债务人不发生效力

3. 根据合同法律制度的规定，下列关于公司法定代表人超越权限代表公司与相对人订立担保合同的表述，正确的有(　)。

A. 相对人善意的，有权请求公司承担担保责任

B. 公司承担担保责任造成的损失，有权要求法定代表人承担赔偿责任

C. 相对人明知法定代表人超越权限的，公司可以拒绝承担担保责任

D. 公司有证据证明相对人知道或应当知道决议系伪造、变造的，相对人不构成善意

4. 根据合同法律制度的规定，符合特定情形时，公司不得以其未依照公司法关于公司对外担保的规定作出决议为由主张不承担担保责任。下列各项中，属于该特定情形的有(　)。

A. 金融机构开立保函

B. 担保公司提供担保

C. 公司为其全资子公司开展经营活动提供担保

D. 担保合同系由单独或者共同持有公司1/2以上对担保事项有表决权的股东签字同意

5. 甲公司因资金周转困难向乙银行借款500万元，丙公司与丁公司作为保证人与乙银行签订保证合同，但是没有约定各自承担的保证份额，亦未约定保证方式。甲公司到期不能还款，乙银行要求丙公司承担500万元的债务。根据合同法律制度的规定，下列各项表述中，正确的有(　)。

A. 丙公司承担500万元债务后有权向甲公司追偿

B. 丙公司承担500万元债务后无权向甲公司追偿

C. 丙公司有权主张乙银行必须先向甲公

司要求偿还，甲公司无力偿还时再承担保证责任

D. 丙公司主张只承担 250 万元的保证责任

6. 根据合同法律制度的规定，下列关于债权债务转让的表述中，正确的有（　）。

A. 当事人约定非金钱债权不得转让的，不得对抗善意第三人

B. 当事人约定金钱债权不得转让的，不得对抗第三人

C. 债务人转让义务，原债务人对债权人享有债权的，新债务人可以向债权人主张抵销

D. 第三人向债权人表示愿意加入债务，债权人未在合理期限内明确同意的，视为拒绝

7. 根据合同法律制度的规定，下列关于合同解除的表述中，正确的有（　）。

A. 租赁物危及承租人安全的，无论承租人订立合同时是否知道租赁物质量不合格，承租人都可以随时解除合同

B. 承揽合同的定作人在工作完成前可以随时解除承揽合同

C. 委托合同的委托人可以随时解除委托合同

D. 委托合同的受托人可以随时解除委托合同

8. 根据合同法律制度的规定，在法律没有特别规定及合同没有特别约定时，出现的特定情形，一方当事人有权解除合同。下列各项中，属于该特定情形的有（　）。

A. 对方当事人有违约行为致使不能实现合同目的

B. 发生不可抗力事件，致使合同目的无法实现

C. 一方当事人迟延履行主要债务，经催告后在合理期限内仍没有履行合同

D. 在履行期限届满之前，当事人一方明确表示不履行主要债务

9. 根据合同法律制度的规定，下列各项中，属于合同解除法定事由的有（　）。

A. 合同当事人一方的法定代表人变更

B. 作为合同当事人一方的法人分立

C. 在履行期限届满之前，当事人一方明确表示不履行主要债务

D. 合同当事人一方迟延履行债务致使合同目的不能实现

10. 根据合同法律制度的规定，下列各项中，属于法定抵销应具备的条件的有（　）。

A. 须双方互负有债务，互享有债权

B. 须双方债务的给付为同一种类

C. 须对方的债务已届清偿期

D. 须双方的债务均为可抵销的债务

11. 2018 年 10 月，甲公司股东戊公司与庚公司签订了股权转让协议，约定戊公司将其对甲公司享有的 60% 股权低价转让给庚公司，戊公司承担甲公司此前的所有负债。根据合同法律制度的规定，下列关于该协议中债务承担的法律效力的表述中，正确的有（　）。

A. 如未通知甲公司债权人，对甲公司债权人不发生效力

B. 如未经甲公司债权人同意，对甲公司债权人不发生效力

C. 因戊公司、庚公司恶意串通而无效

D. 戊公司催告甲公司债权人对债务转让予以追认，债权人未作追认的，视为不同意

12. 当事人履行合同义务，质量不符合约定而对违约责任又没有明确约定的，受损害方根据标的的性质以及损失的大小，合理要求对方承担补救措施。根据合同法律制度的规定，下列各项中，属于该补救措施的有（　）。

A. 修理　　B. 减少价款

C. 退货　　D. 更换

13. 根据合同法律制度的规定，下列各项中，属于合同非违约人只能要求违约人损害赔偿而不能要求其实际履行的有（　）。

A. 甲公司与乙公司签订买卖大豆的合

同，合同生效后大豆市场价上涨，甲公司拟单方面提高价格遭到拒绝，甲公司拒绝交付大豆

B. 张某将家传的一块鸡血石请著名雕刻家代刻成名章，然该雕刻家顽皮的小孙子不慎将此石打碎

C. 甲乙为准备婚事在某大饭店定下20桌结婚酒席，然结婚那天，饭店竟忘记准备此20桌结婚酒席

D. 双方订立以某物为标的之买卖合同，买方迟延交货，不久国家法令禁止再行买卖此物

14. 根据合同法律制度的规定，出卖人就同一普通动产订立多重买卖合同，在买卖合同均有效的情况下，买受人均要求实际履行合同时，下列表述中，正确的有(　)。

A. 先行受领交付的买受人请求确认所有权已经转移的，人民法院应予支持

B. 均未受领交付，先行支付价款的买受人请求出卖人履行交付标的物等合同义务的，人民法院应予支持

C. 均未受领交付，也未支付价款，依法成立在先合同的买受人请求出卖人履行交付标的物等合同义务的，人民法院应予支持

D. 均未受领交付，也未支付价款，依法登记的买受人请求出卖人履行交付标的物等合同义务的，人民法院应予支持

15. 刘某欲将一幅名贵字画卖给张某，并和张某签订了买卖合同，但未交付；后薛某看到该幅字画十分喜欢，表示愿意购买。于是刘某又和薛某签订了买卖合同，但也未交付。根据合同法律制度的规定，下列关于该字画所有权的归属的表述中，正确的有(　)。

A. 如果张某先支付了价款，请求交付字画的，人民法院应予支持

B. 如果薛某先支付了价款，请求交付字画的，人民法院应予支持

C. 如果张某和薛某都没有支付价款，张某请求交付字画的，人民法院应予支持

D. 如果张某和薛某都没有支付价款，薛某请求交付字画的，人民法院应予支持

16. 2021年5月12日，甲因农忙借用邻居乙的一头耕牛耕地三天。5月14日，甲、乙两人又以2 500元价格达成购买该耕牛的买卖合同，双方约定甲应在5月31日前付清价款。5月14日晚，当地爆发泥石流，导致耕牛灭失。根据合同法律制度的规定，下列表述中，正确的有(　)。

A. 甲在5月12日取得耕牛的所有权

B. 甲在5月14日取得耕牛的所有权

C. 耕牛灭失的损失由甲承担

D. 耕牛灭失的损失由乙承担

17. 买卖合同中，当事人可以凭样品作为质量担保进行买卖。根据合同法律制度的规定，下列关于凭样品买卖合同的表述中，正确的有(　)。

A. 凭样品买卖的当事人应当封存样品，并可以对样品质量予以说明

B. 出卖人交付的标的物应当与样品及其说明的质量相同

C. 凭样品买卖合同的样品存在隐蔽瑕疵，出卖人交付的标的物也只需与样品相同。

D. 凭样品买卖的买受人不知道样品有隐蔽瑕疵的，即使交付的标的物与样品相同，出卖人交付的标的物的质量仍然应当符合同种标的物的通常标准

18. 某农机公司销售一批联合收割机给某贸易公司。双方约定：交付标的物的标准应与样品一致；试用期间为3个月，试用期间届满后买受人决定是否购买。根据合同法律制度的规定，下列表述中，正确的有(　)。

A. 即使样品存在隐蔽瑕疵的，交付标的

物也应符合通常标准

B. 试用期间不能由双方约定

C. 试用期间届满，买受人对是否购买未作意思表示的，视为同意购买

D. 试用期间届满，买受人未作出是否购买的意思表示，但将该设备出租给农民，视为同意购买

19. 根据合同法律制度的规定，下列关于商品房买卖合同的表述，正确的有(　)。

A. 商品房的销售广告属于要约，对出卖人无合同上的约束力

B. 商品房预售，出卖人必须申领商品房预售许可证明

C. 因房屋质量问题严重影响正常居住使用的，当事人可以主张行使解除权

D. 商品房买卖合同无效、被撤销或者被解除，则贷款合同也应相应解除

20. 赠与合同是赠与人将自己的财产无偿给予受赠人，受赠人表示接受赠与的合同。根据合同法律制度的规定，下列关于赠与合同性质的表述，正确的有(　)。

A. 单务合同　　B. 无偿合同

C. 诺成合同　　D. 实践合同

21. 根据合同法律制度的规定，下列关于赠与人义务的表述中，正确的有(　)。

A. 赠与的财产有瑕疵的，赠与人必须承担责任

B. 赠与的财产有瑕疵的，赠与人一般不承担责任

C. 附义务的赠与，赠与的财产有瑕疵的，赠与人在附义务的限度内承担与出卖人相同的责任

D. 赠与人故意不告知瑕疵或者保证无瑕疵，造成受赠人损失的，应当承担损害赔偿责任

22. 自然人乙向甲企业提供短期融资行为，双方约定：本金随时有随时还，利息随行就市，违约金为合同标的额的10%。根据合同法律制度的规定，下列表述中，正确的有(　)。

A. 借贷双方没有约定利息，出借人不得主张支付借期内利息

B. 借贷双方利息约定不明，出借人不得主张支付借期内利息

C. 甲未按照乙的要求偿还本金时，应向其支付逾期利息

D. 逾期利息与违约金可以并用，但不能超过合同成立时一年期贷款市场报价利率四倍

23. 甲公司通过某网络贷款平台向乙公司借款50万。根据合同法律制度的规定，下列关于该借贷关系的表述，正确的有(　)。

A. 网络贷款平台的提供者仅提供媒介服务，一般不对该借贷关系承担担保责任

B. 如果平台网站上有“为通过本平台发生的借贷担保”等字样，该表述无效

C. 如果是甲公司的负责人以个人名义与乙公司签订借款合同，所借款项用于甲公司生产经营，乙公司可以请求甲公司与该负责人共同承担责任

D. 如果是甲公司的负责人以公司名义与乙公司签订借款合同，甲公司能够证明所借款项用于负责人个人消费，乙公司应当起诉负责人个人，不能起诉甲公司

24. 根据合同法律制度的规定，下列属于一审辩论终结前未获批准，房屋租赁合同无效情形的有(　)。

A. 出租人就未取得建设工程规划许可证建设的房屋，与承租人订立租赁合同

B. 未按照建设工程规划许可证的规定建设的房屋，与承租人订立的租赁合同

C. 出租人就未经批准或者未按照批准内容建设的临时建筑，与承租人订立的租赁合同

D. 租赁期限超过临时建筑的使用期限

25. 冯某与张某口头约定将一处门面房租给张某，租期2年，租金每月1 000元。合同履行1年后，张某向冯某提出能否转

租给翁某，冯某表示同意。张某遂与翁某达成租期1年、月租金1 200元的口头协议。翁某接手后，擅自拆除了门面房隔墙，冯某得知后欲收回房屋。根据合同法律制度的规定，下列表述中，正确的有（　）。

A. 冯某与张某若之后因纠纷未能确定租赁期限，则其租赁合同为不定期租赁

B. 张某将房屋转租后，冯某有权按每月1 200元向张某收取租金

C. 冯某有权要求张某恢复原状或赔偿损失

D. 冯某有权要求翁某承担违约责任

26. 根据合同法律制度的规定，下列关于融资租赁合同的表述，错误的有（　）。

A. 标的物维修、标的物质量瑕疵及风险承担等问题原则上与出租人无关

B. 承租人破产的，租赁物不属于破产财产

C. 融资租赁合同的租金，除当事人另有约定外，应当根据经营租赁同类设备的市场租金以及出租人的合理利润确定

D. 租赁物不符合租赁合同约定或者不符合使用目的的，出租人一律不承担责任

27. 根据合同法律制度的规定，下列关于承揽合同性质的表述，正确的有（　）。

A. 承揽合同是单务合同

B. 承揽合同是双务合同

C. 承揽合同是有偿合同

D. 承揽合同是诺成合同

28. 根据合同法律制度的规定，下列关于承揽人义务的表述，正确的有（　）。

A. 共同承揽人对定作人承担连带责任，当事人另有约定除外

B. 承揽人完成工作的，应当向定作人交付工作成果，并提交必要的技术资料和有关质量证明

C. 承揽人应当按照定作人的要求保守秘密，未经定作人许可，不得留存复制品或者技术资料

D. 承揽人提供材料的，应按约定选用材料，并接受定作人检验

29. 根据合同法律制度的规定，下列建设工程施工合同中，可以认定为无效合同的有（　）。

A. 工程承包人尚未取得建筑施工企业资质而签订的施工合同

B. 没有资质的实际施工人借用有资质的建筑施工企业名义签订的施工合同

C. 取得相应施工企业资质不满3年的工程承包人签订的施工合同

D. 建设工程必须进行招标而未招标签订的施工合同

30. 根据合同法律制度的规定，下列关于委托合同的表述，正确的有（　）。

A. 在任何情形下，受托人如果未经委托人同意不能将委托事务转委托。否则受托人应当对转委托的第三人的行为承担责任

B. 受托人以自己的名义与第三人订立合同时，第三人不知道受托人与委托人之间的代理关系的，受托人因第三人的原因对委托人不履行义务，受托人应当向委托人披露第三人，委托人可以因此行使受托人对第三人的权利

C. 委托人行使受托人对第三人的权利的，第三人可以向委托人主张其对受托人的抗辩

D. 受托人只能以委托人的名义从事委托事务，否则其与第三人订立的合同无效

31. 根据合同法律制度的规定，下列各项中，承运人乙不承担赔偿责任的有（　）。

A. 甲委托乙用货车将一批水果运往A地，不料途中遭遇山洪，水果全部毁损

B. 丙委托乙用货车将一批海鲜运往A地，由于丙充氧不足，导致该批海鲜全部死亡

C. 丁委托乙用货车将一批瓷砖运往A地，

乙将货物运至 B 地，转为由联运方戊用货车运往 A 地，途中，由于戊的司机疲劳驾驶导致翻车，瓷砖全部毁损

D. 已委托乙将一批酒运往 A 地，双方约定 3 月 1 日提货，至 3 月 1 日已无故未提货，3 月 2 日晚，部分酒桶被小孩用弹弓打裂

32. 根据合同法律制度的规定，下列关于行纪合同与委托合同区别的表述，正确的有(　)。

A. 行纪合同与委托合同均由委托人预付处理事务的费用

B. 行纪人应以自己的名义与第三人订立合同，而受托人可以以委托人或自己的名义订立合同，如以自己的名义订立合同，则负有披露义务

C. 行纪合同为有偿合同，而委托合同可以是有偿的，也可以是无偿的

D. 行纪人处理委托事务支出的费用，除当事人另有约定，应自行负担，而委托合同的受托人的费用由委托人承担

三、案例分析题

1. 2022 年 10 月 4 日，甲公司从乙银行借款 800 万元，用于购置新能源客车 10 辆，借款期限自 2022 年 10 月 4 日至 2022 年 12 月 4 日，并以价值 900 万元的自有房屋一套为乙银行设定了有效抵押。同时，乙银行与丙公司签订书面保证合同，约定丙公司为甲公司的借款承担连带保证责任。因新能源客车价格上调，甲公司于 10 月 5 日，又向乙银行追加借款 200 万元，借款期限自 2022 年 10 月 5 日至 2022 年 12 月 4 日。

10 月 7 日，甲公司与新能源客车生产商丁公司正式签署买卖合同。合同约定："丁公司为甲公司提供新能源客车 10 辆，总价 1 000 万元，甲公司应于 10 月 9 日、10 月 20 日分别支付价款 500 万元，丁公司应于 10 月 16 日、10 月 27 日分别交付新能源客车 5 辆。"双方未作其他约定。10 月 9 日，甲公司向丁公司支付第一期购车款 500 万元。

10 月 16 日，丁公司交付新能源客车 5 辆。甲公司在验货时发现该批新能源客车存在电池爆炸隐患，非经维修无法继续使用，要求丁公司减少价款，被丁公司以合同中无质量条款约定为由拒绝。

10 月 20 日，丁公司请求甲公司支付第二期新能源客车价款 500 万元。甲公司调查发现，丁公司新能源客车生产资质已经过期。遂告知丁公司暂不履行合同并要求丁公司在 15 天内提供具有足够履约能力的担保，丁公司未予理会。半个月后，甲了解到丁公司经营状况继续恶化，便通知丁公司解除未交付的 5 辆新能源客车买卖合同。

11 月 20 日，甲公司隐瞒已受领的 5 辆新能源客车的质量瑕疵，将该批车以 300 万元卖与戊公司，约定 12 月 30 日付款、交货。11 月 25 日，庚公司告知甲公司，愿以 350 万元购买上述 5 辆新能源客车。11 月 30 日，甲公司以自己隐瞒质量瑕疵为由，主张撤销与戊公司之间的买卖合同。12 月 4 日，甲公司无力偿还乙银行两笔贷款，乙银行直接要求丙公司还贷，被丙公司拒绝。

根据上述内容，分别回答下列问题：

(1)甲公司是否取得已受领新能源客车的所有权？并说明理由。

(2)甲公司是否有权要求减少价款？并说明理由。

(3)甲公司中止履行向丁公司支付第二期新能源客车价款的义务，是否构成违约？并说明理由。

(4)甲公司是否有权就未交付的新能源客车解除合同？并说明理由。

(5)甲公司是否有权撤销其与戊公司之间的买卖合同？并说明理由。

(6)乙银行是否有权直接要求丙公司偿还第一笔贷款？并说明理由。

(7)乙银行是否有权要求丙公司偿还

第二笔贷款？并说明理由。

2. 2020年6月1日，甲与乙签订委托合同，委托乙出租自有房屋一套并代收租金。2020年7月4日，甲为乙出具了授权委托书。2020年7月8日，因疫情防控原因，乙被居家隔离。经与甲沟通，乙转委托张三代为履行受托事项。

2020年8月1日，张三以自己名义与丙签订书面房屋租赁合同，并向丙披露了自己的受托人身份。租期为2020年8月1日至2022年7月31日，租金每月2万元。2021年6月，该房屋地热管道漏水，丙请求甲维修，甲以租赁合同系张三与丙签订为由拒绝，丙自行维修，花费3 000元。

2022年2月，甲欲出售该房屋，遂通知丙解除租赁合同，丙以甲无权任意解除合同为由拒绝。2022年3月5日，甲在未告知丙的情况下，与丁签订买卖合同，以800万元的价格将房屋出售于丁。为支付房款，2022年3月11日，丁与戊、庚签订借款合同，分别自戊、庚处借款500万元和300万元，借款期限均为3个月。同时，丁还分别与戊、庚约定以房屋作为借款抵押。次日，丁向甲支付了房款。2022年3月20日，甲和丁办理了房屋过户登记。3月21日和22日，丁先后为戊、庚办理了房屋抵押登记。

2022年4月2日，丁以其为房屋所有权人为由，要求丙搬离，丙拒绝，并以承租人享有优先购买权为由，主张甲与丁的买卖合同无效。因丁无力偿还戊、庚的借款，2022年7月12日，戊、庚主张实现抵押权。房屋拍卖所得价款为680万元，戊、庚均要求就拍卖所得价款全额实现自己的债权。

根据上述内容，分别回答下列问题：

(1)甲与乙的委托合同何时生效？乙何时取得代理权？并分别说明理由。

(2)乙转委托的行为是否有效？并说明理由。

(3)房屋地热管道漏水的维修费用应当由谁承担？并说明理由。

(4)甲是否有权解除与丙的租赁合同？并说明理由。

(5)丁是否有权要求丙搬离？并说明理由。

(6)丙是否有权主张甲与丁的买卖合同无效？并说明理由。

(7)戊和庚应如何就房屋拍卖所得价款实现各自的抵押权？并说明理由。

本章综合练习·参考答案及解析

一、单项选择题

1. D 【解析】本题考核承诺。选项A错误：受要约人在承诺期限内发出承诺，按照通常情形能够及时到达要约人，但是因其他原因致使承诺到达要约人时超过承诺期限的(这是“迟到承诺”)，除要约人及时通知受要约人因承诺超过期限不接受该承诺外，该承诺有效。选项B错误：受要约人超过承诺期限发出承诺，或者在承诺期限内发出承诺，按照通常情形不能及时到达要约人的(这是“迟延承诺”)，为新要约；但是，要约人及时通知受要约人该承诺有效的除外。选项C错误：承诺可以撤回。

2. D 【解析】本题考核按份之债与连带之债。债权人对部分连带债务人的给付受领迟延的，对其他连带债务人发生效力。

3. A 【解析】本题考核不安抗辩权。应当先履行债务的当事人，有确切证据证明对方有下列情形之一的，可以中止履行：①经营状况严重恶化；②转移财产、抽逃资金，以逃避债务；③丧失商业信誉；④有丧失或者可能丧失履行债务能力的其他情形。当事人依照前款规定中止履行的，应当及时通知对方。对方提供适当担保时，应当恢复履行。中止履行后，对方在合理期限内未恢复履行能力并且未提供适当担保的，视为以自己的行为表明不履行主要债务，中止履行的一方可以解除合同并可以请求对方承担违约责任。

4. A 【解析】本题考核合同的担保。主合同中虽然没有保证条款，但是，保证人在主合同上以保证人的身份签字或者盖章的，保证合同也成立。因此选项 B 错误。根据规定，质押合同自成立时生效，质权自出质人交付质押财产时设立。本题中轿车没有交付，质权没有设立。因此选项 CD 错误，选项 A 正确。

5. A 【解析】本题考核一般保证的诉讼时效。一般保证的债权人在保证期间届满前对债务人提起诉讼或者申请仲裁的，从保证人拒绝承担保证责任的权利消灭之日起，开始计算保证债务的诉讼时效。

6. B 【解析】本题考核主合同变更与保证责任的承担。债权人与债务人变更主合同未经保证人同意的，如果减轻债务人的债务的，保证人应当对变更后的合同承担保证责任；如果加重债务人的债务的，保证人对加重的部分不承担保证责任。本题主合同的变更加重了甲企业的债务，因此保证人对加重的 20 万元不承担保证责任，但仍应对原先的 100 万元承担保证责任。

7. A 【解析】本题考核买卖合同解除规则。选项 B：标的物为数物，其中一物不符合约定的，买受人可以就该物解除合同，但该物与他物分离使标的物的价值显受损害的，当事人可以就数物解除合同。选项 C：出卖人不交付其中一批标的物或者交付不符合约定，致使今后其他各批标的物的交付不能实现合同目的的，买受人可以就该批以及今后其他各批标的物解除。选项 D：出卖人分批交付标的物的，出卖人对其中一批标的物不交付或者交付不符合约定，致使该批标的物不能实现合同目的的，买受人可以就该批标的物解除合同。

8. C 【解析】本题考核合同的解除。主合同解除后，担保人对债务人应当承担的民事责任仍应当承担担保责任，但是担保合同另有约定的除外，选项 C 的说法错误。

9. A 【解析】本题考核债权转让的效力。债权人转让权利的，受让人取得与债权有关的从权利，如抵押权，但该从权利专属于债权人自身的除外。因此选项 A 的说法错误。

10. A 【解析】本题考核法定抵销的情形。当事人互负到期债务，该债务的标的物种类、品质相同的，任何一方可以将自己的债务与对方的债务抵销，但依照法律规定或者按照合同性质不得抵销的除外。本题中，只有选项 A 属于标的物种类、品质相同的债，所以可以法定抵销。

11. B 【解析】本题考核法定抵销的条件。一方债务已经到期，另一方债务尚未到期，则未到期的债务人(享有期限利益一方)可以主张抵销。

12. B 【解析】本题考核法定免责事由。当事人迟延履行后发生不可抗力的，不能免除责任。本题中，乙方应于接到货物后 15 天内将货款付给甲方，发生洪水前，乙方已经存在延迟履行的情况了。

13. D 【解析】本题考核定金与违约金的竞合。定金与违约金条款不得并用，但可选择最有利于受到损失一方当事人的方法。如果乙公司选择适用违约金条款，请求甲公司偿付金额为：50 万元×5%+8 万元+10 万元=20.5 万元；如果乙公司适用定金罚则条款，甲公司接受定金而不履行合同，应当向乙公司双倍返还定金，计算为：8 万元×2+10 万元=26 万元。所以乙公司最多可请求偿付 26 万元。

14. D 【解析】本题考核转移标的物的所有权。出卖具有知识产权的计算机软件等标的物的，除法律另有规定或者当事人另有约定以外，该标的物的知识产权不属于买受人。

15. A 【解析】本题考核标的物的风险负担。标的物毁损、灭失的风险，在标的物交付之前由出卖人承担，交付之后由买受人承担，但法律另有规定或者当事人另有约定的除外。本题中虽然甲、乙尚未办理房屋的所有权过户手续，但甲已入住，即所买卖的房屋已交付，除非当事人另有约定，房屋损失由甲承担。注意区分所有权转移与风险转移的区别。

16. B 【解析】本题考核标的物的检验。买受人收到标的物时应当在约定的检验期内检验，并在检验期内将标的物不符的情形通知出卖人。买受人怠于通知的，视为标的物的数量或者质量符合约定。没有约定检验期的，应当及时检验，并将不符合约定的情况在合理期间内通知出卖人。如在合理期间或自标的物收到之日起 2 年内未通知出卖人的，视为符合约定。但下列两种情况除外：①标的物有质量保证期的；②出卖人知道或应当知道标的物不符合约定的。

17. A 【解析】本题考核买卖合同特别解除规则。因标的物的主物不符合约定而解除合同的，解除合同的效力及于从物，标的物的从物因不符合约定被解除的，解除的效力不及于主物，所以选项 A 正确、B 错误。标的物为数物的，其中一物不符合约定的，买受人可以就该物解除合同，但该物与其他物分离使标的物价值显受损害的，当事人可以就数物解除合同；出卖人分批交付标的物的，出卖人对其中一批标的物不交付或者交付不符合约定，致使该批标的物不能实现合同目的的，买受人可以就该批标的物解除合同，所以选项 C、D 错误。

18. B 【解析】本题考核试用买卖合同。买受人已支付部分或全部价款，或对标的物实施了出卖、出租、设定担保物权等非试用行为的，应视为同意购买。选项 B 中，买受人将标的物抵押给他人，即对标的物设定了担保物权，应视为同意购买。

19. B 【解析】本题考核商品房买卖合同。出卖人未取得预售许可而与买受人订立预售合同的，合同无效，但是在起诉前取得预售许可的，合同有效。商品房预售合同应当办理登记备案手续，但该登记备案手续并非合同生效条件，当事人另有约定的除外。

20. A 【解析】本题考核赠与合同的撤销。经过公证的赠与合同或者依法不得撤销的具有救灾、扶贫、助残等公益、道德义务性质的赠与合同，不得任意撤销。受赠人有下列情形之一的，赠与人可以撤销赠与：①严重侵害赠与人或者赠与人的近亲属的合法权益；②对赠与人有扶养义务而不履行；③不履行赠与合同约定的义务。因此，本题 A 选项属于不得任意撤销赠与的情形。

21. D 【解析】本题考核自然人之间借款合同。自然人之间的借款合同是实践合同，选项 A 错误；自然人之间的借款合同对支付利息没有约定或约定不明的，视为不支付利息，选项 B 错误；自然人之间的借款合同对偿还期限有约定而借款人不按期偿还或者未约定偿还期限但经出借人催告后仍不偿还的，出借人可以要求借款人支付逾期利息，选项 C 错误、D 正确。

22. B 【解析】本题考核借款合同的权利义务。借款的利息不得预先在本金中扣除。利息预先在本金中扣除的，应当按照实际借款数额返还借款并计算利息。到期时，甲企业应偿还的本金和利息共计 $=19+19\times5\%=19.95$ 万元。

23. A 【解析】本题考核租赁合同的权利义务。租赁物在承租人按照租赁合同占有期限内发生所有权变动的，不影响租赁合同的效力。因此房屋先出租后出卖的，租赁合同和买卖合同都是有效的。

24. B 【解析】本题考核租赁合同的解除。不定期租赁中，双方当事人可以随时解除合同，但应当在合理期限之前通知对方。

25. D 【解析】本题考核房屋租赁中承租人的优先权。具有下列情形之一的，承租人不得主张优先购买权：房屋共有人行使优先购买权的；出租人将房屋出卖给近亲属，包括配偶、父母、子女、兄弟姐妹、祖父母、外祖父母、孙子女、外孙子女的；出租人履行通知义务后，承租人在 15 日内未明确表示购买的。当出租人将房屋出卖给近亲属的，承租人不得主张优先购买权。

26. A 【解析】本题考核融资租赁合同的权利义务。承租人占有租赁物期间，租赁物造成第三人的人身伤害或者财产损害的，出租人不承担责任。本题中，租赁物致人损害不是由于质量问题，所以出卖人也不承担责任。王某是甲公司的员工，不是融资租赁合同的当事人，所以是甲公司承担赔偿责任。

27. D 【解析】本题考核承揽合同的相关规定。定作人可以随时解除承揽合同，造成承揽人损失的，应当赔偿损失。

28. B 【解析】本题考核承揽合同的相关规定。承揽工作需要定作人协助的，定作人有协助的义务。定作人不履行协助义务致使承揽工作不能完成的，承揽人可以催告定作人在合理期限内履行义务，并可以顺延履行期限；定作人逾期不履行的，承揽人可以解除合同，因此选项 B 的说法错误。

29. B 【解析】本题考核建设工程价款的结算。建设工程施工合同有效，但工程竣工验收不合格的，工程价款结算参照建设工程施工合同无效时竣工验收不合格的情形处理，选项 B 表述错误。

30. B 【解析】本题考核建设工程价款的结算。工程款优先权优先于抵押权人的抵押权，选项 A、C 错误。工程款优先权仅限于实际支出的费用，如材料费、工作人员报酬等实际支出的费用，不包括承包人因发包人违约所造成的损失，选项 D 错误。

31. C 【解析】本题考核隐名代理。受托人因委托人的原因对第三人不履行义务，受托人应当向第三人披露委托人，第三人因此可以选择受托人或者委托人作为相对人主张其权利，但第三人不得变更选定的相对人。由此本题选项 C 正确。

32. D 【解析】本题考核客运合同。在运输过程中旅客自带物品毁损、灭失，承运人有过错的，应当承担损害赔偿责任。

二、多项选择题

1. ABD 【解析】本题考核连带之债。连带债权或者连带债务，由法律规定或者当事人约定，因此选项 C 错误。

2. BD 【解析】本题考核债权人与连带债务人的关系。部分连带债务人的债务被债权人免除的，在该连带债务人应当承担的份额范围内，其他债务人对债权人的债务消灭。选项 B 的说法错误；债权人对部分连带债务人的给付受领迟延的，对其他连带债务人发生效力。选项 D 的说法错误。

3. ABCD 【解析】本题考核合同效力的层次。法人的法定代表人或者非法人组织的负责人超越权限订立的合同，除相对人知道或者应当知道其超越权限外，该代表行为有效，订立的合同对法人或者非法人组织发生效力。

4. ABC 【解析】本题考核公司对外担保的决议。根据相关规定，有下列情形之一的，公司不得以其未依照公司法关于公司对外担保的规定作出决议为由主张不承担担保责任：①金融机构开立保函或者担保公司提供担保；②公司为其全资子公司开展经营活动提供担保；③担保合同系由单独或者共同持有公司三分之二以上对担保事项有表决权的股东签字同意。

5. AC 【解析】本题考核一般保证。保证人承担保证责任后，除当事人另有约定外，有权在其承担保证责任的范围内向债务人追偿。所以选项 A 正确，B 错误。如果当事人在保证合同中对保证方式没有约定或者约定不明确的，按照一般责任保证承担保证责任，一般保证人享有先诉抗辩权，可以请求人民法院先就债务人财产清偿债务。所以选项 C 正确。同一债务有两个以上保证人的，保证人应当按照保证合同约定的保证份额，承担保证责任；没有约定保证份额的，债权人可以请求任何一个保证人在其保证范围内承担全部保证责任。所以选项 D 错误。

6. AB 【解析】本题考核债权债务的转让。债务人转移义务的，新债务人可以主张原债务人对债权人的抗辩。原债务人对债权人享有债权的，新债务人不得向债权人主张抵销。选项 C 表述错误；第三人与债务人约定加入债务并通知债权人，或者第三人向债权人表示愿意加入债务，债权人未在合理期限内明确拒绝的，债权人可以请求第三人在其愿意承担的债务范围内和债务人承担连带债务。选项 D 表述错误。

7. ABCD 【解析】本题考核合同解除。租赁物危及承租人的安全或者健康的，即使承租人订立合同时明知该租赁物质量不合格，承租人仍然可以随时解除合同，选项 A 正确；定作人在工作完成前可以随时解除承揽合同，造成承揽人损失的，应当赔偿损失，选项 B 正确；委托合同中，委托人或者受托人可以随时解除委托合同，选项 C 和 D 的表述正确。

8. ABCD 【解析】本题考核法定解除。有下列情形之一的，当事人可以解除合同：①因不可抗力致使不能实现合同目的；②在履行期限届满之前，当事人一方明确表示或者以自己的行为表明不履行主要债务；③当事人一方迟延履行主要债务，经催告后在合理期限内仍未履行；④当事人一方迟延履行债务或者有其他违约行为致使不能实现合同目的；⑤以持续履行的债务为内容的不定期合同，当事人可以随时解除合同，但应当在合理期限之前通知对方；⑥法律规定的其他情形。

9. CD 【解析】本题考核法定解除。有下列情形之一的，当事人可以解除合同：①因不可抗力致使不能实现合同目的。只有不可抗力致使合同目的不能实现时，当事人才可以解除合同；②因预期违约解除合同。即在履行期限届满之前，当事人一方明确表示或者以自己的行为表明不履行主要债务的，对方当事人可以解除合同；③当事人一方迟延履行主要债务，经催告后在合理期限内仍未履行；④当事人一方迟延履行债务或者有其他违约行为致使不能实现合同目的；⑤以持续履行的债务为内容的不定期合同，当事人可以随时解除合同，但应当在合理期限之前通知对方；⑥法律规定的其他情形。选项 CD 当选。

10. ABCD 【解析】本题考核法定抵销的条件。法定抵销应具备的条件包括：①双方互负有债务，互享有债权；②双方债务的给付为同一种类；③须对方的债务届清偿期；④双方的债务均为可抵销的债务。四个选项都是正确的。

11. BD 【解析】本题考核债务承担的法律效力。戊公司要想承担甲公司此前发生的所有债务，必须经过甲公司债权人的同意，而不是仅仅通知债权人就可以。选项 A 错误，选项 B 正确。戊公司虽然低价将其对甲公司的 60% 股权转让给了庚公司，但是根据题干给出的表述内容不能推出双方存在恶意串通损害债权人利益的结论。选项 C 错误。债务人将合同的义务全部或者部分转移给第三人的，应当经债权人同意。债务人或者第三人可以催告债权人在合理期限内予以同意，债权人未作表示的，视为不同意。选项D正确。

12. ABCD 【解析】本题考核补救措施。当事人履行合同义务，质量不符合约定，应当按照当事人的约定承担违约责任。对违约责任没有约定或者约定不明确，受损害方根据标的的性质以及损失的大小可以合理选择请求对方承担修理、更换、重作、退货、减少价款或者报酬等违约责任。

13. BCD 【解析】本题考核继续履行。当事人一方不履行非金钱债务或者履行非金钱债务不符合约定的，对方可以要求履行，但有下列情形之一的除外：①法律上或者事实上不能履行；②债务的标的不适于强制履行或者履行费用过高；③债权人在合理期限内未请求履行；选项A中甲公司应当按照“合同的约定”交付大豆，所以乙公司可以要求实际履行；选项BC属于事实上不能履行的情形；选项D属于法律上不能履行的情形。

14. ABC 【解析】本题考核转移标的物的所有权。在普通动产情形，如果出卖人就同一标的物订立多重买卖合同，在买卖合同均有效的情况下，买受人均要求实际履行合同的，应当按照以下情形分别处理：①先行受领交付的买受人请求确认所有权已经转移的，人民法院应予支持；②均未受领交付，先行支付价款的买受人请求出卖人履行交付标的物等合同义务的，人民法院应予支持；③均未受领交付，也未支付价款，依法成立在先合同的买受人请求出卖人履行交付标的物等合同义务的，人民法院应予支持。

15. ABC 【解析】本题考核转移标的物的所有权。在普通动产情形，如果出卖人就同一标的物订立多重买卖合同，在买卖合同均有效的情况下，买受人均要求实际履行合同的，应当按照以下情形分别处理：①先行受领交付的买受人请求确认所有权已经转移的，人民法院应予支持；②均未受领交付，先行支付价款的买受人请求出卖人履行交付标的物等合同义务的，人民法院应予支持；③均未受领交付，也未支付价款，依法成立在先合同的买受人请求出卖人履行交付标的物等合同义务的，人民法院应予支持。

16. BC 【解析】本题考核交付标的物。本题属于简易交付，即动产物权设立和转让前，权利人已经占有该动产的，物权自法律行为生效时发生效力。所以是买卖合同生效时，发生动产交付的效力。标的物的所有权自标的物交付时起转移，但法律另有规定或者当事人另有约定的除外。标的物毁损、灭失的风险，在标的物交付之前由出卖人承担，交付之后由买受人承担，但法律另有规定或者当事人另有约定的除外。本题中，买卖合同生效时，标的物的交付完成，此时风险转移、所有权转移。

17. ABD 【解析】本题考核凭样品买卖合同。凭样品买卖的买受人不知道样品有隐蔽瑕疵的，即使交付的标的物与样品相同，出卖人交付的标的物的质量仍然应当符合同种标的物的通常标准，选项C错误。

18. ACD 【解析】本题考核凭样品买卖合同和试用买卖合同。凭样品买卖合同中，即使样品存在隐蔽瑕疵的，交付标的物也应当符合通常标准。选项A正确。试用期间由双方约定，没有约定的或者约定不明确，依照有关规定仍不能确定的，由出卖人确定。选项B错误。试用期间届满，买受人未作出是否购买的意思表示，视为同意购买。选项C正确。买受人已支付部分或全部价款以及对标的物进行出卖、出租等非试用行为的，视为同意购买。选项D正确。

19. BCD 【解析】本题考核商品房买卖合同。有关商品房的销售广告和宣传资料为要约邀请，对出卖人无合同上的约束力。就商品房开发规划范围内的房屋及相关设施所作的说明和允诺具体确定，并对合同的订立以及房屋价格的确定有重大影响的，视为要约。选项 A 错误。

20. ABC 【解析】本题考核赠与合同。赠与合同是单务、无偿合同、诺成合同。

21. BCD 【解析】本题考核赠与合同。赠与的财产有瑕疵的，赠与人不承担责任。但附义务的赠与，赠与的财产有瑕疵的，赠与人在附义务的限度内承担与出卖人相同的责任。赠与人故意不告知瑕疵或者保证无瑕疵的，造成受赠人损失的，应当承担损害赔偿责任。

22. CD 【解析】本题考核民间借贷的借期利息与逾期利息。甲乙双方之间约定了利息随行就市，属于约定不明，而非未约定利息。选项 A 错误。甲乙之间借款，属于非自然人间借款，借款利息约定不明时，应支付利息。选项 B 错误。双方未约定逾期利息的，不影响逾期后债务人承担支付逾期利息的义务。选项 C 正确。逾期利息与违约金可以并用，但不能超过合同成立时一年期贷款市场报价利率四倍。选项 D 正确。

23. AC 【解析】本题考核互联网借贷平台与法定代表人的责任。借贷双方通过网络贷款平台形成借贷关系，网络贷款平台的提供者仅提供媒介服务，不承担担保责任，选项 A 正确。网络贷款平台的提供者通过网页、广告或者其他媒介明示或者有其他证据证明其为借贷提供担保，网络贷款平台的提供者应当承担担保责任，选项 B 错误。法人的法定代表人或者非法人组织的负责人以个人名义与出借人签订民间借贷合同，所借款项用于单位生产经营，出借人可以请求企业与个人共同承担责任；以单位名义与出借人签订民间借贷合同，有证据证明借款用于个人，出借人可以请求将该个人列为共同被告或第三人。选项 C 正确，选项 D 错误。

24. ABC 【解析】本题考核房屋租赁的无效。租赁期限超过临时建筑的使用期限，超过部分无效。并不是整个房屋租赁合同无效。

25. AC 【解析】本题考核租赁合同。租赁期限六个月以上的，应当采用书面形式；当事人未采用书面形式的，无法确定租赁期限的，视为不定期租赁。承租人未经出租人同意，对租赁物进行改善或者增设他物的，出租人可以要求承租人恢复原状或者赔偿损失。承租人转租的，承租人与出租人之间的租赁合同继续有效，第三人对租赁物造成损失的，承租人应当赔偿损失。

26. CD 【解析】本题考核融资租赁合同的权利义务。融资租赁合同的租金，除当事人另有约定外，应当根据购买租赁物的大部分或者全部成本以及出租人的合理利润确定，因此选项 C 的说法错误；租赁物不符合租赁合同约定或者不符合使用目的的，出租人不承担责任，但承租人依赖出租人的技能确定租赁物或者出租人干预选择租赁物的除外，因此选项 D 的说法错误。

27. BCD 【解析】本题考核承揽合同。承揽合同是双务、有偿、诺成的合同。承揽合同中双方意思表示一致时，合同即成立，所以属于诺成合同。交付标的物是履行合同义务的行为，不是合同成立的条件。

28. ABCD 【解析】本题考核承揽合同。以上内容均是正确的。

29. ABD 【解析】本题考核建设工程合同的无效。建设工程施工合同具有下列情形之一的，属于无效合同：①承包人未取得建筑施工企业资质或者超越资质等级的；②没有资质的实际施工人借用有资质的建筑施工企业名义的；③建设工程必须进行招标而未招标或者中标无效的。

30. BC 【解析】本题考核委托合同。转委托未经同意的，受托人应当对转委托的第三人的行为承担责任，但在紧急情况下受托人为维护委托人的利益需要转委托的除外，选项 A 错误。受托人可以以自己的名义与第三人订立合同，选项 D 错误。

31. ABD 【解析】本题考核货运合同。承运人对运输过程中货物的毁损、灭失承担损害赔偿责任，但承运人证明货物的毁损、灭失是因不可抗力、货物本身的自然性质或者合理损耗以及托运人、收货人的过错造成的，不承担损害赔偿责任。

32. BCD 【解析】本题考核行纪合同。行纪人处理委托事务支出的费用，除当事人另有约定，应自行负担，而委托合同的受托人的费用由委托人承担。因此选项 A 错误，选项 D 正确。

三、案例分析题

1.【答案】

(1)甲公司已经取得已受领新能源客车的所有权。根据规定，动产物权的设立和转让，自交付时发生效力，但法律另有规定的除外。本题中，5 辆新能源客车的所有权自交付之日起转移给甲公司，故甲公司已取得已受领新能源客车的所有权。

(2)甲公司有权要求减少价款。根据规定，当事人应依合同约定履行合同义务，否则应承担违约责任。对违约责任没有约定或约定不明的，受损害方可以根据标的的性质以及损失的大小，选择要求对方承担修理、更换、退货、减少价款等违约责任。本题中，新能源客车存在严重质量瑕疵，非经维修无法符合使用要求，构成违约。因此，甲公司可以要求丁公司承担减少价款的违约责任。

(3)甲公司中止履行向丁公司支付第二期新能源客车价款的义务不构成违约。根据规定，应当先履行债务的当事人，有确切证据证明对方有丧失履行债务能力的可能的，可以中止履行。本题中，甲公司经过调查，有确切证据证明丁公司生产资质过期，有丧失履行债务的可能，可以中止履行。此行为属于行使不安抗辩权，并不构成违约。

(4)甲公司有权就未交付的新能源客车解除合同。根据规定，当事人行使不安抗辩权中止履行的，应当及时通知对方。对方提供适当担保时，应当恢复履行。中止履行后，对方在合理期限内未恢复履行能力并且未提供适当担保的，中止履行的一方可以解除合同。本题中，丁公司未恢复履行能力也没有提供适当的担保，甲公司可以解除合同。

(5)甲公司无权撤销其与戊公司之间的买卖合同。根据规定，通过欺诈、胁迫而使对方在违背真实意思的情况下订立的合同，受损害方才有权撤销。本题中，甲公司是欺诈方，没有撤销权。

(6)乙银行无权直接要求丙公司偿还第一笔贷款。根据规定，被担保的债权既有物的担保又有人的担保的，债务人不履行到期债务或者发生当事人约定的实现担保物权的情形，债权人应当按照约定实现债权；没有约定或者约定不明确，债务人自己提供物的担保的，债权人应当先就该物的担保实现债权。本题中，甲以自有房屋为乙银行设定抵押，属于债务人自己提供物保的情形，债权人应当先就该物的担保实现债权。

(7)乙银行无权要求丙公司偿还第二笔贷款。根据规定，保证期间，债权人与债务人协议变更主合同的，应当取得保证人的书面同意。未经保证人同意的主合同变更，如果加重债务人的债务的，保证人对加重的部分不承担保证责任。本题中，甲公司追加借款，加重了债务人的债务，且并没有经过保证人的同意，保证人对第二笔贷款不承担保证责任。

2.【答案】

(1)①甲与乙的委托合同于 2020 年

6月1日生效。根据规定，依法成立的合同，自成立时生效，但是法律另有规定或者当事人另有约定的除外。因此，6月1日甲乙签订合同时，合同生效；

②乙于2020年7月4日取得代理权。授权行为属于单方民事法律行为，授权人甲一方作出意思表示即可成立。

(2)乙转委托的行为有效。根据规定，经委托人同意，受托人可以进行转委托。乙与甲沟通后，转委托张三代为履行受托事项，行为有效。乙仅针对张三的选任以及对张三的指示承担责任。

(3)维修费用应当由甲承担。根据规定，除当事人另有约定外，出租人应当履行租赁物的维修义务。出租人未履行维修义务的，承租人可以自行维修，维修费用应由出租人负担。张三虽然以自己的名义与丙签订租赁合同，但其向丙披露了代理关系，该合同直接约束委托人和第三人。甲作为委托人(出租人)，在合同没有约定的情况下，应承担租赁物的维修义务。

(4)甲无权解除租赁合同。根据规定，在合同履行期限内，可以通过双方协商解除合同，也可以在法定情形下单方解除合同。甲丙之间未达成协商一致，也不具备单方解除合同的法定情形。

(5)丁无权要求丙搬离。根据“买卖不破租赁”的原则，租赁物在承租人按照租赁合同占有期限内发生所有权变动的，不影响租赁合同的效力。因此丙在租赁期限内，可以继续使用租赁物。

(6)丙无权主张甲与丁的买卖合同无效。根据规定，出租人未通知承租人或者有其他妨害承租人行使优先购买权情形的，承租人可以请求出租人承担赔偿责任。但是，出租人与第三人订立的房屋买卖合同的效力不受影响。

(7)按抵押权登记的先后顺序清偿。根据规定，抵押权已登记的，按照登记的先后顺序清偿。房屋拍卖价款680万元，应先清偿戊的债权500万元，再清偿庚的债权180万元(680-500)。

第五章　合伙企业法律制度

本章重要程度：●●○

本章综合练习（限时90分钟）

扫我做试题

一、单项选择题

1. 根据合伙企业法律制度的规定，合伙企业拥有独立的财产。下列各项中，不属于合伙企业财产的是（　）。
   A. 合伙企业未分配的利润
   B. 作为出资的保密配方
   C. 合伙人认缴而未缴的出资
   D. 融资租赁期间，合伙企业承租的设备
2. 根据合伙企业法律制度的规定，下列关于合伙企业的表述，错误的是（　）。
   A. 合伙企业是合伙人共同出资、共同经营、共享收益、共担风险的自愿联合
   B. 合伙企业的财产不足以清偿债务时，合伙人才承担清偿责任
   C. 合伙企业不具有法人资格
   D. 合伙企业取得的生产经营所得和其他所得，应当缴纳企业所得税
3. 根据合伙企业法律制度的规定，下列关于合伙企业的表述，正确的是（　）。
   A. 合伙企业不具有法人资格，不可以作为法律关系的主体
   B. 合伙企业应依法缴纳企业所得税
   C. 合伙企业应代合伙人缴纳所得税
   D. 合伙协议不得约定一方当事人无论企业盈亏，均享有固定金额的回报
4. 根据合伙企业法律制度的规定，合伙企业的成立日期是（　）。
   A. 合伙人缴纳出资时
   B. 合伙协议订立时
   C. 合伙人就成立合伙企业达成一致意见时
   D. 合伙企业的营业执照签发日期
5. 根据合伙企业法律制度的规定，下列关于普通合伙企业出资的表述中，错误的是（　）。
   A. 合伙人可以分期缴付出资
   B. 合伙人首次缴付的出资不得低于认缴数额的35%
   C. 合伙人以“满汉全席”的手艺出资，其评估办法由全体合伙人协商确定
   D. 合伙人可以用知识产权出资
6. 甲、乙、丙共同出资设立一家普通合伙企业，合伙协议无特别约定。根据合伙企业法律制度的规定，甲实施下列的行为中，符合规定的是（　）。
   A. 甲未经乙、丙同意，对自己的合伙份额进行出质
   B. 甲未经乙、丙同意，聘用张三作为合伙企业的经营管理人
   C. 甲未经乙、丙同意，将自己的合伙份额转让给王五
   D. 甲通知乙后，将自己的合伙份额转让给丙
7. 某普通合伙企业合伙人甲享有合伙财产份额价值为10万元，因个人车辆修理而欠乙修理费5万元，到期无力清偿。同时乙欠合伙企业5万元未清偿；合伙企业未向甲支付上一年度应分配利润10万元。根

据合伙企业法律制度的规定，下列债权人乙提出的主张中，符合规定的是(　)。

A. 以甲欠乙的修理费抵销乙欠合伙企业的货款

B. 请求人民法院强制执行甲在合伙企业中的财产份额以清偿修理费

C. 代位行使甲对合伙企业上一年度全部可分配利润的请求权

D. 直接取得甲在合伙企业中价值 5 万元的财产份额

8. 某普通合伙企业合伙人甲因执行合伙事务有不正当行为，经合伙人会议决议将其除名。甲接到除名通知后表示不服，诉至人民法院。根据合伙企业法律制度的规定，下列关于该合伙企业对甲除名的生效日期的表述中，正确的是(　)。

A. 甲的不正当行为作出之日

B. 除名决议作出之日

C. 甲接到除名通知之日

D. 甲的诉讼请求被人民法院驳回之日

9. 根据合伙企业法律制度的规定，下列关于普通合伙企业出资的表述中，错误的是(　)。

A. 合伙人以实物出资，需要办理财产权转移手续的，应当依法办理

B. 合伙人以实物出资，必须委托法定评估机构评估

C. 合伙人以劳务出资的，应在合伙协议中载明

D. 合伙人以劳务出资的，评估办法由全体合伙人协商确定

10. 根据合伙企业法律制度的规定，下列各项中，不属于合伙企业登记事项的是(　)。

A. 企业名称

B. 合伙人的财产状况

C. 经营范围

D. 合伙人姓名

11. 根据合伙企业法律制度的规定，下列关于合伙企业财产的表述中，错误的是(　)。

A. 合伙人的出资形成合伙企业的原始财产

B. 合伙企业的原始财产是全体合伙人实际缴纳的财产

C. 合伙人在合伙企业清算前，一般不得请求分割合伙企业的财产

D. 合伙企业的财产独立于合伙人

12. 根据合伙企业法律制度的规定，下列选项中，不属于合伙企业财产的是(　)。

A. 合伙人缴纳的实物出资

B. 合伙企业借用的某合伙人的办公设备

C. 合伙企业对某公司的债权

D. 合伙企业合法接受的赠与财产

13. 甲、乙、丙开办一普通合伙企业，合伙期限内，甲拟将自己的部分合伙份额转让给丁，合伙协议没有特别约定。根据合伙企业法律制度的规定，下列关于合伙份额转让的表述，正确的是(　)。

A. 丁只受让部分份额，无需乙丙同意，可以直接取得合伙人地位

B. 乙、丙同意，丁方能取得合伙人地位

C. 如乙、丙不同意丁入伙，必须购买甲拟转让的份额

D. 合伙企业应解散，丁分得甲的部分财产份额

14. 合伙人对合伙企业有关事项作出决议，应当按照合伙协议约定的表决办法办理。如果合伙协议未约定或者约定不明确的，下列各项中，其表决办法符合合伙企业法律制度规定的是(　)。

A. 实行合伙人一人一票并经全体合伙人半数以上通过

B. 实行合伙人一人一票并经全体合伙人过半数通过

C. 实行合伙人一人一票并经全体合伙人 2/3 以上通过

D. 实行合伙人一人一票并经全体合伙人一致通过

15. 根据合伙企业法律制度的规定，除合伙协议另有约定外，下列选项中，可以无需经合伙企业全体合伙人一致同意的是(　)。

A. 向企业登记机关申请办理变更合伙企

业的经营范围
B. 以合伙企业名义为他人提供担保
C. 普通合伙人向合伙企业以外的人转让合伙企业中的财产份额
D. 合伙人以房屋等不动产进行出资

16. 根据合伙企业法律制度的规定，下列关于普通合伙企业合伙事务执行中的对外代表权的表述中，错误的是(　)。
A. 由全体合伙人共同执行合伙企业事务的，全体合伙人都有权对外代表合伙企业
B. 由部分合伙人执行合伙企业事务的，不参加执行合伙企业事务的合伙人则不具有对外代表合伙企业的权利
C. 由于特别授权在单项合伙事务上有执行权的合伙人，依照授权范围可以对外代表合伙企业
D. 取得合伙企业对外代表权的合伙人执行合伙事务所产生的亏损由该合伙人承担

17. 甲、乙、丙、丁共同投资设立合伙企业，约定利润分配比例为2∶1∶1∶1。现甲、乙已退伙，丙、丁未就现有合伙企业的利润分配约定新的比例，经过协商后也无法确定，亦无法确定二人的实缴出资比例。根据合伙企业法律制度的规定，下列关于企业利润分配的表述中，正确的是(　)。
A. 全部利润的40%平均分配，剩余的60%作为企业的基金
B. 全部利润的40%按3∶1的比例分配，其余部分平均分配
C. 全部利润按二人的实际出资比例分配
D. 全部利润平均分配

18. 根据合伙企业法律制度的规定，下列关于光宇合伙企业的利润分配、亏损分担顺序的表述，正确的是(　)。(①合伙人协商决定；②按合伙协议的约定；③平均分配、分担；④按实缴出资比例分配、分担)
A. ①②③④　　B. ②①④③
C. ②③①④　　D. ③④②①

19. 根据合伙企业法律制度的规定，下列关于普通合伙企业损益分配的表述中，错误的是(　)。
A. 合伙协议不得约定由部分合伙人承担全部亏损
B. 合伙协议可以约定将第一年的利润全部分配给持有合伙份额较少的合伙人
C. 合伙协议未约定利润分配与亏损分担规则的，由合伙人协商解决
D. 合伙协议未约定利润分配规则，合伙人也无法协商一致的，由合伙人按照实缴出资比例分配

20. 根据合伙企业法律制度的规定，下列关于普通合伙企业债务清偿的表述中，错误的是(　)。
A. 债权人可以直接要求合伙人清偿债务，也可以先要求合伙企业以自有财产清偿
B. 合伙人承担无限连带责任的前提是合伙企业不能清偿到期债务
C. 合伙企业的全部财产不足以偿付到期债务时，债权人有权向任何一个合伙人主张清偿全部的债务
D. 合伙人清偿数额超过规定的亏损分担比例的，有权向其他合伙人追偿

21. 甲普通合伙企业的合伙人赵某欠个体工商户王某10万元债务，王某欠甲合伙企业5万元债务已到期。赵某的债务到期后一直未清偿。根据合伙企业法律制度的规定，下列王某做法中，正确的是(　)。
A. 代位行使赵某在甲合伙企业中的权利
B. 自行接管赵某在甲合伙企业中的财产份额
C. 请求人民法院强制执行赵某在甲合伙企业中的财产份额用于清偿
D. 主张以其债权抵销其对甲合伙企业的债务

22. 根据合伙企业法律制度的规定，下列关

于普通合伙企业债务清偿的表述中，正确的是(　)。

A. 债权人应当首先向合伙企业求偿

B. 债权人应当首先向全体合伙人求偿

C. 债权人应当同时向合伙企业及其合伙人求偿

D. 债权人可以选择直接向部分合伙人求偿

23. 根据合伙企业法律制度的规定，下列关于普通合伙企业的表述中，正确的是(　)。

A. 合伙人只能是自然人

B. 入伙的新合伙人对入伙前合伙企业的债务不承担无限连带责任

C. 退伙人对其退伙后的原因而新发生的债务不承担无限连带责任

D. 合伙人之间约定的合伙企业亏损的分担比例对合伙人和债权人均有约束力

24. 普通合伙企业合伙协议未约定合伙企业的经营期限的，合伙人在不给合伙企业事务执行造成不利影响的情况下可以退伙，但应当提前通知其他合伙人。根据合伙企业法律制度的规定，下列关于提前期限的表述，正确的是(　)。

A. 7 日　　B. 10 日

C. 30 日　　D. 60 日

25. 根据合伙企业法律制度的规定，下列表述中，不属于普通合伙人协议退伙的是(　)。

A. 经全体合伙人一致同意

B. 发生合伙人难以继续参加合伙的事由

C. 执行合伙事务时有不当行为

D. 合伙协议约定的退伙事由出现

26. 根据合伙企业法律制度的规定，下列各项中，不属于普通合伙企业的合伙人被除名的情形是(　)。

A. 甲合伙人在执行合伙事务中有侵占合伙企业财产的行为

B. 乙合伙人因重大过失给合伙企业造成损失

C. 丙合伙人个人丧失偿债能力

D. 丁合伙人未履行出资义务

27. 根据合伙企业法律制度的规定，下列各项中，属于普通合伙人当然退伙的情形的是(　)。

A. 合伙人被依法认定为无民事行为能力人

B. 合伙人未履行出资义务

C. 合伙人被法院强制执行其在合伙企业中的全部财产份额

D. 合伙人被法院受理破产

28. 注册会计师甲、乙、丙共同出资设立一特殊的普通合伙制的会计师事务所。甲、乙在某次审计业务中，因故意出具不实审计报告被人民法院判决由会计师事务所赔偿当事人 80 万元。根据合伙企业法律制度的规定，下列有关该赔偿责任承担的表述中，正确的是(　)。

A. 甲、乙、丙均承担无限连带责任

B. 以该会计师事务所的全部财产为限承担责任

C. 甲、乙、丙均以其在会计师事务所中的财产份额为限承担责任

D. 甲、乙应当承担无限连带责任，丙以其在会计师事务所中的财产份额为限承担责任

29. 甲国有独资公司、乙上市公司、丙外商独资企业、丁民营投资有限公司拟成立一家有限合伙企业。根据合伙企业法律制度的规定，下列选项中，可以担任普通合伙人的是(　)。

A. 甲和丙　　B. 乙和丙

C. 丙和丁　　D. 甲和丁

30. 甲、乙、丙拟设立一有限合伙企业。甲为普通合伙人，乙、丙为有限合伙人。下列合伙协议内容中，符合合伙企业法律制度规定的是(　)。

A. 乙以劳务作价 20 万元出资

B. 甲以其出资金额的 2 倍为限对合伙债务承担责任

C. 丙不得将其在合伙企业中的财产份额

出质

D. 丙是合伙事务执行人

31. 甲、乙、丙、丁、戊共同出资设立一有限合伙企业，甲、乙、丙为普通合伙人，丁、戊为有限合伙人。执行事务合伙人甲提议接收庚为新合伙人，乙、丙反对，丁、戊同意。合伙协议对新合伙人入伙的表决办法未作约定。根据合伙企业法律制度的规定，下列表述中，正确的是（　）。

A. 庚可以入伙，因甲作为执行合伙人有权自行决定接收新合伙人

B. 庚可以入伙，因全体合伙人过半数同意

C. 庚不得入伙，因丁、戊作为有限合伙人无表决权，而反对庚入伙的普通合伙人占全体普通合伙人的2/3

D. 庚不得入伙，因未得到全体合伙人一致同意

32. 甲是某有限合伙企业的有限合伙人，在合伙协议无特别约定的情况下，甲在合伙期间未经其他合伙人同意实施了下列行为，其中违反《合伙企业法》规定的是（　）。

A. 将自有的汽车出租给合伙企业使用

B. 以合伙企业的名义购买房屋一套归合伙企业使用

C. 以自己在合伙企业中的财产份额向银行提供质押担保

D. 提前30日通知其他合伙人将其部分合伙份额按照合伙协议的约定转让给合伙人以外的人

33. 甲、乙、丙、丁设立一有限合伙企业，其中甲、乙为普通合伙人，丙、丁为有限合伙人。1年后，甲转为有限合伙人，同时丙转为普通合伙人。合伙企业设立之初，企业欠银行50万元，该债务直至合伙企业被宣告破产仍未偿还。根据合伙企业法律制度的规定，下列关于该50万元债务清偿责任的表述中，正确的是（　）。

A. 甲、乙承担无限连带责任，丙、丁以其出资额为限承担责任

B. 乙、丙承担无限连带责任，甲、丁以其出资额为限承担责任

C. 甲、乙、丙承担无限连带责任，丁以其出资额为限承担责任

D. 乙承担无限责任，甲、丙、丁以其出资额为限承担责任

34. 有限合伙人对合伙企业债务，以出资额为限承担责任。根据合伙企业法律制度的规定，在没有约定的情形下，下列关于有限合伙人的表述中，错误的是（　）。

A. 有限合伙人可以同本企业进行交易

B. 有限合伙人可以参与决定普通合伙人入伙

C. 有限合伙人可以将其在有限合伙企业中的财产份额出质

D. 有限合伙人对外转让财产份额时，只有普通合伙人才拥有优先购买权

35. 根据合伙企业法律制度的规定，下列关于有限合伙企业设立的表述中，正确的是（　）。

A. 有限合伙企业合伙人人数没有限制

B. 有限合伙企业仅剩普通合伙人的，应当转变为普通合伙企业

C. 公民甲乙丙丁出资设立一个有限合伙企业，有限合伙人甲可以用劳务出资

D. 有限合伙企业名称中应该标明“有限”或“有限公司”等字样

36. 甲作为有限合伙企业的有限合伙人未经授权以合伙企业的名义与善意的乙公司进行交易，该交易给合伙企业造成损失。根据合伙企业法律制度的规定，下列关于该损失的承担的表述，正确的是（　）。

A. 甲承担赔偿责任

B. 合伙企业承担赔偿责任

C. 甲和合伙企业共同承担无限责任

D. 甲承担无限责任，合伙企业承担有限责任

37. 根据合伙企业法律制度的规定，下列各项中，禁止由有限合伙人实施的是( )。
   A. 为本合伙企业提供担保
   B. 参与决定普通合伙人入伙
   C. 以合伙企业的名义对外签订买卖合同
   D. 对涉及自身利益的情况，查阅合伙企业的财务会计账簿
38. 在甲有限合伙企业中，邓某、贺某是有限合伙人，倪某是普通合伙人。根据合伙企业法律制度的规定，下列表述中，正确的是( )。
   A. 如果邓某、贺某都转为普通合伙人，则有限合伙企业转为普通合伙企业
   B. 根据合伙协议的约定，倪某可以转为有限合伙人
   C. 若邓某转为普通合伙人，则对其作为有限合伙人期间合伙企业发生的债务仅以出资额为限承担责任
   D. 若倪某转为有限合伙人，则对其作为普通合伙人期间的合伙企业债务仅以其出资额为限承担责任
39. 某有限合伙企业在经营期间吸收甲为有限合伙人。根据合伙企业法律制度的规定，下列关于甲入伙前有限合伙企业的债务承担的表述中，正确的是( )。
   A. 甲不承担责任
   B. 甲承担无限连带责任
   C. 甲以其认缴的出资额为限承担责任
   D. 甲以其实缴的出资额为限承担责任
40. 2020 年 1 月 1 日，甲、乙、丙、丁共同设立 A 有限合伙企业，甲、乙为普通合伙人，丙、丁为有限合伙人；2020 年 6 月 15 日，A 企业向 B 银行借款 50 万元；2020 年 9 月 1 日，甲、丙退伙并办理了结算手续，各分回 10 万元。根据合伙企业法律制度的规定，下列关于甲、丙对此项债务责任承担的表述中，正确的是( )。
   A. 甲、丙不承担责任
   B. 甲、丙分别以其退伙时从 A 企业中取回的 10 万元承担责任
   C. 甲承担无限连带责任，丙以其认缴的出资额为限承担责任
   D. 甲承担无限连带责任，丙以其退伙时从 A 企业中取回的 10 万元承担责任
41. 因虚假市场主体登记被撤销的合伙企业，其直接责任人自登记被撤销之日起一定期限内不得再次申请合伙企业登记。该期限是( )。
   A. 1 年　　B. 3 年
   C. 5 年　　D. 10 年
42. 根据合伙企业法律制度的规定，下列关于有限合伙人当然退伙的表述中，正确的是( )。
   A. 作为有限合伙人的法人被宣告破产
   B. 作为有限合伙人的自然人丧失民事行为能力
   C. 作为有限合伙人的自然人失踪
   D. 作为有限合伙人的自然人故意给合伙企业造成损失

二、多项选择题

1. 根据合伙企业法律制度的规定，下列关于合伙企业债务清偿的表述，正确的有( )。
   A. 合伙企业的债务先以自有财产进行清偿
   B. 有限合伙企业的债务最终由承担无限连带责任的普通合伙人兜底
   C. 合伙企业的财产不足以清偿债务的，合伙人以持有的合伙份额为限承担责任
   D. 普通合伙人的偿付能力决定了合伙企业的信用基础
2. 甲、乙、丙为某普通合伙企业的合伙人。根据合伙企业法律制度的规定，下列事项中，除合伙协议另有约定外，需要经全体合伙人一致同意的有( )。
   A. 甲向乙转让全部合伙企业份额
   B. 聘任花花担任总经理
   C. 甲以个人名义为合伙企业提供担保
   D. 丙以合伙企业名义为丁提供担保

3. 根据合伙企业法律制度的规定，经其他合伙人一致同意，普通合伙企业可以决议将某合伙人除名的情形有(　)。
   A. 合伙人甲未按规定缴足 10 万元出资，仅缴付了 3 万元
   B. 因轻微过失给合伙企业造成损失
   C. 执行合伙企业事务时接受贿赂
   D. 发生合伙协议约定的事由
4. 甲、乙、丙共同出资设立一特殊普通合伙制的律师事务所。2021 年 5 月，乙从事务所退出，丁加入事务所成为新合伙人。2021 年 8 月，法院认定甲在 2020 年的某项律师业务中存在重大过失，判决事务所向客户赔偿损失。根据合伙企业法律制度的规定，下列关于赔偿责任承担的表述中，正确的有(　)。
   A. 甲应以其全部个人财产承担无限责任
   B. 乙应以其退出时在事务所中的实际财产份额为限承担赔偿责任
   C. 丙应以其在事务所中的财产份额为限承担赔偿责任
   D. 丁无需承担赔偿责任
5. 根据合伙企业法律制度的规定，下列有关普通合伙企业设立条件的表述中，正确的有(　)。
   A. 有 2 个以上合伙人
   B. 合伙人必须是自然人，不能是法人或者其他组织
   C. 必须有书面合伙协议
   D. 应有各合伙人认缴或者实缴的出资
6. 甲、乙、丙三人投资设立了一家普通合伙企业。后甲在向丁借款时，以其在合伙企业中的财产份额出质，合伙人乙和丙得知后表示反对。根据合伙企业法律制度的规定，下列选项表述中，正确的有(　)。
   A. 甲的出质行为有效
   B. 甲的出质行为无效
   C. 如果丁是善意第三人，因出质行为无效给丁造成损失，合伙企业应当承担赔偿责任
   D. 如果丁是善意第三人，因出质行为无效给丁造成损失，甲应当承担赔偿责任
7. 根据合伙企业法律制度的规定，在普通合伙企业中，除合伙协议另有约定外，下列合伙企业事务中，必须经全体合伙人一致同意方可执行的有(　)。
   A. 处分合伙企业不动产
   B. 改变合伙企业名称
   C. 处分合伙企业知识产权
   D. 以合伙企业名义为他人担保
8. 甲向乙借款 4 万元作为出资与他人合伙设立了一家食品厂(普通合伙企业)。借款到期后。乙要求甲偿还借款，甲个人财产不足以清偿。根据合伙企业法律制度的规定，下列关于债务清偿的表述中，正确的有(　)。
   A. 甲可以自行将自己的食品厂中的财产份额出质向银行借款，来清偿债务
   B. 甲可以经其他合伙人一致同意将自己在食品厂中的财产份额出质向银行借款，来清偿债务
   C. 乙可以依法请求人民法院强制执行甲在合伙企业中的财产份额用于清偿
   D. 甲可以以其从合伙企业中分取的收益用于清偿
9. 根据合伙企业法律制度的规定，下列关于入伙的条件和程序表述中，正确的有(　)。
   A. 新合伙人入伙，除合伙协议另有约定外，应当经全体合伙人一致同意
   B. 合伙协议对新合伙人入伙约定了相应的条件的，应当按照约定执行
   C. 新合伙人入伙，应当依法订立书面入伙协议
   D. 订立入伙协议时，原合伙人应当向新合伙人如实告知原合伙企业的经营状况和财务状况
10. 甲、乙和丙设立某普通合伙企业，从事美容行业，2019 年 12 月 10 日，丁入伙。2020 年 1 月 1 日，该企业发生面膜灼伤

顾客的事件，需要支付医疗费用。经查，该批面膜是 2019 年 11 月 11 日合伙人共同决定购买，其质量不符合相关国家标准。该合伙企业支付部分赔偿后已无赔偿能力。现顾客请求合伙人承担剩余的赔偿责任。根据合伙企业法律制度的规定，应承担赔偿责任的合伙人有(　)。

A. 甲　　B. 乙

C. 丙　　D. 丁

11. 根据合伙企业法律制度的规定，下列各项中，不属于普通合伙企业合伙人当然退伙的情形有(　)。

A. 合伙人在执行合伙企业事务中有受贿行为

B. 合伙人未履行出资义务

C. 合伙人被法院强制执行其在合伙企业中的全部财产份额

D. 作为合伙人的自然人死亡

12. 根据合伙企业法律制度的规定，下列关于特殊的普通合伙企业的表述中，正确的有(　)。

A. 特殊的普通合伙企业名称中只需要标明“普通合伙”字样

B. 特殊的普通合伙企业名称中需要标明“特殊普通合伙”字样

C. 合伙形式的律师事务所、会计师事务所可以采用特殊普通合伙企业形式

D. 非专业服务机构也可以采取特殊的普通合伙企业形式

13. 根据合伙企业法律制度的规定，下列关于特殊的普通合伙企业的表述中，正确的有(　)。

A. 特殊的普通合伙企业可以选择是否办理职业保险

B. 特殊普通合伙企业应当建立执业风险基金

C. 执业风险基金应当单独立户管理

D. 执业风险基金是从经营收益中提取一定比例的资金用于偿付合伙人执业活动中造成的债务

14. 有限合伙人出现特定情形时当然退伙。根据合伙企业法律制度的规定，下列选项中，不属于该特定情形的有(　)。

A. 某有限合伙人失去行为能力

B. 某有限合伙人失踪

C. 某有限合伙人部分财产份额被人民法院强制执行

D. 某合伙人被宣告破产

15. 根据合伙企业法律制度的规定，下列关于有限合伙企业的表述中，正确的有(　)。

A. 有限合伙企业中至少有 1 个有限合伙人及 1 个普通合伙人

B. 有限合伙企业中只能由普通合伙人执行合伙事务

C. 有限合伙企业的有限合伙人与普通合伙人在所承担的责任上存在差异

D. 有限合伙企业的名称中应当标明“有限合伙”字样

16. 甲、乙、丙三人成立有限合伙企业，其中甲为普通合伙人，乙和丙均为有限合伙人，经营一段时间后，按照合伙协议的约定，乙和丙相继转换为普通合伙人。根据合伙企业法律制度的规定，下列表述中，错误的有(　)。

A. 该合伙企业应当解散

B. 该合伙企业应当转变为普通合伙企业

C. 该合伙企业应当转变为特殊的有限合伙企业

D. 乙和丙不得全部转变为普通合伙人

17. 根据合伙企业法律制度的规定，下列关于有限合伙人的表述中，正确的有(　)。

A. 有限合伙人经全体合伙人协商一致可以劳务出资

B. 有限合伙人可以根据合伙协议的约定执行合伙事务

C. 除合伙协议另有约定外，有限合伙人可以将其在有限合伙企业中的财产份额出质

D. 有限合伙人可以按照合伙协议的约定向合伙人以外的人转让其在有限合伙

企业中的财产份额，但应当提前30日通知其他合伙人

18. 根据合伙企业法律制度的规定，下列关于有限合伙企业的表述中，正确的有(　)。
   A. 除合伙协议另有约定外，有限合伙企业不得将全部利润分配给部分合伙人
   B. 除合伙协议另有约定外，有限合伙人可以同本有限合伙企业进行交易
   C. 除合伙协议另有约定外，有限合伙人可以经营与本企业相竞争的业务
   D. 合伙协议可以约定，禁止有限合伙人与本有限合伙企业进行交易
19. 根据合伙企业法律制度的规定，下列关于合伙人性质转换后责任承担的表述，正确的有(　)。
   A. 有限合伙人转变为普通合伙人的，对其作为有限合伙人期间有限合伙企业发生的债务承担无限连带责任
   B. 普通合伙人转变为有限合伙人的，对其作为普通合伙人期间合伙企业发生的债务承担有限责任
   C. 有限合伙人转变为普通合伙人的，对其作为有限合伙人期间有限合伙企业发生的债务承担有限责任
   D. 普通合伙人转变为有限合伙人的，对其作为普通合伙人期间合伙企业发生的债务承担无限连带责任
20. 根据合伙企业法律制度的规定，下列关于有限合伙人退伙规定的表述中，正确的有(　)。
   A. 作为有限合伙人的自然人在合伙期间丧失民事行为能力的，属于当然退伙
   B. 若有限合伙人自然死亡，其继承人可以依法取得该有限合伙人在有限合伙企业中的资格
   C. 有限合伙人退伙后，对其退伙前合伙企业发生的债务，以其退伙时取回的财产承担责任
   D. 作为有限合伙人的法人依法被吊销营业执照的，当然退伙
21. 甲、乙、丙、丁共同出资设立了一个有限合伙企业，其中甲、乙是有限合伙人，丙、丁是普通合伙人。根据合伙企业法律制度的规定，下列关于合伙人退伙的表述中，正确的有(　)。
   A. 甲如果丧失偿债能力，当然退伙
   B. 乙、丙如果丧失行为能力，当然退伙
   C. 丁未履行出资义务，经其他合伙人一致同意，可以决议将其除名
   D. 合伙协议未约定经营期限，丙在不给合伙企业事务执行造成不利影响的情况下，可以提前30日通知其他合伙人而退伙

本章综合练习·参考答案及解析

一、单项选择题

1. D 【解析】本题考核合伙企业的财产。合伙企业的公共积累资金、未分配的利润、合伙企业债权、合伙企业取得的工业产权和非专利技术等都属于合伙企业财产，选项A、B属于合伙企业的财产。合伙人认缴的财产而未缴的出资，同样属于合伙企业的原始财产，选项C属于合伙企业的财产。合伙企业融资租赁期间承租的设备，所有权归出租方所有，不属于合伙企业财产，选项D不属于合伙企业的财产。
2. D 【解析】本题考核合伙企业的特征。合伙企业的生产经营所得和其他所得，按照国家有关税收规定，由合伙人分别缴纳所得税。合伙企业不缴纳所得税。
3. D 【解析】本题考核合伙企业的特征。合伙企业不具有法人资格，但可以作为法律关系主体，选项A错误；合伙企业不缴纳企业所得税，合伙企业的生产经营所得和

其他所得，按照国家有关税收规定，由合伙人分别缴纳所得税，选项 BC 错误。

4. D 【解析】本题考核普通合伙企业的设立登记。合伙企业的营业执照签发日期，为合伙企业成立日期。

5. B 【解析】本题考核合伙人的出资。合伙人应当按照合伙协议约定的出资方式、数额和缴付期限，履行出资义务，选项 A 说法正确。对首次缴付的出资额，没有法定限制，选项 B 说法错误。“满汉全席”的手艺属于劳务，其评估办法由全体合伙人协商，选项 C 说法正确。合伙人可以用货币、实物、知识产权、土地使用权或者其他财产权利出资，普通合伙人也可以用劳务出资，选项 D 说法正确。

6. D 【解析】本题考核合伙人的权利。合伙人以其在合伙企业中的财产份额出质的，须经其他合伙人一致同意。未经其他合伙人一致同意，其行为无效，选项 A 错误。合伙人聘任合伙人以外的人担任经营管理人员，除合伙协议另有约定外，需征得全体合伙人一致同意，选项 B 错误。除合伙协议另有约定外，合伙人对外转让合伙份额，需征得其他合伙人一致同意，选项 C 错误。合伙人之间转让在合伙企业中的全部或者部分财产份额时，应当通知其他合伙人，选项 D 正确。

7. B 【解析】本题考核合伙人的债务清偿与合伙企业的关系。合伙人发生与合伙企业无关的债务，相关债权人不得以其债权抵销其对合伙企业的债务；也不得代位行使合伙人在合伙企业中的权利，选项 A、C 错误。合伙人的自有财产不足清偿其与合伙企业无关的债务的，该合伙人可以以其从合伙企业中分取的收益用于清偿；债权人也可以依法请求人民法院强制执行该合伙人在合伙企业中的财产份额用于清偿，选项 B 正确、D 错误。

8. C 【解析】本题考核除名退伙。自普通该合伙人接到除名通知之日，除名生效。

9. B 【解析】本题考核合伙企业的出资。合伙人以实物、知识产权、土地使用权或者其他财产权利出资，需要评估作价的，可以由全体合伙人协商确定，也可以由全体合伙人委托法定评估机构评估。

10. B 【解析】本题考核合伙企业的设立登记。根据规定，合伙企业应当向登记机关登记以下事项：名称；合伙类型；经营范围；主要经营场所；合伙人的出资额；执行事务合伙人；合伙人名称或者姓名、住所、承担责任方式；法律、行政法规规定的其他事项。

11. B 【解析】本题考核合伙企业的财产。合伙企业的原始财产是全体合伙人认缴的财产，而非各合伙人实际缴纳的财产。

12. B 【解析】本题考核合伙企业的财产。合伙企业财产主要有合伙人的出资、以合伙企业名义取得的收益、依法取得的其他财产三部分构成，选项 A 属于合伙人的出资；选项 B 属于借用的财产，合伙企业并没有所有权，因此不属于合伙企业财产；选项 C 属于以合伙企业名义取得的收益；选项 D 属于依法取得的其他财产。

13. B 【解析】本题考核普通合伙人财产份额的转让。普通合伙企业中合伙人对外转让合伙份额，除合伙协议另有约定的外，必须经其他全体合伙人一致同意。

14. B 【解析】本题考核合伙企业合伙事务执行的决议办法。根据规定，合伙人对合伙企业有关事项作出决议，按照合伙协议约定的表决办法办理。合伙协议未约定或者约定不明确的，实行合伙人一人一票并经全体合伙人过半数通过的表决办法。

15. D 【解析】本题考核合伙企业合伙事务执行的决议办法。合伙人以房屋等不动产进行出资的，无需经过全体合伙人一致同意。

16. D 【解析】本题考核合伙企业对外代表

权的效力。合伙人的代表行为，对全体合伙人发生法律效力，即其执行合伙事务所产生的收益归合伙企业，所产生的费用和亏损由合伙企业承担。

17. D 【解析】本题考核合伙企业的损益分配。根据规定，合伙企业的利润分配、亏损分担，按照合伙协议的约定办理；合伙协议未约定或者约定不明确的，由合伙人协商决定；协商不成的，由合伙人按照实缴出资比例分配、分担；无法确定出资比例的，由合伙人平均分配、分担。

18. B 【解析】本题考核合伙企业的损益分配。合伙企业的利润分配、亏损分担，按照合伙协议的约定办理；合伙协议未约定或者约定不明确的，由合伙人协商决定；协商不成的，由合伙人按照实缴出资比例分配、分担；无法确定出资比例的，由合伙人平均分配、分担。

19. B 【解析】本题考核合伙企业的损益分配。合伙协议不得约定将全部利润分配给部分合伙人或者由部分合伙人承担全部亏损。选项 B 表述错误。

20. A 【解析】本题考核合伙企业债务清偿与合伙人的关系。合伙企业的债权人应首先从合伙企业的全部财产中求偿，而不应当向合伙人个人直接请求债权。选项 A 说法错误。

21. C 【解析】本题考核合伙人的债务清偿与合伙企业的关系。合伙人发生与合伙企业无关的债务，相关债权人不得以其债权抵销其对合伙企业的债务；也不得代位行使合伙人在合伙企业中的权利。合伙人的自有财产不足清偿其与合伙企业无关的债务的，该合伙人可以以其从合伙企业中分取的收益用于清偿；债权人也可以依法请求人民法院强制执行该合伙人在合伙企业中的财产份额用于清偿。

22. A 【解析】本题考核合伙企业债务清偿与合伙人的关系。合伙企业对其债务，应先以其全部财产进行清偿。合伙企业不能清偿到期债务的，普通合伙人承担无限连带责任。

23. C 【解析】本题考核合伙人的入伙与退伙。合伙人可以是自然人，也可以是法人和其他组织。入伙的新合伙人对入伙前合伙企业的债务应承担无限连带责任。退伙人对其退伙前合伙企业的债务应承担无限连带责任，而对其退伙后的原因而新发生的债务不承担无限连带责任。合伙人之间约定的合伙企业亏损的分担比例对合伙人具有约束力，对债权人是没有约束力的。

24. C 【解析】本题考核合伙人的退伙。退伙人应当提前 30 日通知其他合伙人。

25. C 【解析】本题考核协议退伙。合伙人有下列情形之一的为协议退伙：①合伙协议约定的退伙事由出现；②经全体合伙人一致同意；③发生合伙人难以继续参加合伙的事由；④其他合伙人严重违反合伙协议约定的义务。

26. C 【解析】本题考核除名。选项 C 属于当然退伙的情形。《合伙企业法》规定，合伙人有下列情形之一的，经其他合伙人一致同意，可以决议将其除名：①未履行出资义务；②因故意或者重大过失给合伙企业造成损失；③执行合伙事务时有不正当行为；④发生合伙协议约定的事由。

27. C 【解析】本题考核当然退伙。合伙人被依法认定为无民事行为能力人或者限制民事行为能力人的，经其他合伙人一致同意，可以依法转为有限合伙人，普通合伙企业依法转为有限合伙企业。其他合伙人未能一致同意的，该无民事行为能力或者限制民事行为能力的合伙人退伙。即选项 A 不一定会导致退伙。合伙人未履行出资义务，经其他合伙人一致同意，可以决议将其除名。即选项 B

是除名。选项D说的是被法院受理破产，所以并不是企业真正的破产，只有被宣告破产才是当然退伙。综上，选项C正确。

28. D 【解析】本题考核特殊的普通合伙企业。根据合伙企业法规定，一个合伙人或者数个合伙人在执业活动中因故意或者重大过失造成合伙企业债务的，应当承担无限责任或者无限连带责任，其他合伙人以其在合伙企业中的财产份额为限承担责任。选项D是正确的。

29. C 【解析】本题考核有限合伙企业设立的特殊规定。国有企业、上市公司以及公益性的事业单位、社会团体不得成为普通合伙人。所以甲、乙不满足条件，只有丙、丁满足。

30. C 【解析】本题考核有限合伙企业设立、事务执行、出质和责任承担。选项A错误，只有普通合伙人可以劳务出资，有限合伙人不得以劳务出资。选项B错误，有限合伙企业中普通合伙人对合伙企业债务承担无限连带责任，有限合伙人以其认缴的出资额为限对合伙企业债务承担责任。选项C正确，有限合伙人以其财产出质的，先看合伙协议的约定，没有约定的，有限合伙人可以以其财产出质。选项D错误，有限合伙企业由普通合伙人执行合伙事务，有限合伙人不执行合伙事务，不得对外代表有限合伙企业。

31. D 【解析】本题考核有限合伙企业入伙和退伙的特殊规定。新合伙人入伙，除合伙协议有约定外，应当经全体合伙人一致同意，并依法订立书面入伙协议。

32. B 【解析】本题考核禁止有限合伙人执行合伙事务。有限合伙人可以同本有限合伙企业进行交易。但是，合伙协议另有约定的除外。故选项A不违反规定。有限合伙人不执行合伙事务，不得对外代表有限合伙企业。故选项B违反《合伙企业法》的规定。有限合伙人可以将其在有限合伙企业中的财产份额出质。但是，合伙协议另有约定的除外。故选项C不违反规定。有限合伙人可以按照合伙协议的约定向合伙人以外的人转让其在有限合伙企业中的财产份额，但应当提前30日通知其他合伙人。故选项D不违反规定。

33. C 【解析】本题考核合伙人身份转换的责任承担。有限合伙人转变为普通合伙人的，对其作为有限合伙人期间有限合伙企业发生的债务承担无限连带责任。普通合伙人转变为有限合伙人的，对其作为普通合伙人期间合伙企业发生的债务承担无限连带责任。本题中，甲因对其作为普通合伙企业期间的债务承担无限连带责任，丙应对其作为有限合伙人期间的债务承担无限连带责任。

34. D 【解析】本题考核有限合伙人的权利义务。除合伙协议另有约定外，有限合伙人可以和本企业进行交易，也可以经营与本企业相竞争的业务，选项A表述正确。有限合伙人可以参与决定普通合伙人的入伙、退伙，选项B表述正确。有限合伙人可以将其在有限合伙企业中的财产份额出质，但是合伙协议另有约定外，选项C正确。有限合伙人对外财产份额转让时，其他合伙人享有优先购买权，并非只有普通合伙人才有优先购买权，选项D表述错误。

35. B 【解析】本题考核有限合伙企业设立的特殊规定。有限合伙企业由2个以上50个以下合伙人设立，所以选项A不正确；有限合伙人不可以用劳务出资，所以选项C不正确；有限合伙企业名称中应该标明“有限”等字样，但是不可以标明“有限公司”“有限责任公司”等字样，所以选项D不正确。

36. A 【解析】本题考核有限合伙企业事务执行的特殊规定。有限合伙人未经授权以有限合伙企业名义与他人进行交易，给有限合伙企业或者其他合伙人造成损失的，该有限合伙人应当承担赔偿责任。

37. C 【解析】本题考核有限合伙企业事务执行的特殊规定。有限合伙人不执行合伙事务，不得对外代表有限合伙企业。有限合伙人的下列行为，不视为执行合伙事务：①参与决定普通合伙人入伙、退伙（选项 B 不选）；②对企业的经营管理提出建议；③参与选择承办有限合伙企业审计业务的会计师事务所；④获取经审计的有限合伙企业财务会计报告；⑤对涉及自身利益的情况，查阅有限合伙企业财务会计账簿等财务资料（选项 D 不选）；⑥在有限合伙企业中的利益受到侵害时，向有责任的合伙人主张权利或者提起诉讼；⑦执行事务合伙人怠于行使权利时，督促其行使权利或者为了本企业的利益以自己的名义提起诉讼；⑧依法为本企业提供担保（选项 A 不选）。

38. A 【解析】本题考核有限合伙企业入伙和退伙的特殊规定。有限合伙企业至少要有一个普通合伙人。所以选项 B 错误。有限合伙人转换为普通合伙人的，对其作为有限合伙人期间合伙企业发生的债务承担无限连带责任；普通合伙人转变为有限合伙人的，对其作为普通合伙人期间合伙企业发生债务承担无限连带责任。所以选项 C、D 错误。

39. C 【解析】本题考核有限合伙企业入伙和退伙的特殊规定。新入伙的有限合伙人对入伙前有限合伙企业的债务，以其认缴的出资额为限承担责任。

40. D 【解析】本题考核有限合伙企业入伙和退伙的特殊规定。普通合伙人对基于其退伙前的原因发生的合伙企业债务，承担无限连带责任；有限合伙人退伙后，对基于其退伙前的原因发生的有限合伙企业债务，以其退伙时从有限合伙企业中取回的财产承担责任。

41. B 【解析】本题考核合伙企业的登记。因虚假市场主体登记被撤销的合伙企业，其直接责任人自登记被撤销之日起 3 年内不得再次申请合伙企业登记。

42. A 【解析】本题考核有限合伙企业入伙和退伙的特殊规定。有限合伙人有下列情形之一的，当然退伙：①作为合伙人的自然人死亡或者被依法宣告死亡（因此失踪并不导致当然退伙，选项 C 不选）；②作为合伙人的法人或者其他组织依法被吊销营业执照、责令关闭撤销，或者被宣告破产；③法律规定或者合伙协议约定合伙人必须具有相关资格而丧失该资格；④合伙人在合伙企业中的全部财产份额被人民法院强制执行。作为有限合伙人的自然人在有限合伙企业存续期间丧失民事行为能力的，其他合伙人不得因此要求其退伙；选项 B 不选。选项 D 是属于“除名”的情形，不选。

二、多项选择题

1. ABD 【解析】本题考核合伙企业债务清偿。普通合伙企业的合伙人对合伙企业的债务承担无限连带责任。有限合伙企业的普通合伙人承担的也是无限连带责任，有限合伙人以其认缴的出资额为限对合伙企业债务承担责任。选项 C 表述错误。

2. BD 【解析】本题考核合伙企业的事务执行。合伙人内部转让合伙份额，无需征得其他合伙人同意，选项 A 错误。合伙人聘任外人担任经营管理人员，除合伙协议另有约定外，需要征得全体合伙人一致同意，选项 B 正确。除合伙协议另有约定外，合伙人以合伙企业名义为他人提供担保需要全体合伙人一致同意，选项 D 正确。合伙人以个人名义为他人提供担保，包括为合伙企业提供担保，无需全体合伙人一致同意，属于合伙人处分自己财产的合法行为，选项 C 错误。注意：区分的关键在于以谁的名义提供担保。

3. CD 【解析】本题考核合伙企业的除名。

合伙人未履行出资义务时，可以除名。合伙人甲并非未履行出资义务，而是未完全履行出资义务，因此不能除名，选项 A 不选。因轻微过失给合伙企业造成损失不是除名的法定事由，选项 B 不选。

4. ABC 【解析】本题考核特殊普通合伙企业的责任形式。由于甲在执业活动中存在重大过失，因此应由甲承担无限连带责任，其他合伙人以其出资为限承担有限责任，丁作为合伙人也应承担责任，选项 AC 正确，选项 D 错误。退伙的乙对其退伙前发生的债务以其退伙时所获得的实际财产份额承担有限责任，其退伙时取得的财产份额为限承担责任，选项 B 正确。

5. ACD 【解析】本题考核合伙企业设立条件。合伙人可以是自然人，也可以是法人或者其他组织。

6. BD 【解析】本题考核合伙人财产份额出质。合伙人以其在合伙企业中的财产份额出质的，须经其他合伙人一致同意；未经其他合伙人一致同意，其行为无效，由此给善意第三人造成损失的，由行为人依法承担赔偿责任。

7. ABCD 【解析】本题考核普通合伙企业合伙事务执行的形式。除合伙协议另有约定外，合伙企业的下列事项应当经全体合伙人一致同意：①改变合伙企业的名称；②改变合伙企业的经营范围、主要经营场所的地点；③处分合伙企业的不动产；④转让或者处分合伙企业的知识产权和其他财产权利；⑤以合伙企业名义为他人提供担保；⑥聘任合伙人以外的人担任合伙企业的经营管理人员。根据规定，除合伙协议另有约定外，上述各项事务均必须经全体合伙人一致同意，方可进行。

8. BCD 【解析】本题考核合伙人的债务清偿与合伙企业的关系。合伙人个人财产不足清偿其个人所负债务的，该合伙人只能以其从合伙企业中分取的收益用于清偿；债权人也可依法请求人民法院强制执行该合伙人在合伙企业中的财产份额用于清偿。合伙人以其在合伙企业中的财产份额出质的，须经其他合伙人一致同意；未经其他合伙人一致同意，其行为无效，由此给善意第三人造成损失的，由行为人依法承担赔偿责任。

9. ABCD 【解析】本题考核入伙的条件和程序。选项 ABCD 表述均正确。

10. ABCD 【解析】本题考核合伙企业的债务承担。选项 ABC：合伙企业不能清偿到期债务的，普通合伙人承担无限连带责任。本题中，甲、乙、丙作为普通合伙人，应当对合伙企业不能清偿的债务承担无限连带责任；选项 D：新合伙人对入伙前普通合伙企业的债务承担无限连带责任。

11. AB 【解析】本题考核普通合伙人当然退伙。选项 AB 属于除名的情形，选项 CD 属于当然退伙的事由。《合伙企业法》规定，普通合伙人有下列情形之一的，当然退伙：①作为合伙人的自然人死亡或者被依法宣告死亡；②个人丧失偿债能力；③作为合伙人的法人或者其他组织依法被吊销营业执照、责令关闭、撤销或者被宣告破产；④法律规定或者合伙协议约定合伙人必须具有相关资格而丧失该资格；⑤合伙人在合伙企业中的全部财产份额被人民法院强制执行。

12. BC 【解析】本题考核特殊的普通合伙企业。特殊的普通合伙企业名称中需要标明“特殊普通合伙”字样。所以选项 A 错误，选项 B 正确。以专业知识和专门技能为客户提供有偿服务的专业服务机构，可以设立为特殊的普通合伙企业。合伙形式的律师事务所、会计师事务所是以专业知识和专门技能为客户提供有偿服务的专业服务机构，因此，可以采用特殊普通合伙企业形式成立。非专业服务机构不能采取特殊的普通合伙企业形式，所以选项 C 正确，选项 D 错误。

13. BCD 【解析】本题考核特殊的普通合伙企业。特殊的普通合伙企业应当建立执业风险基金、办理职业保险。

14. ABC 【解析】本题考核有限合伙人的当然退伙。有限合伙人失去行为能力，不能因此要求其当然退伙，选项 A 应选。有限合伙人失踪，不属于当然退伙情形，选项 B 应选。有限合伙人的部分财产份额被法院强制执行，还持有部分财产份额，不能当然退伙，选项 C 应选。有限合伙人被宣告破产，属于当然退伙的情形，选项 D 不选。

15. ABCD 【解析】本题考核有限合伙企业的特征。选项 ABCD 表述均正确。

16. ACD 【解析】本题考核有限合伙企业设立的特殊规定。有限合伙企业仅剩有限合伙人的，应当解散；有限合伙企业仅剩普通合伙人的，转为普通合伙企业。本题的合伙企业仅剩普通合伙人，因此应当转变为普通合伙企业。

17. CD 【解析】本题考核有限合伙企业设立的特殊规定。有限合伙人不得以劳务出资，因此选项 A 错误；有限合伙人不执行合伙事务，不得对外代表有限合伙企业，因此选项 B 错误。

18. ABCD 【解析】本题考核有限合伙企业的特殊规定。选项 ABCD 表述均正确。

19. AD 【解析】本题考核合伙人性质转变的特殊规定。有限合伙人转变为普通合伙人的，对其作为有限合伙人期间有限合伙企业发生的债务承担无限连带责任。普通合伙人转变为有限合伙人的，对其作为普通合伙人期间合伙企业发生的债务承担无限连带责任。

20. BCD 【解析】本题考核有限合伙企业入伙和退伙的特殊规定。作为有限合伙人的自然人在有限合伙企业存续期间丧失民事行为能力的，其他合伙人不得因此要求其退伙。

21. CD 【解析】本题考核合伙人入伙和退伙。选项 A：个人丧失偿债能力，是普通合伙人当然退伙的事由之一，有限合伙人并不因此退伙。选项 B：普通合伙人被依法认定为无民事行为能力人或者限制民事行为能力人的，经其他合伙人一致同意，可以依法转为有限合伙人，普通合伙企业依法转为有限合伙企业，并不必然导致合伙人当然退伙。作为有限合伙人的自然人在有限合伙企业存续期间丧失民事行为能力的，其他合伙人不得因此要求其退伙。

第六章　公司法律制度

本章重要程度：●●○

本章综合练习（限时150分钟）

扫我做试题

一、单项选择题

1. 根据公司法律制度的规定，下列关于公司对外投资限制的表述，正确的是(　)。
   A. 公司可以向任何其他企业投资
   B. 除法律另有规定外，公司不得成为对所投资企业的债务承担连带责任的出资人
   C. 公司不能向其他公司投资
   D. 公司向其他企业的投资不得超过公司净资产 50%
2. A 为甲股份公司的董事长。B 为乙股份公司的董事长。甲公司持有乙公司 60%的股份。根据公司法律制度的规定，下列关于甲、乙公司行为的表述中，正确的是(　)。
   A. 乙公司向 A 提供 200 万元购房借款
   B. 乙公司向 B 提供 200 万元购房借款
   C. 甲公司向 A 提供 200 万元购房借款
   D. 甲公司向 B 提供 200 万元购房借款
3. 根据公司法律制度的规定，下列关于公司设立登记的表述中，错误的是(　)。
   A. 公司应当就章程、经营期限、受益所有人相关信息等事项向登记机关办理备案
   B. 电子营业执照与纸质营业执照具有同等法律效力
   C. 因虚假登记被注销的公司，其直接责任人自登记被注销之日起 2 年内不得再次申请公司登记
   D. 因公共卫生事件等原因造成经营困难的，公司可以自主决定在一定时期内歇业，歇业的期限最长不超过 3 年
4. 甲、乙等八家企业筹划建立股份有限公司，发起人甲企业作为出资的厂房需要装修。于是，由乙企业负责成立股份有限公司的有关筹建活动，专门定作了一批装饰材料，价值 140 万元。根据公司法律制度的规定，如果公司无法成立，下列关于 140 万元装饰材料费的责任承担的表述中，正确的是(　)。
   A. 甲企业与乙企业承担
   B. 甲企业独立承担
   C. 全体发起人承担连带责任
   D. 全体发起人按出资比例承担
5. A、B、C 三人设立甲有限责任公司，注册资本 30 万元。其中，A 以货币出资 8 万元；B 以机器设备出资，三方协议作价 12 万元；C 以房屋出资，评估作价 10 万元，尚未办理变更登记手续，但是已交付。根据公司法律制度的规定，下列关于三人出资方式的表述中，正确的是(　)。
   A. 货币出资不符合规定
   B. 以机器设备出资，协议作价不符合规定，可以认定未全面履行出资义务
   C. 以房屋出资，未办理登记手续，在法院规定期限内办理了权属变更手续的，可以认定其履行了出资义务
   D. 在未办理登记手续前，C 不得享有股

东权利

6. 甲向乙借用一台机床。借用期间，未经乙同意，甲以所有权人名义，以该机床作为出资，与他人共同设立有限责任公司丙。公司其他股东对甲并非机床所有人的事实并不知情。乙发现上述情况后，要求返还机床。根据公司法律制度的规定，下列表述中，正确的是(　)。
   A. 甲出资无效，不能取得股东资格，乙有权要求返还机床
   B. 甲出资无效，应以其他方式补足出资，乙有权要求返还机床
   C. 甲出资有效，乙无权要求返还机床，但甲应向乙承担赔偿责任
   D. 甲出资有效，乙无权要求返还机床，但丙公司应向乙承担赔偿责任

7. 根据公司法律制度的规定，下列选项中，股份有限公司的认股人不可以抽回股本的是(　)。
   A. 发起人未缴足股款
   B. 发起人未按期召开创立大会
   C. 公司未按期募足股份
   D. 创立大会决议不设立公司

8. 2018 年 7 月 1 日，甲、乙、丙投资设立一个股份有限公司，章程规定在公司设立时股东各出资 100 万。甲乙按期出资，丙一直没有出资。2021 年 8 月 1 日，该公司的债权人丁要求丙对公司不能清偿的债务承担责任。根据公司法律制度的规定，下列各项表述中，正确的是(　)。
   A. 丙可以以自己补足出资的义务已经过诉讼时效为由进行抗辩
   B. 丙不得以自己补足出资的义务已经过诉讼时效为由进行抗辩
   C. 甲、乙对丙不按照规定缴纳出资不承担责任
   D. 债权人丁不能要求丙对公司不能清偿的债务承担责任

9. 某公司章程记名的股东(显名股东)与真正投资人(实际出资人)不是同一个人。根据公司法律制度的规定，下列各项表述中，正确的是(　)。
   A. 不论显名股东与实际出资人如何约定，均应由实际出资人享有投资权益
   B. 实际出资人可以随时将自己变更为该公司的股东
   C. 显名股东将登记于其名下的股权对外转让，只要符合善意取得的规定，转让有效
   D. 显名股东对公司债务不能清偿的部分不承担任何责任

10. 实际出资人请求变更股东，将自己记载于股东名册。根据公司法律制度的规定，下列各项中，正确的是(　)。
   A. 其他股东过半数
   B. 其他股东半数以上
   C. 全体股东一致同意
   D. 全体股东过半数

11. 根据公司法律制度的规定，下列关于增资优先认缴权的表述中，错误的是(　)。
   A. 公司吸收合并导致其注册资本增加的情况下，原有股东不享有增资优先认缴权
   B. 原股东拟行使增资优先认缴权的应当在公司形成增资决议的过程中，作出相应的意思表示
   C. 增资优先认缴权性质上属于形成权
   D. 增资优先认缴权由原股东享有，不得进行转让

12. 股东会或者股东大会作出分配利润的决议后，公司应当在决议载明的时间内完成利润分配。根据公司法律制度的规定，下列关于实施利润分配时间的表述中，正确的是(　)。
   A. 若决议没有载明时间，公司应当自决议作出之日起一年内完成利润分配
   B. 若决议中载明自决议作出之日起 2 年内完成利润分配，公司应在 2 年内完成
   C. 若决议中载明的利润分配完成时间超

过公司章程规定的时间，股东可请求法院撤销关于该时间的规定

D. 若决议中载明自决议作出之日起6个月内完成利润分配，公司在1年内完成即可

13. 甲有限责任公司股东张某因为公司不分红，而向法院起诉。根据公司法律制度的规定，下列各项表述中，不正确的是(　)。

A. 张某起诉公司分配利润，应当以公司为被告

B. 如果甲公司已经对具体分配利润作出有效决议，但公司无正当理由拒不执行该决议的，法院可以判决公司依决议履行分配利润的义务

C. 一般情况下，如果甲公司已经对具体分配利润作出有效决议，但股东在诉讼中未提交该决议，法院应当驳回其要求公司分配利润的请求

D. 一审法庭辩论终结前，其他股东基于同一分配方案请求分配利润并申请参加诉讼的，法院不予支持

14. 根据公司法律制度的规定，下列各项中，属于有限责任公司股东无权复制的文件是(　)。

A. 董事会会议决议

B. 监事会会议决议

C. 会计账簿

D. 股东会会议记录

15. 某有限责任公司于2021年4月15日召开股东会，对董事、监事和高级管理人员的选任与解聘作出相关决定。根据公司法律制度的规定，下列各项表述中，正确的是(　)。

A. 由于董事A意外死亡，因此决定由其继承人小明(9岁)继承其董事一职

B. 黄某在担任监事期间，由于贪污，被判处刑罚，决定解除其监事一职

C. 选任王某担任经理，王某曾担任某公司法定代表人，1年前该公司因王某违法经营而被吊销营业执照

D. 选任某国家机关工作人员李某为监事

16. 根据公司法律制度的规定，下列各项中，属于股东可以请求法院宣告股东会决议无效的理由的是(　)。

A. 股东会的召集程序违反法律、行政法规

B. 股东会的表决方式违反法律、行政法规

C. 股东会的决议内容违反法律、行政法规

D. 股东会的决议内容违反公司章程

17. 根据公司法律制度的规定，下列关于股东大会、股东会和董事会决议制度的表述中，错误的是(　)。

A. 有资格提起决议不成立或无效之诉的包括公司股东、董事、监事等，提起撤销之诉的原告，应当在起诉时具有公司股东资格

B. 会议未对决议事项进行表决、会议的表决结果未达到公司法或者公司章程规定的通过比例的，导致决议不成立

C. 会议召集程序或者表决方式仅有轻微瑕疵，且对决议未产生实质影响的，股东请求撤销，人民法院应予支持

D. 原告请求确认股东会或者股东大会、董事会决议不成立、无效或者撤销决议的案件，应当列公司为被告

18. 有限责任公司股东会召开会议对增加注册资本事项进行表决，该决议经代表60%表决权的股东通过。根据公司法律制度的规定，下列关于该决议的效力的表述中，正确的是(　)。

A. 无效　　　　B. 可撤销

C. 不成立　　　D. 效力待定

19. 根据公司法律制度的规定，下列关于股份有限公司发起人人数的表述，正确的是(　)。

A. 2人以上200人以下

B. 2人以上100人以下

C. 2 人以上

D. 2 人以上 50 人以下

20. 根据公司法律制度的规定，下列有关股份有限公司发起人的表述，正确的是(　)。

A. 股份有限公司的发起人为 2-200 人，且有半数以上的发起人在中国境内有住所

B. 以募集设立方式设立股份有限公司的，发起人认购的股份不得少于公司股份总数的 25%

C. 发起设立股份有限公司的，发起人首次出资额不得低于注册资本的 20%

D. 公司不能成立时，对设立行为所产生的债务和费用发起人按出资比例承担责任

21. 根据公司法律制度的规定，下列各项中，属于股份有限公司股东大会行使的职权是(　)。

A. 选举和更换公司的全部监事

B. 对公司增加注册资本作出决议

C. 对股东向股东以外的人转让股份作出决议

D. 决定公司内部管理机构的设置

22. 甲公司未弥补的亏损达实收股本总额的 1/3，准备召开临时股东大会，李某为甲公司的董事长。根据公司法律制度的规定，下列关于召开临时股东大会以及决议、通知事项的表述中，正确的是(　)。

A. 召开临时股东大会，应当于会议召开 20 日以前通知各股东

B. 临时股东大会会议由董事长李某负责召集

C. 临时股东大会不得对通知中未列明的事项作出决议

D. 临时股东大会会议由总经理负责主持

23. 根据公司法律制度的规定，股份有限公司股东大会所作的下列决议中，须经出席会议的股东所持表决权的过半数通过的是(　)。

A. 公司合并决议

B. 公司分立决议

C. 修改公司章程决议

D. 批准公司年度预算方案决议

24. 根据公司法律制度的规定，下列关于公司董事会职权的表述中，正确的是(　)。

A. 选举更换董事，决定董事的报酬事项

B. 负责召集股东大会

C. 决定公司的经营方针和投资计划

D. 审议批准监事会或者监事的报告

25. 某上市公司董事会成员共 9 名，监事会成员共 3 名。根据公司法律制度的规定，下列关于该公司董事会召开的表述中，正确的是(　)。

A. 经 2 名董事提议可召开董事会临时会议

B. 公司董事长、副董事长不能履行职务时，可由 4 名董事共同推举 1 名董事履行职务

C. 经 2 名监事提议可召开董事会临时会议

D. 董事会每年召开 2 次会议，并在会议召开 10 日前通知全体董事和监事

26. 根据公司法律制度的规定，下列关于股份有限公司的董事长和副董事长选举规则的表述中，正确的是(　)。

A. 全体董事的过半数

B. 全体股东的过半数

C. 出席会议的董事的过半数

D. 职工代表大会

27. 根据公司法律制度的规定，下列关于股份有限公司监事每届任期的表述中，正确的是(　)。

A. 2 年　　B. 3 年

C. 4 年　　D. 5 年

28. 根据公司法律制度的规定，下列各项中，属于可以担任公司监事的是(　)。

A. 公司董事

B. 公司股东

C. 公司财务负责人

D. 公司经理

29. A 上市公司的董事会成员为 10 人，其中张某和田某为 A 公司的股东甲公司派出的董事。公司经营一段时间后，甲股东拟向 A 公司销售一批原材料。根据公司法律制度的规定，下列有关 A 公司董事会对此交易进行表决程序的表述中，可以通过该事项的是(　)。
   A. 张某和田某未出席会议，也未代理其他董事代为出席，剩余董事 4 人出席，4 人全部通过
   B. 张某和田某未出席会议，也未代理其他董事代为出席，剩余董事 6 人出席，3 人通过
   C. 全体董事均出席了会议，除张某和田某外的其他董事均未通过
   D. 张某和田某未出席会议，也未代理其他董事代为出席，剩余董事 7 人出席，5 人通过

30. 甲、乙、丙、丁拟任 A 上市公司独立董事。根据公司法律制度的规定，下列各项中，不影响当事人担任独立董事的情形是(　)。
   A. 甲之妻半年前卸任 A 上市公司之附属企业 B 公司总经理之职
   B. 乙于 1 年前卸任 C 公司副董事长之职，C 公司持有 A 上市公司已发行股份的 7%
   C. 丙正在担任 A 上市公司的附属公司 B 公司的法律顾问
   D. 丁是持有 A 上市公司已发行股份 2% 的自然人股东

31. 根据公司法律制度的规定，下列关于上市公司独立董事的表述中，错误的是(　)。
   A. 独立董事连续 3 次未亲自出席董事会会议的，由董事会提请该公司的股东大会予以撤换
   B. 独立董事任期届满前，上市公司可以经法定程序解除其职务
   C. 独立董事在任期届满前不得辞职
   D. 如因独立董事辞职导致公司董事会中独立董事所占的比例低于法定最低要求的，该独立董事的辞职报告应当在下任独立董事填补其缺额后生效

32. 根据公司法律制度的规定，下列各项中，属于公司回购本公司股份后应当在 6 个月内转让或注销的是(　)。
   A. 减少公司注册资本
   B. 将股份用于股权激励
   C. 股东对公司合并持异议要求回购的股份
   D. 为维护公司价值及股东权益所必须

33. 根据公司法律制度的规定，下列各项中，负责召集和主持有限责任公司首次股东会的是(　)。
   A. 出资最多的股东召集和主持
   B. 董事会召集，董事长主持
   C. 董事会召集，董事长指定的副董事长或者其他董事主持
   D. 董事会召集和主持

34. 根据公司法律制度的规定，下列各项中，属于有限责任公司股东会的职权的是(　)。
   A. 拟订公司的基本管理制度
   B. 选举和更换全部监事
   C. 审议批准董事会或者执行董事的报告
   D. 组织实施公司年度经营计划和投资方案

35. 根据公司法律制度的规定，下列关于有限责任公司董事会会议召开的表述中，正确的是(　)。
   A. 通过决议，由董事甲担任公司经理
   B. 通过了有关公司董事报酬的决议
   C. 通过选聘公司监事一名的决议
   D. 会议记录由出席会议的董事和监事签名后存档

36. 公司董事会、监事会的成员可以由公司职工代表出任。根据公司法律制度的规定，下列各项中，正确的是(　)。
   A. 国有独资公司的董事会、监事会成员

中，应当有职工代表，且其比例不得低于董事会、监事会成员的1/3

B. 两个以上的国有企业投资设立的有限责任公司，其董事会成员中可以无职工代表，但监事会成员中必须有职工代表，且其比例不得低于监事会成员的1/3

C. 没有国有投资主体投资设立的有限责任公司，其董事会、监事会成员中可以无职工代表

D. 股份有限公司董事会成员中可以有职工代表，监事会中应当有职工代表，且其比例不得低于监事会成员的1/3

37. 根据公司法律制度的规定，下列关于一人有限责任公司股东的表述，正确的是(　)。

A. 在不能证明公司财产独立于股东自己的财产时，应当对公司债务承担连带责任

B. 任何时候都应当对公司债务承担连带责任

C. 应当对公司债务承担无限责任

D. 不对公司债务承担责任

38. 根据公司法律制度的规定，下列关于一人有限责任公司的表述中，错误的是(　)。

A. 一人有限责任公司可以由一个自然人设立，也可以由一个法人设立

B. 一人有限责任公司的注册资本最低限额为10万元，不能分期缴付出资

C. 一人有限责任公司不设立股东会

D. 一个自然人只能投资设立一个一人有限责任公司

39. 根据公司法律制度的规定，下列各项中，属于国有独资公司董事长的产生方式是(　)。

A. 由董事会选举

B. 由监事会选举

C. 由国有资产监督管理机构指定

D. 由公司职工代表大会选举

40. 根据公司法律制度的规定，下列关于国有独资公司组织机构的表述中，正确的是(　)。

A. 国有独资公司不设股东会

B. 国有独资公司必须设1名董事长和1名副董事长

C. 国有独资公司董事长由董事会选举产生

D. 国有独资公司监事由董事长任命

41. 甲和乙出资设立某有限责任公司，公司章程未对股权转让做出规定。甲拟将所持公司股权转让给丙，并签署了股权转让协议。根据公司法律制度的规定，下列关于本次股权转让的表述中，正确的是(　)。

A. 甲向丙转让股权，应当经其他股东半数以上同意

B. 甲向丙转让股权，无需征得乙同意，但应通知乙

C. 甲向丙转让股权，无需经过股东会决议

D. 甲应就股权转让事项，书面或其他能够确认收悉的合理方式通知乙征求同意，乙自接到通知之日起满30日未答复的，视为不同意转让

42. 根据公司法律制度的规定，下列关于公司财务会计的表述中，正确的是(　)。

A. 有限责任公司的财务会计报告由股东会编制，股份公司的财务会计报告由董事会编制

B. 股份公司的财务会计报告需在股东大会年会召开15日前置备于公司

C. 公司的利润在提取法定公积金之后才能用于弥补以前年度的亏损

D. 公司只能向股东分配税后利润

43. 某有限责任公司作出公司合并决议后，即依法向债权人发出通知书，并予以公告。根据公司法律制度的规定，该公司债权人在法定期间内有权要求公司清偿债务或者提供相应的担保。该法定期间

为(　)。

A. 自接到通知书之日起15日内，未接到通知书的自公告之日起30日内

B. 自接到通知书之日起30日内，未接到通知书的自公告之日起60日内

C. 自接到通知书之日起30日内，未接到通知书的自公告之日起45日内

D. 自接到通知书之日起60日内，未接到通知书的自公告之日起90日内

44. 甲乙丙丁共同出资设立了有限责任公司A公司，甲乙各出资10%，丙丁各出资40%。根据公司法律制度的规定，下列关于公司解散的表述中，错误的是(　)。

A. 任何一个股东的持股比例均达到提起诉讼解散公司的要求

B. A公司连续五年盈利，但都做出不分配利润的决议，甲提起解散公司的诉讼，法院应当受理

C. 由于甲乙不合，A公司连续两年召开股东会无法形成决议，公司经营管理发生严重困难，丙丁提起解散公司的诉讼，法院应当受理

D. 由于甲乙不合，A公司持续2年无法召开股东会，公司经营管理发生严重困难，丙丁提起解散公司的诉讼，法院应当受理

45. 某有限责任公司的法律顾问在审查公司减少注册资本的方案时，提出相关意见。根据公司法律制度的规定，下列表述中，错误的是(　)。

A. 公司减少注册资本应当依法向公司登记机关办理变更登记

B. 股东会同意本方案的决议，经人数2/3以上的股东通过即可

C. 公司自作出减资决议之日起，除了在10日内通知债权人外，还应在30日内在报纸上公告

D. 如果债权人在法定期限内要求公司清偿债务或者提供相应的担保，公司有义务予以满足

46. 根据公司法律制度的规定，下列公司在清算期间的行为中，错误的是(　)。

A. 签订新的买卖合同

B. 清偿所欠的债务

C. 以公司的名义参加民事诉讼

D. 收回委托其他公司保管的设备

47. 根据公司法律制度的规定，下列关于公司解散清算财产清偿债务顺序的表述中，正确的是(　)。

A. 清算费用；职工的工资、社会保险费用和法定补偿金；税款；其他普通债务

B. 职工的工资、社会保险费用和法定补偿金；清算费用；税款；其他普通债务

C. 清算费用；税款；职工的工资、社会保险费用和法定补偿金；其他普通债务

D. 税款；清算费用；职工的工资、社会保险费用和法定补偿金；其他普通债务

二、多项选择题

1. 根据公司法律制度规定，下列关于公司提供担保的表述中，正确的有(　)。

A. 公司可以对外提供担保，但不可以为本公司股东或者实际控制人提供担保

B. 公司股东会或者股东大会可以决定为本公司股东提供担保，但是具体事项表决时需由公司半数以上股东同意才能通过

C. 公司章程可以对公司提供担保的数额作出限制性规定

D. 公司为公司股东提供担保，必须经股东会或者股东大会决议通过，且接受担保的股东不得参加担保事项的表决

2. 甲、乙、丙以募集设立方式设立股份有限公司，但最后股款只募集到60%，未能召开创立大会。根据公司法律制度的规定，下列各项表述中，正确的有(　)。

A. 甲、乙、丙对公司设立过程中产生的费用承担连带责任
B. 所有出资的股东应当对公司设立过程中产生的费用承担连带责任
C. 甲、乙、丙应当承担返还其他投资人股款(无需计算利息)的责任
D. 甲、乙、丙应当承担返还其他投资人股款本金并加算银行同期利息的责任

3. 根据公司法律制度的规定，下列各项中，公司股东可以用作出资方式的有(　)。
A. 货币　B. 个人信用
C. 商标权　D. 特许经营权

4. 根据公司法律制度的规定，下列关于以募集方式设立股份公司的表述中，正确的有(　)。
A. 发起人认购股份后，应一次性缴足股款
B. 除法律、行政法规另有规定外，发起人认购的股份不得少于公司股份总数的35%
C. 募集设立的股份公司实行验资制度
D. 认股人在认购股份之后，不得分期缴纳股款

5. 根据公司法律制度的规定，下列关于公司股东出资义务的表述中，正确的有(　)。
A. 有限公司的股东甲未缴清出资，就将股权转让给了不知情的乙，公司可以请求甲履行出资义务，且乙对此承担连带责任
B. 有限公司的股东丙利用关联交易将自己的出资全部转出，公司催告后在合理期间内仍不归还，董事会可以决议将股东丙除名
C. 股东丁通过虚构债权债务关系将其出资转出，公司可以要求丁返还抽逃出资的本息，并要求协助抽逃出资的其他股东、董事、高管或实际控制人承担连带责任
D. 股东戊未全面履行出资义务，则股东会决议可以对戊的利润分配请求权、新股优先认购权、剩余财产分配请求权等股东权利作出合理限制

6. 公司股东仅以个人利益为目的而行使的权利称为自益权。根据公司法律制度的规定，下列各项中，属于股东自益权的有(　)。
A. 股东大会召集请求权
B. 股份质押权
C. 股利分配请求权
D. 剩余财产分配权

7. 以公司股东权行使的目的是为股东个人利益还是涉及到全体股东共同利益为标准，分为共益权和自益权。根据公司法律制度的规定，下列各项中，属于股东共益权的有(　)。
A. 股东会或股东大会提案权
B. 股份转让权
C. 查阅公司账簿权
D. 累积投票权

8. 公司有合理根据认为股东查阅会计账簿有不正当目的，可能损害公司合法利益的，可以拒绝提供查阅。根据公司法律制度的规定，下列各项中，属于“不正当目的”的有(　)。
A. 股东自营或与他人合作经营与公司主营业务有实质性竞争关系的业务
B. 股东查阅会计账簿是为了向他人通报有关信息，可能会损害公司合法利益的
C. 股东在去年曾通过查阅会计账簿，向他人通报有关信息损害公司合法利益
D. 股东认为公司连续亏损有问题，主张查阅公司会计账簿

9. 某有限责任公司监事在执行公司职务时违反公司章程，给公司造成了损失。该公司董事会要求该监事赔偿公司。根据公司法律制度的规定，下列各项表述中，正确的有(　)。
A. 董事会对监事提起诉讼的，应当列公司为原告，由董事长代表公司诉讼
B. 董事会对监事提起诉讼的，应当以董

事会为原告，由董事长代表公司诉讼

C. 如果董事会拒绝起诉，股东以自己名义直接向法院起诉的，股东可以请求该监事直接向自己承担民事责任

D. 如果董事会拒绝起诉，股东以自己名义直接向法院起诉且胜诉的，股东可以要求公司承担自己因参加诉讼支付的合理费用

10. 根据公司法律制度的规定，下列各项中，属于有限责任公司的董事、高级管理人员可以同本公司订立合同或者进行交易的有(　)。

A. 公司章程规定

B. 董事会决议通过

C. 股东会决议通过

D. 监事会决议通过

11. 根据公司法律制度的规定，公司董事的下列行为中，可以从事的有(　)。

A. 将公司资金私下借贷他人

B. 将公司资金存在自己账户上

C. 为公司提供担保

D. 经股东会同意与公司进行交易

12. 根据公司法律制度的规定，下列关于决议不成立、无效和撤销之诉案件的诉讼当事人表述中，错误的有(　)。

A. 原告请求确认决议不成立、无效或可撤销的，应当以股东(大)会为被告

B. 决议涉及的其他利害关系人，可以列为第三人

C. 一审法庭辩论终结前，其他有原告资格的人以相同的诉讼请求申请参加诉讼的，可以列为共同原告

D. 原告请求确认决议不成立、无效或可撤销的，可以公司或股东(大)会为被告

13. 根据公司法律制度的规定，某股份有限公司股东大会作出的决议内容违反法律规定时，有权提起决议无效之诉的主体有(　)。

A. 公司股东

B. 监事

C. 董事

D. 与该决议有直接利害关系的公司债权人

14. 某股份有限公司实收股本总额为10 000万元，董事会成员有5人。根据公司法律制度的规定，下列各项中，属于应当在2个月内召开临时股东大会的有(　)。

A. 甲董事辞去董事职务

B. 公司累计未弥补的亏损为2 000万元

C. 持有公司股份8%的股东请求时

D. 监事会提议召开时

15. 根据公司法律制度的规定，下列各项中，属于股份有限公司监事会职权的有(　)。

A. 提议召开临时董事会会议

B. 提议召开临时股东大会会议

C. 选举和更换由股东代表出任的监事

D. 决定公司内部管理机构的设置

16. 根据公司法律制度的规定，下列有关上市公司组织机构的特别规定的表述中，正确的有(　)。

A. 上市公司一年内对外担保金额超过公司资产总额的20%的，应当由股东大会作出决议，并经出席会议的股东所持表决权的2/3以上通过

B. 上市公司应当设立独立董事

C. 上市公司应当设立董事会秘书，主要职责在于对控股股东及其选任的上市公司的董事、高级管理人员，以及其与公司进行关联交易等进行监督

D. 上市公司关联董事表决权排除制度中，董事会会议由过半数的无关联关系董事出席即可举行，董事会会议所作决议须经无关联关系董事过半数通过

17. 某上市公司拟聘请独立董事。根据公司法律制度的规定，下列人员中，不得担任该上市公司独立董事的有(　)。

A. 该上市公司的分公司的经理

B. 该上市公司董事会秘书配偶的弟弟

C. 持有该上市公司已发行股份 2% 的股东郑某的岳父

D. 持有该上市公司已发行股份 10% 的甲公司的某董事的配偶

18. 根据公司法律制度的规定，下列关于股份有限公司收购自身股份奖励给本公司职工的规则的表述中，正确的有(　)。

A. 应经股东大会决议

B. 收购比例不得超过本公司已发行股份总额的 10%

C. 可以由股东大会授权，经 2/3 以上董事出席的董事会会议决议

D. 所收购的股份应当在 3 年内转让给职工

19. 根据公司法律制度的规定，下列关于有限责任公司的股东出资额和出资时间的表述中，错误的有(　)。

A. 首次出资额不得低于注册资本的 20%

B. 首次出资额不得低于法定的注册资本最低限额

C. 股东分期缴付出资的，公司章程中可以约定注册资本的缴纳次数

D. 首次出资额以外的部分，由股东自公司成立之日起 2 年内缴足

20. 根据公司法律制度的规定，下列关于有限责任公司设立程序的表述中，正确的有(　)。

A. 登记主管机关核准登记后，应当发布公司登记公告。公告后，公司设立程序即为完成

B. 公司未经登记的事项，不得对抗第三人

C. 股东名册是确认股东出资的凭证

D. 记载于股东名册的股东，可以依股东名册主张行使股东权利

21. 根据公司法律制度的规定，下列关于有限责任公司股东转让股权的表述中，正确的有(　)。

A. 股东之间可以自由转让股权

B. 股东对外转让股权，须经其他股东半数以上同意

C. 经股东同意转让的股权，在同等条件下，其他股东有优先购买权

D. 多个股东主张优先购买权的，按照出资比例行使权利

22. 甲、乙、丙为某有限责任公司股东。根据公司法律制度的规定，下列各项表述中，正确的有(　)。

A. 甲欲对外转让股权，甲必须就此事书面或其他能够确认收悉的合理方式通知乙、丙并征求其意见

B. 公司章程可以约定，乙、丙均不享有优先购买权

C. 若丙死亡，经其他股东过半数同意，丙的继承人才能继承股东资格

D. 若人民法院强制执行甲的股权，则乙、丙没有优先购买权

23. 李某为一家有限责任公司的股东之一，2021 年 10 月 8 日将其股权对外转让给王某，但未办理变更登记手续。2021 年 10 月 20 日，李某又将其股权转让给张某且已登记，张某不知其股权已经转让。根据公司法律制度的规定，下列各项表述中，正确的有(　)。

A. 如果王某请求认定李某的再转让行为无效，人民法院应予支持

B. 张某可以获得该股权

C. 王某可以请求李某承担赔偿责任

D. 张某不可以获得该股权

24. 根据公司法律制度的规定，下列关于利润分配的表述中，正确的有(　)。

A. 有限责任公司一般按照股东认缴的出资比例分配

B. 有限责任公司一般按照股东实缴的出资比例分配

C. 股份有限公司一般按照股东持有的股份比例分配

D. 股份有限公司一般按照股东所持有的表决权比例分配

25. 根据公司法律制度的规定，下列关于公司合并、分立的表述中，正确的有(　)。
   A. 公司合并应当通知债权人，债权人可以要求公司提供担保或提前清偿债务
   B. 公司分立应当通知债权人，债权人可以要求公司提供担保或提前清偿债务
   C. 公司合并的，合并后的公司承担合并前公司的全部债务
   D. 公司分立的，分立后的公司对分立前公司的债务平均承担责任
26. 根据公司法律制度的规定，下列关于股份有限公司增资行为的表述中，错误的有(　)。
   A. 无论是原股东还是原股东之外的人，均可以认购增资
   B. 增资方案由股东大会制订和提出
   C. 增资的决议须经全体股东所持表决权2/3以上通过
   D. 公司增资属于内部行为，无需办理变更登记手续
27. 根据公司法律制度的规定，下列关于公司变更的表述中，正确的有(　)。
   A. 有限责任公司可以变更为股份有限公司，而股份有限公司不能变更为有限责任公司
   B. 有限责任公司可以变更为股份有限公司，股份有限公司也可以变更为有限责任公司
   C. 公司变更前的债权、债务由变更后的公司承继
   D. 有限责任公司按原账面净资产值折股整体变更为股份有限公司的，持续经营期间从变更之日起计算
28. 根据公司法律制度的规定，下列关于公司清算的表述中，正确的有(　)。
   A. 公司应当在解散事由出现之日起15日内成立清算组，开始清算
   B. 公司不组织自行清算，则债权人和股东可以申请人民法院指定清算组进行清算
   C. 公司解散逾期不成立清算组进行清算的，债权人可以向人民法院申请指定清算组进行清算
   D. 虽然成立清算组但故意拖延清算的，债权人可以向人民法院申请指定清算组进行清算

本章综合练习·参考答案及解析

一、单项选择题

1. B 【**解析**】本题考核公司对外投资的限制。公司可以向其他企业投资，除法律另有规定外，不得成为对所投资企业的债务承担连带责任的出资人。
2. D 【**解析**】本题考核公司借款的限制。股份公司不得直接或者通过子公司向董事、监事、高级管理人员提供借款。
3. C 【**解析**】本题考核公司设立登记。因虚假市场主体登记被撤销的市场主体，其直接责任人自市场主体登记被撤销之日起3年内不得再次申请市场主体登记，选项C表述错误。
4. C 【**解析**】本题考核公司设立阶段的债务。股份有限公司不能成立时，发起人对设立行为所产生的债务和费用负连带责任。
5. C 【**解析**】本题考核股东出资。公司法删除了“全体股东的货币出资金额不得低于有限责任公司注册资本的30%”规定，A出资8万元，虽不到注册资本的30%，也符合规定，因此选项A错误。对非货币财产的评估作价，可以由股东协商一致确认，因此选项B错误。关于出资人以房屋、土地使用权或者需要办理权属登记的知识产权等财产出资，已经交付公司使用但未办理权属变更手续，公司、其他股东或者公司债权人主张认定出资人未履行出

资义务的，人民法院应当责令当事人在指定的合理期间内办理权属变更手续；在前述期间内办理了权属变更手续的，人民法院应当认定其已经履行了出资义务，因此选项 C 正确。出资人主张自其实际交付财产给公司使用时享有相应股东权利的，人民法院应予支持，因此选项 D 错误。

6. C 【解析】本题考核股东出资。出资人甲以不享有处分权的机床出资，如果符合善意取得条件，丙公司有权主张该机床的所有权。因此，甲的出资有效，乙无权要求返还机床，但可以向甲主张损害赔偿。

7. A 【解析】本题考核股东出资。发起人、认股人缴纳股款或者交付抵作股款的出资后，除未按期募足股份、发起人未按期召开创立大会或者创立大会决议不设立公司的情形外，不得抽回其股本。

8. B 【解析】本题考核股东违反出资义务的责任。补足出资的义务不受诉讼时效的限制。丙未按照规定出资，发起人甲乙对此承担连带责任。债权人可以要求丙在未出资本息范围内承担补充赔偿责任。

9. C 【解析】本题考核显名股东与实际出资人。选项 A，实际出资人与名义出资人订立合同，约定由实际出资人出资并享有投资权益，以名义出资人为显名股东，实际出资人与显名股东对该合同效力发生争议的，如无法律规定的无效情形，人民法院应当认定该合同有效；选项 B，实际出资人未经公司其他股东半数以上同意，请求公司变更股东的，人民法院不予支持；选项 D，公司债权人以登记于公司登记机关的股东未履行出资义务为由，请求其对公司债务不能清偿的部分在未出资本息范围内承担补充赔偿责任，股东以其仅为名义股东而非实际出资人为由进行抗辩的，人民法院不予支持。

10. B 【解析】本题考核显名股东与实际出资人。实际出资人未经公司其他股东半数以上同意，请求公司变更股东、签发出资证明书、记载于股东名册、记载于公司章程并办理公司登记机关登记的，人民法院不予支持。

11. D 【解析】本题考核增资优先认缴权。增资优先认缴权可以在公司原股东之间自由转让，但不得转让给股东以外的人；选项 D 表述错误。

12. C 【解析】本题考核股利分配请求权。决议没有载明时间的，以公司章程规定的时间为准。选项 A 错误；决议、章程中均未规定时间或者时间超过一年的，公司应当自决议作出之日起一年内完成利润分配。选项 B 错误；选项 D 中，约定的时间没有超过 1 年，因此按照约定即可。决议中载明的利润分配完成时间如果超过公司章程规定的时间，股东可请求人民法院撤销决议中关于该时间的规定。选项 C 正确。

13. D 【解析】本题考核股利分配请求权。股东起诉公司分配利润的案件，如果公司股东会或股东大会已作出含具体分配方案的有效决议，而公司又无正当理由拒不执行该决议的，法院可以判决公司依决议履行分配利润的义务；如果股东在诉讼中未提交上述决议，法院应当驳回其要求公司分配利润的请求，但部分股东违反法律规定滥用股东权利导致公司不分配利润，给其他股东造成损失的除外。一审法庭辩论终结前，其他股东基于同一分配方案请求分配利润并申请参加诉讼的，应当列为共同原告。

14. C 【解析】本题考核查阅权。有限责任公司的股东有权查阅、复制公司章程、股东会会议记录、董事会会议决议、监事会会议决议和财务会计报告，可以要求查阅公司会计账簿。

15. B 【解析】本题考核董事、监事、高级管理人员的选任与解聘。限制民事行为能力人不得担任公司的董事、监事、高级管理人员，因此选项 A 不符合规定。

担任因违法被吊销营业执照、责令关闭的公司、企业的法定代表人，并负有个人责任的，自该公司、企业被吊销营业执照之日起未逾3年的不得担任公司的董事、监事、高级管理人员，因此选项C不符合规定。国家机关工作人员不得担任公司的董事、监事、高级管理人员，因此选项D不符合规定。

16. C 【解析】本题考核股东会决议制度。公司股东会或者股东大会、董事会的决议内容违反法律、行政法规的无效。股东会或者股东大会、董事会的会议召集程序、表决方式违反法律、行政法规或者公司章程，或者决议内容违反公司章程的，股东可以自决议作出之日起60日内，请求人民法院撤销。

17. C 【解析】本题考核股东大会、股东会和董事会决议制度。选项C：股东请求撤销股东会或者股东大会、董事会决议，符合民法典、公司法规定的，人民法院应当予以支持，但会议召集程序或者表决方式仅有轻微瑕疵，且对决议未产生实质影响的，人民法院不予支持。

18. C 【解析】本题考核股东会决议制度。股东会会议作出修改公司章程、增加或者减少注册资本的决议，以及公司合并、分立、解散或者变更公司形式的决议，必须经代表2/3以上表决权的股东通过。会议的表决结果未达到公司法或者公司章程规定的通过比例的，当事人可以主张决议不成立。

19. A 【解析】本题考核股份有限公司发起人的条件。股份有限公司的发起人人数为2人以上200人以下。

20. A 【解析】本题考核股份有限公司发起人的条件。以募集设立方式设立股份有限公司的，发起人认购的股份不得少于公司股份总数的35%；但是，法律、行政法规另有规定的，从其规定；公司法删除了“发起人首次出资额不得低于注册资本的20%”的规定；公司不能成立时对债务和费用发起人承担连带责任。选项BCD不符合法律规定。

21. B 【解析】本题考核股东大会的职权。股东大会只可以选举和更换由股东代表担任的监事，所以选项A错误。股份有限公司的股东可以自由转让股份，所以选项C错误。选项D的表述是董事会的职权。

22. C 【解析】本题考核临时股东大会的规定。临时股东大会应当于会议召开15日前通知各股东，所以选项A错误。临时股东大会应当由董事会召集，董事长主持，所以选项BD错误。

23. D 【解析】本题考核股东大会的一般表决事项。股份有限公司的合并、分立、解散以及公司章程的修改属于股东大会的特别决议事项，须经出席会议的股东所持表决权的2/3以上通过，对于D项，是属于一般决议事项，经出席会议的股东所持表决权过半数通过。

24. B 【解析】本题考核公司董事会的职权。董事会对股东大会负责，行使下列职权：①召集股东大会会议，并向股东大会报告工作；②执行股东大会的决议；③决定公司的经营计划和投资方案；④制订公司的年度财务预算方案、决算方案；⑤制订公司的利润分配方案和弥补亏损方案；⑥制订公司增加或者减少注册资本以及发行公司债券的方案；⑦制订公司合并、分立、解散或者变更公司形式的方案；⑧决定公司内部管理机构的设置；⑨决定聘任或者解聘公司经理及其报酬事项，并根据经理的提名决定聘任或者解聘公司副经理、财务负责人及其报酬事项；⑩制定公司的基本管理制度；⑪公司章程规定的其他职权。选项ACD属于股东大会的职权。

25. D 【解析】本题考核股份有限公司董事会会议的召开。选项AC：经代表1/10以上表决权的股东、1/3 以上的董事(至少 3 名董事)或者监事会(2 名监事不行)提议，可以召开股份有限公司临时董事会，所以选项 AC 错误。选项 B：董事长、副董事长不能履行职务或者不履行职务的，由“半数以上”董事共同推举一名董事履行职务。在本题中，4 名董事不足董事会人数的半数，所以选项 B 错误。

26. A 【解析】本题考核股份有限公司董事长和副董事长的选举规则。董事长和副董事长由董事会以全体董事的过半数选举产生。

27. B 【解析】本题考核公司监事的任期。监事的任期每届为 3 年。监事任期届满，连选可以连任。

28. B 【解析】本题考核监事会成员的组成。监事会应当包括股东代表和适当比例的公司职工代表，公司的董事、高级管理人员不得担任本公司的监事。高级管理人员，是指公司的经理、副经理、财务负责人，上市公司董事会秘书和公司章程规定的其他人员。

29. D 【解析】本题考核上市公司董事会的决议制度。上市公司董事与董事会会议决议事项所涉及企业有关联关系的，不得对该项决议行使表决权，也不得代理其他董事代为行使表决权。该董事会会议由过半数的无关联关系董事出席方可举行，董事会会议所作决议须经无关联关系董事过半数通过。本题无关联关系董事为 8 人，因此需要有 5 人以上出席会议才可召开，该项表决，需要经过全体无关联关系董事(8 人)过半数(5 人)以上通过。

30. B 【解析】本题考核独立董事的任职条件。最近一年内曾经在上市公司或者其附属企业任职的人员及其直系亲属、主要社会关系(直系亲属是指配偶、父母、子女等；主要社会关系是指兄弟姐妹、岳父母、儿媳女婿、兄弟姐妹的配偶、配偶的兄弟姐妹等)，不得担任上市公司的独立董事，因此选项 A 不符合要求；为上市公司或者其附属企业提供财务、法律、咨询等服务的人员，不得担任该公司的独立董事，因此选项 C 不符合要求；直接或间接持有上市公司已发行股份 1%以上或者是上市公司前十名股东中的自然人股东及其直系亲属，不得担任上市公司独立董事，因此选项 D 不符合要求。

31. C 【解析】本题考核独立董事的撤换和辞职。独立董事在任期届满前可以提出辞职。

32. C 【解析】本题考核股份的回购。公司不得收购本公司股份，但有下列情形之一的除外：①减少公司注册资本；②与持有本公司股份的其他公司合并；③将股份用于员工持股计划或者股权激励；④股东因对股东大会作出的公司合并、分立决议持异议，要求公司收购其股份的；⑤将股份用于转换上市公司发行的可转换为股票的公司债券；⑥上市公司为维护公司价值及股东权益所必需的。公司依照上述规定收购本公司股份后，属于第①项情形的，应当自收购之日起 10 日内注销；属于第②项、第④项情形的，应当在 6 个月内转让或者注销；属于第③项、第⑤项、第⑥项情形的，公司合计持有的本公司股份数不得超过本公司已发行股份总额的 10%，并应当在 3 年内转让或者注销。

33. A 【解析】本题考核有限责任公司股东会的召集。有限责任公司首次股东会由出资最多的股东召集和主持，以后的股东会一般由董事会议召集，董事长主持。

34. C 【解析】本题考核有限责任公司股东会的职权。选举和更换由“非职工代表”担任的董事、监事，而不是全体监事，选项 B 错误。选项 AD 属于经理的职权。本题答案应选 C。

35. A 【解析】本题考核有限责任公司董事会的职权。决定聘任或者解聘公司经理属于董事会的职权，所以选项 A 正确。董事会的人员、报酬由股东会表决通过，不属于董事会的职权，所以选项 B 错误。监事的人员、报酬由股东会表决通过，不属于董事会的职权，所以选项 C 错误。董事会会议记录只需出席会议的董事签名存档即可，无须其他人签名，所以选项 D 错误。

36. D 【解析】本题考核公司组织机构中职工代表的比例。两个以上的国有企业或者两个以上的其他国有投资主体投资设立的有限责任公司，其董事会成员中应当有公司职工代表；其他有限责任公司董事会成员中可以有公司职工代表。监事会应当包括股东代表和适当比例的公司职工代表，其中职工代表的比例不得低于 1/3。所以选项 ABC 错误。

37. A 【解析】本题考核一人有限责任公司的股东责任。一人有限责任公司的股东不能证明公司财产独立于股东自己的财产的，应当对公司债务承担连带责任。

38. B 【解析】本题考核一人有限责任公司的设立。公司法删除了“一人有限责任公司的注册资本最低限额为人民币 10 万元。股东应当一次足额缴纳公司章程规定的出资额”的规定，因此选项 B 错误。

39. C 【解析】本题考核国有独资公司董事长的产生方式。国有独资公司的董事长、副董事长由国有资产监督管理机构从董事会成员中指定。

40. A 【解析】本题考核国有独资公司的组织机构。①国有独资公司是一人公司，不设股东会。②国有独资公司设董事长 1 人，可以设副董事长。③董事长由国有资产监督管理机构从董事会成员中指定。④国有独资公司的监事会成员（非职工代表）由国有资产监督管理机构委派。

41. C 【解析】本题考核有限责任公司的股权转让。股东向股东之外的人转让股权的，应当经过其他股东过半数同意。所以选项 AB 错误；股东向股东之外的人转让股权，只须其他股东过半数同意，无需经过股东会做出决议，所以选项 C 正确；股东应就其股权转让事项书面或其他能够确认收悉的合理方式通知其他股东征求同意，其他股东自接到通知之日起满 30 日未答复的，视为同意转让。所以选项 D 错误。

42. D 【解析】本题考核公司的财务会计。公司的财务会计报告应当由董事会负责编制，选项 A 错误；股份公司的财务会计报告需在股东大会年会召开 20 日前置备于公司，供股东查阅，选项 B 错误；公司的利润先弥补亏损以及缴纳企业所得税，之后才能提取法定公积金，选项 C 错误。

43. C 【解析】本题考核公司合并的程序。作出公司合并决议后应通知债权人并公告，债权人自接到通知书之日起 30 日内，未接到通知书的债权人自公告之日起 45 日内，有权要求公司清偿债务或者提供相应的担保。

44. B 【解析】本题考核公司解散的原因。单独或者合计持有公司全部股东表决权 10%以上的股东，以下列事由之一提起解散公司诉讼，并符合规定的，人民法院应予受理：①公司持续两年以上无法召开股东会或者股东大会，公司经营管理发生严重困难的；②股东表决时无法达到法定或者公司章程规定的比例，持续两年以上不能做出有效的股东会或者股东大会决议，公司经营管理发生严重困难的；③公司董事长期冲突，且无法通过股东会或者股东大会解决，公司经营管理发生严重困难的；④经营管理发生其他严重困难，公司继续存续会使股东利益受到重大损失的情形。选项 ACD 正确；公司连续五年盈利，但都做出不分配利润的决议，股东可以要求公司回购股权，选项 B 表述错误。

45. B 【解析】本题考核公司减资。股东会会议作出修改公司章程、增加或者减少注册资本的决议，以及公司合并、分立、解散或者变更公司形式的决议，必须经代表 2/3 以上表决权的股东通过，所以 B 选项说法错误。

46. A 【解析】本题考核公司在清算期间的行为限制。清算期间，公司存续，但不得开展与清算无关的经营活动。

47. A 【解析】本题考核公司解散清算财产清偿债务的顺序。公司财产在分别支付清算费用、职工的工资、社会保险费用和法定补偿金，缴纳所欠税款，清偿公司债务后的剩余财产，有限责任公司按照股东的出资比例分配，股份有限公司按照股东持有的股份比例分配。

二、多项选择题

1. CD 【解析】本题考核公司提供担保的限制。公司向其他企业投资或者为他人提供担保，依照公司章程的规定，由董事会或者股东会、股东大会决议；公司章程对投资或者担保的总额及单项投资或者担保的数额有限额规定的，不得超过规定的限额。公司为公司股东或者实际控制人提供担保的，必须经股东会或者股东大会决议。接受公司担保的股东或者受接受担保的实际控制人支配的股东，不得参加对该担保事项的表决。该项表决由出席会议的其他股东所持表决权的过半数通过。

2. AD 【解析】本题考核公司设立阶段的债务。公司不能成立时，发起人对设立行为所产生的债务和费用承担连带责任；对认股人已缴纳的股款，发起人负返还股款并加算银行同期存款利息的责任。

3. AC 【解析】本题考核股东的出资方式。股东不得以劳务、信用、自然人姓名、商誉、特许经营权或者设定担保的财产等作价出资。

4. ABCD 【解析】本题考核股份有限公司的设立。股份有限公司如果以募集方式设立，需要发起人和认股人承担实缴出资的义务。选项 A 正确。以募集方式设立公司，发起人须认购公司应发行股份的一部分(不少于股份总数的 35%，法律、行政法规另有规定的除外)，其余股份向社会公开募集或者向特定对象募集。选项 B 正确。募集设立的股份公司实行注册资本实缴制和验资制度。选项 C 正确。以募集方式设立公司，发起人、认股人在认购股份之后即应缴足出资或股款，不得分期缴纳。选项 D 正确。

5. CD 【解析】本题考核股东的出资义务。选项 A：有限责任公司的股东未履行或者未全面履行出资义务即转让股权，受让人对此知道或者应当知道，公司可以请求该股东履行出资义务、受让人对此承担连带责任。选项 B：有限责任公司的股东未履行出资义务或者抽逃全部出资，经公司催告缴纳或者返还，其在合理期间内仍未缴纳或者返还出资，公司以股东会决议解除该股东的股东资格，该股东请求确认该解除行为无效的，人民法院不予支持。

6. BCD 【解析】本题考核股东自益权。自益权包括股利分配请求权、剩余财产分配权、新股认购优先权、股份质押权和股份转让权等。股东大会召集请求权属于共益权。共益权包括股东大会参加权、提案权、质询权，在股东大会上的表决权、累积投票权，股东大会召集请求权和自行召集权，了解公司事务、查阅公司账簿和其他文件的知情权，提起诉讼权等权利。

7. ACD 【解析】本题考核股东共益权。共益权包括股东大会参加权、提案权、质询权，在股东大会上的表决权、累积投票权，股东大会召集请求权和自行召集权，了解公司事务、查阅公司账簿和其他文件的知情权，提起诉讼权等权利。

8. ABC 【解析】本题考核股东查阅权。有证据证明股东存在下列情形之一的，人民法院应当认定股东的查阅请求有“不正当目的”：①股东自营或者为他人经营的业务与公司主营业务有实质性竞争关系，但公司章程另有规定或者全体股东另有约定的除外；②股东为了向他人通报有关信息查阅公司会计账簿，可能损害公司合法利益的；③股东在向公司提出查阅请求之日前的三年内，曾通过查阅公司会计账簿，向他人通报有关信息损害公司合法利益的。

9. AD 【解析】本题考核股东代表诉讼。董事会或者不设董事会的有限责任公司的执行董事依据规定对监事提起诉讼的，应当列公司为原告，依法由董事长或者执行董事代表公司进行诉讼，选项 A 正确，选项 B 错误。股东依据公司法第 151 条第 2 款、第 3 款规定直接提起诉讼的案件，胜诉利益归属于公司。股东请求被告直接向其承担民事责任的，人民法院不予支持，选项 C 错误。股东依据公司法规定直接提起股东代表诉讼的案件，其诉讼请求部分或者全部得到人民法院支持的，公司应当承担股东因参加诉讼支付的合理费用，选项 D 正确。

10. AC 【解析】本题考核公司董事、监事、高级管理人员的忠实义务。除公司章程规定或者股东会同意外，有限责任公司的董事、高级管理人员不得同本公司订立合同或者进行交易。

11. CD 【解析】本题考核公司董事、监事、高级管理人员的法定义务。选项 AB 与公司利益冲突，违反忠实义务，所以选项 AB 错误。选项 C 对公司有利，所以选项 C 正确。选项 D 经过股东会议通过后可以从事，所以选项 D 正确。

12. AD 【解析】本题考核决议不成立、无效和撤销之诉案件的诉讼当事人。原告请求确认股东会或者股东大会、董事会决议不成立、无效或者撤销决议的案件，应当列公司为被告。

13. ABCD 【解析】本题考核决议无效之诉。原告应与诉讼争议“有直接利害关系”。因此，除股东、董事、监事外，公司高级管理人员、员工甚至公司债权人，如能证明其与所诉决议“有直接利害关系”，则也应当承认他们具有提起公司决议无效之诉的资格。

14. AD 【解析】本题考核股份有限公司召开临时股东大会的情形。股份有限公司有下列情形之一的，应当在 2 个月内召开临时股东大会：①董事人数不足公司法规定的人数或者公司章程所定人数的 2/3 时(选项 A，该公司由于甲董事辞去董事职务而少于 5 人)；②公司未弥补的亏损达到实收股本总额的 1/3 时(本题该公司累计未弥补的亏损未达到实收股本总额的 1/3)；③单独或者合计持有公司股份 10%以上的股东请求时(选项 C 仅为持有公司股份 8%的股东请求)；④董事会认为必要时；⑤监事会提议召开时。

15. AB 【解析】本题考核股份有限公司监事会的职权。《公司法》第五十三条规定，监事会、不设监事会的公司的监事行使下列职权：①检查公司财务；②对董事、高级管理人员执行公司职务的行为进行监督，对违反法律、行政法规、公司章程或者股东会决议的董事、高级管理人员提出罢免的建议；③当董事、高级管理人员的行为损害公司的利益时，要求董事、高级管理人员予以纠正；④提议召开临时股东会会议，在董事会不履行本法规定的召集和主持股东会会议职责时召集和主持股东会会议；⑤向股东会会议提出提案；⑥依照本法第一百五十一条的规定，对董事、高级管理人员提起诉讼；⑦公司章程规定的其他职权。选项 A：股份有限公司临时董事会的召开条件中包括“监事会提议”；选项 C：属于股东大会的职权；选项 D：属于董事会的职权。

16. BD 【解析】本题考核上市公司组织结构的特别规定。上市公司一年内对外担保金额超过公司资产总额的30%的，应当由股东大会作出决议，并经出席会议的股东所持表决权的2/3以上通过，因此选项A是错误的。上市公司应当设立董事会秘书，主要负责股东大会和董事会会议的筹备、文件保管以及公司股权管理，办理信息披露事务等事宜，因此选项C是错误的。

17. ABD 【解析】本题考核独立董事的任职条件。下列人员不得担任独立董事：①在上市公司或者其附属企业任职的人员及其直系亲属、主要社会关系(直系亲属是指配偶、父母、子女等；主要社会关系是指兄弟姐妹、岳父母、儿媳女婿、兄弟姐妹的配偶、配偶的兄弟姐妹等)。因此选项AB当选；②直接或间接持有上市公司已发行股份1%以上或者是上市公司前十名股东中的自然人股东及其直系亲属。选项C中，"岳父"是主要社会关系，而不是"直系亲属"，因此不构成障碍，可以担任独立董事，不选；③在直接或间接持有上市公司已发行股份5%以上的股东单位或者在上市公司前五名股东单位任职的人员及其直系亲属。因此选项D当选；④最近一年内曾经具有前三项所列举情形的人员；⑤为上市公司或者其附属企业提供财务、法律、咨询等服务的人员；⑥公司章程规定的其他人员；⑦中国证监会认定的其他人员。

18. BCD 【解析】本题考核股份有限公司的股份回购。将股份用于员工持股计划或者股权激励，可以依照公司章程的规定或者股东大会的授权，经2/3以上董事出席的董事会会议决议。因此选项A错误，选项C正确；股份有限公司收购自身股份奖励给本公司职工的，收购比例不得超过本公司已发行股份总额的10%。因此选项B正确；所收购的股份应当在3年内转让给职工。因此选项D正确。所以本题选BCD选项。

19. ABD 【解析】本题考核有限责任公司的股东出资。对于股东分期缴付出资的，公司章程应当作出具体、明确的规定。公司法删除了法定注册资本最低限额、首次出资比例、出资期限的规定。

20. ABD 【解析】本题考核有限责任公司设立程序。有限责任公司成立后，应当向股东签发出资证明书。出资证明书是确认股东出资的凭证，选项C错误。

21. AC 【解析】本题考核有限责任公司股权转让。股东对外转让股权，须经其他股东过半数同意。选项B错误。多个股东主张优先购买权的，协商确定各自的购买比例；协商不成的，按照转让时各自的出资比例行使优先购买权。选项D错误。

22. AB 【解析】本题考核有限责任公司股权转移。在公司章程没有另外规定的情况下，自然人股东死亡后，其合法继承人可以直接继承股东资格，选项C错误；人民法院强制执行的股权转让，其他股东有优先购买权，选项D错误。

23. BC 【解析】本题考核"一股二卖"的处理规则。如果第三人受让原股东处分的股权构成善意取得的，则可以最终获得该股权。原股东处分股权对受让股东造成损失的，受让股东可以请求原股东承担赔偿责任。

24. BC 【解析】本题考核利润分配。有限责任公司按照股东实缴的出资比例分配，但全体股东约定不按照出资比例分配的除外；股份有限公司按照股东持有的股份比例分配，但股份有限公司章程规定不按持股比例分配的除外。

25. AC 【解析】本题考核公司的合并、分立。公司合并应当通知债权人，债权人可以要求公司提供担保或提前清偿债务，选项 A 正确；公司分立应当通知债权人，债权人不可以要求公司提供担保或提前清偿债务，因为分立后的公司对原公司的债务承担连带责任，选项 B 错误；公司合并的，合并后的公司承担合并前公司的全部债务；公司分立的，分立后的公司对分立前公司的债务承担连带责任，公司在分立前与债权人就债务清偿达成的书面协议另有约定的除外，选项 C 正确，选项 D 错误。

26. BCD 【解析】本题考核公司的增资。①公司董事会制订和提出增资方案，因此选项 B 错误；②公司就增资形成股东会或股东大会决议，股份公司股东大会的该项决议须经出席会议的股东所持表决权的 2/3 以上通过。因此选项 C 错误；③公司增资需办理相应的登记变更手续，包括变更注册资本、变更股东登记事项、提交修订后的公司章程或公司章程修正案。因此选项 D 错误。

27. BC 【解析】本题考核公司组织形式的变更。有限责任公司可以变更为股份有限公司，股份有限公司也可以变更为有限责任公司，选项 A 错误，选项 B 正确；公司变更前的债权、债务由变更后的公司承继，选项 C 正确；有限责任公司按原账面净资产值折股整体变更为股份有限公司的，持续经营期间可以从有限责任公司成立之日起计算。

28. ABCD 【解析】本题考核公司的清算。题目四个选项表述均正确。在下列情况下，债权人可以向人民法院申请指定清算组进行清算：①公司解散逾期不成立清算组进行清算的；②虽然成立清算组但故意拖延清算的；③违法清算可能严重损害债权人或者股东利益的。

第七章　证券法律制度

本章重要程度：●●●

本章综合练习（限时120分钟）

扫我做试题

一、单项选择题

1. 根据证券法律制度的规定，下列关于证券市场的表述中，错误的是(　)。
   A. 证券发行市场为一级市场，证券交易市场为二级市场
   B. 场内市场的交易方式主要是集中交易的方式，多个买者和卖者之间进行价格磋商
   C. 场外交易市场则多采取一对一的交易磋商机制
   D. 场外交易市场不能采取集中交易方式
2. 根据证券法律制度的规定，下列关于北京证券交易所的表述中，错误的是(　)。
   A. 北京证券交易所是中国第一家公司制证券交易所
   B. 北京证券交易所适用注册制
   C. 发行人仅得向不特定的合格投资者进行公开发行
   D. 北京证券交易所是继上海证券交易所、深圳证券交易所之后的第三家全国性证券交易场所
3. 招股说明书中引用的财务报表在其最近一期截止日后6个月内有效，特别情况下发行人可申请适当延长。根据证券法律制度的规定，下列各项中，延长最多不超过(　)。
   A. 1个月
   B. 3个月
   C. 6个月
   D. 5个月
4. 根据证券法律制度的规定，某上市公司发生的下列事项中，应当提交临时报告并予公告的是(　)。
   A. 与其他公司合并
   B. 持有公司3%以上股份的股东与收购人达成收购协议
   C. 与关联公司进行交易，对公司的资产、负债、权益和经营成果并不产生重要影响
   D. 财务负责人被撤职
5. 根据证券法律制度的规定，下列主体中，无需对公司临时报告信息披露的真实性、完整性、及时性等承担主要责任的是(　)。
   A. 董事长
   B. 总经理
   C. 董事会秘书
   D. 财务负责人
6. 根据证券法律制度的规定，下列关于非上市公众公司定向发行股票的表述中，错误的是(　)。
   A. 自中国证监会予以核准之日起，公司应当在6个月内首期发行，剩余数量应当在12个月内发行完毕
   B. 超过核准文件限定的有效期未发行的，须重新经中国证监会核准后方可发行
   C. 首期发行数量应当不少于总发行数量的50%，剩余各期发行的数量由公司

自行确定，每期发行后5个工作日内将发行情况报中国证监会备案

D. 公开转让股票的非上市公众公司向特定对象发行股票后股东累计不超过200人的，豁免向中国证监会申请核准，由全国股转系统自律管理

7. 根据证券法律制度的规定，下列关于科创板上市公司发行股票的注册程序的表述中，错误的是(　)。

A. 董事会就股票发行方案作出决定的，董事会决议日与首次公开发行股票上市日的时间间隔不得少于12个月

B. 股东大会就发行事项作出决议，必须经出席会议的股东所持表决权的2/3以上通过，中小投资者表决情况应当单独计票

C. 股东大会对引入战略投资者议案作出决议的，应当就每名战略投资者单独表决

D. 向特定对象发行融资总额不超过人民币3亿元且不超过最近一年末净资产20%的股票，股东大会可以根据章程规定而授权董事会决定

8. 根据证券法律制度的规定，下列关于首次公开发行股票并上市中相关当事人诚信义务的表述中，错误的是(　)。

A. 发行人及其控股股东、公司董事及高级管理人员应在公开募集及上市文件中提出上市后3年内公司股价低于每股净资产时稳定公司股价的预案

B. 发行人的保荐机构、会计师事务所等证券服务机构可以不必公开承诺事项

C. 发行人应当在公开募集及上市文件中披露公开发行前持股5%以上股东的持股意向及减持意向

D. 发行人及其控股股东、公司董事及高级管理人员等责任主体作出公开承诺事项的，应当同时提出未能履行承诺时的约束措施，并在公开募集及上市文件中披露，接受社会监督

9. 2021年2月，甲上市公司拟公开发行新股，已知其最近3年实现的年均可分配利润为1 500万元。根据证券法律制度的规定，下列关于其最近3年以现金方式累计分配的利润的表述中，正确的是(　)。

A. 不少于450万元

B. 不少于300万元

C. 不少于200万元

D. 不少于600万元

10. 2022年1月，A主板上市公司准备增资公开发行股票。根据证券法律制度的规定，下列各项中，不构成其发行股票障碍的是(　)。

A. 2021年A公司曾公开发行过一次股票，但2021年营业利润比2020年下降55%

B. 2019年A公司的财务报表被注册会计师出具了无法表示意见的审计报告

C. 本次股票发行所募集资金的投资项目实施后，有可能会与控股股东产生同业竞争

D. 2019年、2020年和2021年均按照企业会计准则的规定计提了资产减值准备

11. 甲公司2022年1月申请首次公开发行股票并上市，采用网上和网下同时发行的机制，经确认向网下初始发行股份数量为4.3亿股。根据证券法律制度的规定，下列各项中，应优先安排向公募基金和社保基金配售及养老金配售的数量应不低于(　)。

A. 1.72亿股

B. 1.075亿股

C. 1.2万股

D. 2.15亿股

12. 甲公司2022年1月申请首次公开发行股票并上市，采用网上和网下同时发行的机制，拟发行2亿股，已知发行后股本总额为5亿股。根据证券法律制度的规定，下列关于网下初始发行的股份数额

的表述中，正确的是(　)。

A. 最少为1.2亿股

B. 最少为1.4亿股

C. 最少为0.8亿股

D. 最少为0.6亿股

13. 甲上市公司拟公开发行优先股。根据证券法律制度的规定，下列各项表述中，正确的是(　)。

A. 甲公司发行优先股后，累计优先股余额不超过公司净资产额的50%

B. 甲公司可以在公司章程中约定此次发行的优先股采取浮动股息率

C. 甲公司发行优先股后，优先股股东按照约定分配股息后，不再同普通股股东一起参加剩余利润分配

D. 甲公司拟发行优先股的股数不可以超过公司原有优先股和普通股股份总数的50%

14. 根据证券法律制度的规定，下列关于公司债券公开发行的表述中，错误的是(　)。

A. 面向专业投资者公开发行，需最近三年平均可分配利润足以支付债券一年利息

B. 公开发行债券募集的资金，经债券持有人会议决议才可以改变资金用途

C. 只能面向专业投资者公开发行债券

D. 公开发行公司债券可以在证券交易所、全国中小企业股份转让系统交易

15. 根据证券法律制度的规定，下列各项中，不属于引发债券上市交易的发行人临时报告义务的重大事件的是(　)。

A. 公司经营范围发生重大变化

B. 公司重大资产报废

C. 公司放弃债权超过上年末净资产的10%

D. 涉及公司的重大诉讼

16. 根据证券法律制度的规定，下列关于在全国股转系统股票挂牌的表述中，错误的是(　)。

A. 股东人数未满200人的股份有限公司的挂牌申请，由全国股转系统自行审查决定

B. 股东人数超过200人的股份有限公司，申请挂牌公开转让的，由全国股转系统自行审查决定，但需报证监会备案

C. 全国股转公司在作出股票终止挂牌决定后发布公告，报证监会备案

D. 挂牌公司应当在收到股票终止挂牌决定后及时披露股票终止挂牌公告

17. 根据证券法律制度的规定，下列关于上市公司收购的表述中，错误的是(　)。

A. 被收购公司不得向收购人提供任何形式的财务资助

B. 收购人持有的被收购的上市公司的股票，在收购行为完成后的6个月内不得转让

C. 要约收购人在作出公告后至收购期限届满前，不得卖出被收购公司的股票

D. 收购人通过集中竞价交易方式增持上市公司股份的，当收购人最后一笔增持股份登记过户后，视为其收购行为完成

18. 甲通过交易所集中竞价交易取得乙上市公司7%的股份，之后又通过协议收购增持乙公司5%的股份。根据证券法律制度的规定，甲需要在规定时间向国务院证券监督管理机构、证交所作出书面报告，通知上市公司，并予公告的时点分别是(　)。

A. 其持有乙公司股份5%和10%时

B. 其持有乙公司股份7%和10%时

C. 其持有乙公司股份5%和12%时

D. 其持有乙公司股份7%和12%时

19. 当投资者持有一个上市公司已发行的股份的5%后，通过证券交易所的证券交易，其所持该上市公司已发行的有表决权股份比例每增加或者减少一定比例时，应当依照法律规定进行书面报告和公告。根据证券法律制度的规定，下列各项中，

属于该比例的是(　)。

A. 3%　　B. 5%

C. 10%　　D. 15%

20. 上市公司收购中，特定情形下投资者可以免于发出要约。根据证券法律制度的规定，下列各项中，不属于该情形的是(　)。

A. 因所持优先股表决权依法恢复导致投资者在一个上市公司中拥有权益的股份超过该公司已发行股份的30%

B. 在一个上市公司中拥有权益的股份达到或者超过该公司已发行股份的30%的，自上述事实发生之日起一年内，每12个月内增持不超过该公司已发行的2%的股份

C. 在一个上市公司中拥有权益的股份达到或者超过该公司已发行股份的50%的，继续增加其在该公司拥有的权益不影响该公司的上市地位

D. 因继承导致在一个上市公司中拥有权益的股份超过该公司已发行股份的30%

21. 收购人在证券交易所之外，通过与被收购公司的股东协商一致达成协议，受让其持有的上市公司的股份而进行的收购。根据证券法律制度的规定，该种收购行为属于(　)。

A. 要约收购

B. 协议收购

C. 场内收购

D. 间接收购

22. 根据证券法律制度的规定，下列各项中，不属于证券交易内幕信息的是(　)。

A. 增加注册资本的计划

B. 股权结构的重大变化

C. 财务总监发生变动

D. 监事会共5名监事，其中2名发生变动

23. 根据证券法律制度的规定，下列各项表述中，不属于公司债券特点的是(　)。

A. 属于债权凭证

B. 有偿还期限

C. 风险比股票大

D. 与公司绩效没有直接联系

24. 根据证券法律制度规定，下列关于发行人依其控股股东的指使作出虚假陈述的责任承担的表述中，错误的是(　)。

A. 原告可以要求发行人承担虚假陈述赔偿责任

B. 原告可以直接要求控股股东承担虚假陈述赔偿责任

C. 发行人对原告承担虚假陈述赔偿责任后，可要求控股股东向其赔偿相关损失

D. 诉讼费用应当由发行人承担

二、多项选择题

1. ☆根据证券法律制度的规定，下列各项中，适用《证券法》的有(　)。

A. 证券投资基金份额的上市交易

B. 政府债券的上市交易

C. 存托凭证的发行和交易

D. 公司债券的发行和交易

2. ☆根据证券法律制度的规定，在我国境内发行下列证券时，应当适用《证券法》的有(　)。

A. 股票

B. 公司债券

C. 政府债券

D. 存托凭证

3. 根据证券法律制度的规定，下列关于存托凭证的表述中，正确的有(　)。

A. 基础证券发行人在境外发行的基础证券由存托人持有，并由存托人在境内签发存托凭证

B. 存托凭证持有人依法享有存托凭证代表的境外基础证券权益，并按照存托协议约定，通过存托人行使其权利

C. 存托人可在境外委托金融机构担任托管人，托管人负责托管存托凭证基础财产，并负责办理与托管相关的其他

业务

D. 存托人和托管人应为存托凭证基础财产单独立户，将存托凭证基础财产与其自有财产有效隔离、分别管理、分别记账，不得将存托凭证基础财产归入其自有财产

4. 根据证券法律制度的规定，特定主体应向上市公司董事会报送关联人名单。下列各项中，属于该特定主体的有(　)。

A. 上市公司董事

B. 上市公司监事

C. 上市公司高级管理人员

D. 持股5%以上股份的股东

5. 根据证券法律制度的规定，下列人员中，应当在招股说明书上签署书面确认意见，保证所披露的信息真实、准确和完整的有(　)。

A. 保荐人及其保荐代表人

B. 发行人的董事

C. 发行人的监事

D. 发行人的高级管理人员

6. 根据证券法律制度的规定，下列各项中，属于持续信息披露文件的有(　)。

A. 定期报告

B. 上市公告书

C. 临时报告

D. 债券募集说明书

7. 上市公司应当在最先发生的某一时点，及时履行重大事件的信息披露义务。根据证券法律制度的规定，下列关于该时点表述中，正确的有(　)。

A. 董事会就该重大事件形成决议时

B. 监事会就该重大事件形成决议时

C. 有关各方就该重大事件签署意向书或者协议时

D. 董事、监事或者高级管理人员知悉该重大事件发生时

8. 根据证券法律制度的规定，下列各项中，属于投资者保护机构履行相应投资者保护职能的有(　)。

A. 代理权征集

B. 证券纠纷调解

C. 证券支持诉讼

D. 代表人诉讼

9. 根据证券法律制度的规定，下列关于投资者保护机构的表述中，正确的有(　)。

A. 投资者保护机构作为征集人，征集股东权利时不得采取有偿或变相有偿的方式

B. 投资者保护机构持有上市公司股份的，在公司权益受损时，可以依法以自己的名义提起诉讼

C. 投资者保护机构受50名以上投资者委托，可以作为代表人参加诉讼

D. 投资者保护机构作为上市公司股东，为公司利益提起诉讼时，持股比例及期限不受公司法规定的限制

10. 发行人拟在主板首发并上市。根据证券法律制度的规定，下列各项中，构成首次发行股票的障碍的有(　)。

A. 36个月前未经《证券法》规定的程序，擅自公开或者变相公开发行过证券，但目前仍处于持续状态

B. 最近36个月内违反工商、税收、土地、环保、海关以及其他法律、行政法规，受到行政处罚，且情节严重

C. 最近36个月内曾提出发行申请，但报送的发行申请文件有伪造发行人董事签字的行为

D. 该次报送的发行申请文件有虚假记载、误导性陈述或者重大遗漏

11. 根据证券法律制度的规定，下列关于首次公开发行股票并在科创板上市的表述中，正确的有(　)。

A. 首次公开发行股票并在科创板上市，应当符合发行条件、上市条件以及相关信息披露要求，依法经上海证券交易所发行上市审核并报经中国证监会履行发行注册程序

B. 发行人申请首次公开发行股票并在科

创板上市，应当符合科创板定位，面向世界科技前沿、面向经济主战场、面向国家重大需求

C. 发行人应当业务完整，具有直接面向市场独立持续经营的能力

D. 交易所因不同意发行人股票公开发行并上市，作出终止发行上市审核决定，或者中国证监会作出不予注册决定的，自决定作出之日起 1 年后，发行人可以再次提出公开发行股票并上市申请

12. 科创板上市公司存在法定情形的，不得向不特定对象发行股票。根据证券法律制度的规定，下列各项中，属于该法定情形的有(　)。

A. 擅自改变前次募集资金用途未作纠正

B. 上市公司因涉嫌犯罪正被司法机关立案侦查

C. 上市公司最近一年存在未履行向投资者作出的公开承诺

D. 最近一年财务会计报告被出具无法表示意见

13. 根据证券法律制度的规定，下列关于首次公开发行股票并在科创板上市的表述中，正确的有(　)。

A. 交易所应当自受理注册申请文件之日起 3 个月内形成审核意见

B. 中国证监会在 20 个工作日内对发行人的注册申请作出同意注册或者不予注册的决定

C. 中国证监会同意注册的决定自作出之日起 1 年内有效，发行人应当在注册决定有效期内发行股票，发行时点由发行人自主选择

D. 交易所因不同意发行人股票公开发行并上市，作出终止发行上市审核决定，或者中国证监会作出不予注册决定的，自决定作出之日起 6 个月后，发行人可以再次提出公开发行股票并上市申请

14. 根据证券法律制度的规定，下列关于股票承销的表述中，错误的有(　)。

A. 证券公司可以为本公司事先预留所代销的证券和预先购入并留存所包销的证券

B. 承销团只能是主承销商构成

C. 主承销可以由证券发行人按照公平竞争的原则，通过竞标的方式产生，也可以由证券公司之间协商确定

D. 代销、包销期限届满，发行人应当在规定的期限内将股票发行情况报国务院证券监督管理机构备案

15. 国务院证券监督管理机构或者国务院授权的部门对已作出的证券发行注册的决定，发现不符合法定条件或者法定程序，应采取特定措施。根据证券法律制度的规定，下列关于该特定措施的表述中，正确的有(　)。

A. 尚未发行证券的，应当予以撤销，停止发行

B. 已经发行尚未上市的，撤销发行注册决定，发行人应当按照发行价并加算银行同期存款利息返还证券持有人

C. 保荐人应当与发行人承担连带责任，但是能够证明自己没有过错的除外

D. 发行人的控股股东、实际控制人无论是否有过错，均应当与发行人承担连带责任

16. 根据证券法律制度的规定，下列各项关于主板上市公司非公开发行股票的表述中，正确的有(　)。

A. 发行对象不超过 200 名，其中证券投资基金管理公司以其管理的 2 只以上基金认购的，视为 1 个发行对象

B. 信托公司作为发行对象，只能以自有资金认购

C. 境外战略投资者认购非公开发行的股份，自发行结束之日起 18 个月内不得转让认购的股份

D. 发行价格不低于定价基准日前 20 个

交易日公司股票均价的80%

17. 根据证券法律制度的规定，下列关于公司债券发行种类的表述中，正确的有（　）。
    A. 上市的公司债是指在证交所挂牌交易的债券
    B. 非上市的公司债可以转让，但不能在证券交易所买卖
    C. 公开发行的公司债券应当在证券交易所上市交易或者全国股转系统转让
    D. 非公开发行的公司债不得在证交所转让
18. 根据证券法律制度的规定，下列关于某股份公司拟非公开发行公司债券的表述中，正确的有（　）。
    A. 应当向专业投资者发行，每次发行对象不得超过200人
    B. 本次发行的公司债券只能在专业投资者范围内转让
    C. 本次发行公司债券应当经过中国证监会核准
    D. 本次发行的公司债券应当进行信用评级
19. 公开发行公司债券的，应当设立债券持有人会议，并应当在募集说明书中说明债券持有人会议的召集程序、会议规则和其他重要事项。根据证券法律制度的规定，下列各项中，应当召开债券持有人会议的有（　）。
    A. 拟变更债券募集说明书的约定
    B. 拟变更债券受托管理人
    C. 公司减资、合并、分立、解散或者申请破产
    D. 保证人发生重大变化
20. 根据证券法律制度的规定，下列关于公司债券持有人权益保护的表述中，正确的有（　）。
    A. 债券受托管理人由本次债券发行的承销机构或其他经中国证监会认可的机构担任
    B. 债券受托管理人应当为中国证券业协会会员，为本次发行提供担保的机构不得担任本次债券发行的受托管理人
    C. 非公开发行公司债券的，债券受托管理人应当按照债券受托管理协议的约定履行职责
    D. 在债券受托管理人应当召集而未召集债券持有人会议时，单独或合计持有本期债券总额5%以上的债券持有人有权自行召集债券持有人会议
21. 根据证券法律制度的规定，下列关于在科创板和创业板上市公司发行可转换债券的表述中，正确的有（　）。
    A. 上市公司发行可转债的，最近3年平均可分配利润应足以支付公司债券1年的利息
    B. 上市公司发行可转债的，应当具有合理的资产负债结构和正常的现金流量
    C. 上市公司对已公开发行的公司债券有延迟支付本息的事实、仍处于继续状态的，不得发行可转债
    D. 上市公司违反法律规定，改变公开发行公司债券所募集资金用途的，不得发行可转债
22. 根据证券法律制度的规定，下列关于深圳证券交易所的板块表述，正确的有（　）。
    A. 主板市场
    B. 中小板市场
    C. 创业板市场
    D. 科创板市场
23. 根据证券法律制度的规定，在证券交易所对股票作出终止上市的决定后，下列各项表述正确的有（　）。
    A. 公司股票立即退市
    B. 进入退市整理期交易的股票在其简称前冠以“退市”标识
    C. 交易类强制退市公司股票不进入退市整理期交易
    D. 主动退市公司可以选择在证券交易场

所交易或者转让其股票，或者依法作出其他安排

24. 上市公司拟决定其股票不再在证交所交易，应当召开股东大会作出决议，须经出席会议的股东所持表决权的2/3以上通过，且经出席会议的法定股东以外的其他股东所持表决权的2/3以上通过。根据证券法律制度的规定，下列各项中，属于该法定股东的有(　)。
    A. 上市公司的董事
    B. 上市公司的监事
    C. 上市公司的高管
    D. 单独或者合计持有上市公司5%以上股份的股东
25. 根据证券法律制度的规定，下列各项中，属于全国中小企业股份转让系统中，可以采用的交易机制包括(　)。
    A. 协议方式
    B. 做市方式
    C. 竞价方式
    D. 代销方式
26. 根据证券法律制度的规定，下列关于我国证券场内交易市场的表述中，正确的有(　)。
    A. 我国的主板市场包括上交所的主板和深交所的主板
    B. 创业板及科创板属于二板市场
    C. 创业板设立在深交所
    D. 科创板设立在上交所
27. 根据证券法律制度的规定，如果没有相反的证据，下列各项中，属于一致行动人的有(　)。
    A. 投资者之间有股权控制关系
    B. 投资者的董事同时在另一个投资者担任高级管理人员
    C. 持有投资者30%以上股份的自然人，与投资者持有同一上市公司股份
    D. 投资者之间具有合伙等经济利益关系
28. 根据证券法律制度的规定，下列关于上市公司要约收购的表述中，正确的有(　)。
    A. 在要约收购期间，被收购公司董事不得辞职
    B. 在要约收购期限届满3个交易日前，预受股东可以委托证券公司办理撤回预受要约的手续
    C. 采取要约收购方式的收购人在作出公告后至收购期限届满前，不得卖出被收购公司的股票
    D. 收购人可以在证交所外公开求购被收购公司的股份
29. 根据证券法律制度的规定，下列关于上市公司要约收购的表述中，正确的有(　)。
    A. 收购人对同一种类股票的要约价格不得低于要约收购提示性公告日前6个月内收购人取得该种股票所支付的最高价格
    B. 要约价格不得低于提示性公告前30个交易日该种股票的每日加权平均价格的算术平均值
    C. 上市公司发行不同种类股份的，收购人可以针对不同种类股份提出不同的收购条件
    D. 在收购要约约定的承诺期限内，收购人不得撤销其收购要约
30. 根据证券法律制度的规定，下列各项中，属于投资者免于发出要约情形的有(　)。
    A. 经政府或者国有资产管理部门批准进行国有资产无偿划转、变更、合并，导致投资者股份占该公司已发行股份的比例超过30%
    B. 因上市公司按照股东大会批准的确定价格向特定股东回购股份而减少股本，导致投资者在该公司中拥有权益的股份超过该公司已发行股份的30%
    C. 在一个上市公司中拥有权益的股份达到或者超过该公司已发行股份的30%的，自上述事实发生之日起1年后，每12个月内增持不超过该公司已发行的2%的股份

D. 收购人与出让人能够证明本次股份转让是在同一实际控制人控制的不同主体之间进行，未导致上市公司的实际控制人发生变化

31. 根据证券法律制度的规定，下列各项中，属于上市公司收购免于发出要约的情形有(　)。

A. 甲投资者已经持有 A 上市公司 35%的股份，依法持有的事实发生起第 6 个月，甲增持 A 公司 1%的股份

B. 乙投资者已经持有 B 上市公司 40%的股份，依法持有的事实发生起第三年，乙增持 B 公司 1%的股份

C. 丙投资者在 C 上市公司中拥有权益的股份达到 51%，丙继续增加其在该公司拥有的权益，该增持已经影响 C 公司的上市地位

D. 丁投资者因继承导致在 D 上市公司中拥有权益的股份超过该公司已发行股份的 30%

32. 根据证券法律制度的规定，下列关于上市公司管理层收购的表述中，正确的有(　)。

A. 被收购的上市公司应当具备健全且运行良好的组织机构以及有效的内部控制制度，公司董事会成员中独立董事的比例应当达到或者超过 1/2

B. 公司应当聘请符合法律规定的资产评估机构提供公司资产评估报告

C. 本次收购应当经董事会非关联董事作出决议，且取得 2/3 以上的独立董事同意后，提交公司股东大会审议，经出席股东大会的非关联股东所持表决权过半数通过

D. 上市公司董事、监事、高级管理人员最近 3 年有证券市场不良诚信记录的，不得收购本公司

33. 根据证券法律制度的规定，下列各项中，属于上市公司重大资产重组方式的有(　)。

A. 与他人新设企业

B. 对已设立的企业增资或者减资

C. 将经营性资产委托他人经营、租赁

D. 接受附义务的资产赠与

34. 在上市公司发行股份购买资产中，特定对象自股份发行结束之日起 36 个月内不得转让。根据证券法律制度的规定，下列各项中，属于该特定对象的有(　)。

A. 上市公司控股股东

B. 上市公司实际控制人

C. 通过认购本次发行的股份取得上市公司实际控制权的对象

D. 取得本次发行的股份时，对其用于认购股份的资产持续拥有权益的时间不足 12 个月的对象

35. 根据证券法律制度的规定，下列各项中，属于人民法院应当适用普通代表人诉讼程序进行审理的条件的有(　)。

A. 原告一方人数 10 人以上，起诉符合法律规定的条件

B. 起诉书中确定 2-5 名拟任代表人且符合法律规定的代表人条件

C. 受 50 名以上投资者委托，投资者保护机构作为代表人起诉

D. 原告提交相关的证明证券侵权事实的初步证据

36. 根据证券法律制度的规定，下列关于特别代表人诉讼的表述中，正确的有(　)。

A. 投资者保护机构受 50 名以上投资者委托，可以作为代表人参加诉讼

B. 特别代表人诉讼采用“明示加入”的方式

C. 诉讼过程中，由于声明退出等原因导致明示授权投资者的数量不足 50 名的，投资者保护机构不再享有代表人的资格

D. 针对同一代表人诉讼，两个以上的投资者保护机构接受委托且均决定作为代表人参加诉讼的，应当协商，协商不成的，由法院指定其中一个作为代

表人参加诉讼

37. 上市公司的特定人员，不得将其持有的该公司的股票在买入后6个月内卖出，或者在卖出后6个月内又买入。根据证券法律制度的规定，下列各项中，属于该特定人员的有（ ）。

A. 董事会秘书

B. 监事会主席

C. 财务负责人

D. 副总经理

38. 根据证券法律制度的规定，下列各项中，属于操纵市场行为的有（ ）。

A. 在自己实际控制的账户之间进行证券交易

B. 通过单独或者合谋，集中资金优势、持股优势或者利用信息优势联合或者连续买卖、操纵证券交易价格

C. 利用虚假或者不确定的重大信息，诱导投资者进行证券交易

D. 以内幕信息进行证券买卖

三、案例分析题

1. 凝望深谷公司为主板上市公司。2021年5月，以该上市公司董事长薛某为首的15名董事和高管所持公司股票的限售期到期。8月5日，某运动员获得国际比赛金牌，因该运动员姓名与该上市公司名称相近，当日该公司股票交易价格明显上涨。8月18日上午，凝望深谷公司发布公告，声称作为民族企业，其为该运动员取得的成绩感到特别骄傲，公司一直致力于推广各项体育运动。当日，该公司股票涨停，交易量显著增多，15名董事和高管各自售出部分股票。8月19日，证券交易所就凝望深谷公司8月18日披露的公告向其发出问询函。凝望深谷公司当日回复称，该公司未参与该运动项目，未与该运动员之间达成任何赞助协议。该公司股票当日跌停。2022年2月4日，凝望深谷公司发布公告称：因公司涉嫌证券违法行为，证监会决定对凝望深谷公司立案调查。

投资者张三于2021年8月5日买入凝望深谷公司股票，于2021年8月19日卖出。投资者赵四于2021年8月18日下午买入凝望深谷公司股票，并一直持有。投资者王五于2021年8月3日买入凝望深谷公司股票，于2022年5月陆续卖出。2022年7月，张三、赵四和王五分别向人民法院提起虚假陈述民事赔偿诉讼，要求凝望深谷公司及其董事、高管赔偿投资损失。张三向人民法院主张：虚假陈述实施日为2021年8月5日。王五向人民法院主张：虚假陈述揭露日为2022年2月4日证监会立案调查公告之日。

人民法院查明：凝望深谷公司股票价格自2021年8月19日跌停后，一直处于相对低位；2022年2月4日公司股价没有明显下跌。人民法院将2021年8月19日认定为虚假陈述揭露日，并驳回张三和王五的起诉。在赵四提起的诉讼中，凝望深谷公司董事长等人提出：虚假陈述行为人是凝望深谷公司，公司董事和高管不应该作为虚假陈述民事赔偿诉讼的共同被告。

证监会在调查中发现：凝望深谷公司2022年财务报告出现虚假陈述，事务所执业注册会计师李某在财务报表上签字。

根据上述内容，分别回答下列问题：

（1）凝望深谷公司8月18日的公告是否构成虚假陈述行为？并说明理由。

（2）凝望深谷公司董事长关于“公司董事和高管不应该作为共同被告”的主张是否成立？并说明理由。

（3）张三关于“虚假陈述实施日为2021年8月5日”的主张是否成立？并说明理由。

（4）法院将2021年8月19日认定为虚假陈述揭露日，是否符合证券法律制度的规定？并说明理由。

（5）法院认可投资者赵四的原告资格，是否符合证券法律制度的规定？并说明理由。

(6)执业注册会计师李某主张自己未实际参与审计，只是在报告上签字，故不承担责任，是否符合法律规定？并说明理由。

2. 圆宇宙公司为主板上市公司，最近一期期末经审计的净资产为10亿元。圆宇宙公司拟首次发行公司债券，采取公开发行方式发行可转换公司债券。公司相关部门拟定“初步发行方案”如下：①本期债券简称“21圆投01”，本期债券发行额为不超过3亿元(含3亿元)。本期债券每张面值为100元，发行数量为不超过300万张，发行价格为人民币100元/张；②债券期限为自发行之日起5年，债券票面利率前三年为每年2%，发行人有权决定是否在本期债券存续期的第3年末调整本期债券后2年的票面利率。最近3个会计年度实现的年均可分配利润，预计不少于本期债券一年利息的1.2倍；③转股期自可转债发行之日结束起满5个月后的第一个交易日；④上市公司对是否转换股票有选择权；⑤方宇宙公司为本次债券发行提供担保，担保方式为连带责任担保。

“初步发行方案”经修改后，2021年3月，圆宇宙公司董事会、股东大会通过了发行可转债决议并完成发行。圆宇宙公司指定方宇宙公司为债券受托管理人。根据公告的债券募集说明书约定，债券持有人会议需有过半数的债券持有人出席方为有效；表决内容及表决方式参照股东大会一般事项表决规则；投资者有权选择按约定的价格将持有的本期债券回售给发行人。

2022年5月，圆宇宙公司未能按期支付本息，债券受托管理人未及时召集债券持有人会议，持有本期债券总额3%的债券持有人拟自行召集债券持有人会议。2022年9月，债券持有人会议在债券受托管理人的提议下召开。会议以现场和非现场的方式召开。该批债券持有人共13名(以账户计算)，参加本次持有人会议的持有人或者持有人代理共10名，均与债券发行人不存在关联关系。其持有的债券面值2.5亿元。圆宇宙公司提出要降低债券票面利率的决议，经表决：同意该项议案的持有人共6名，其持有的债券面值1.6亿元。投资者张三提出，按照债券募集说明书的约定，将其持有的债券5 000万元中的3 000万元回售给发行人。

根据上述内容，分别回答下列问题：

(1)“初步发行方案”①中的发行数额与面值，是否符合证券法律制度的规定？并说明理由。

(2)“初步发行方案”②中的年均可分配利润，是否符合证券法律制度的规定？并说明理由。

(3)“初步发行方案”③中的转股期限是否符合证券法律制度的规定？并说明理由。

(4)“初步发行方案”④中的转股选择权是否符合证券法律制度的规定？并说明理由。

(5)方宇宙公司作为债券受托管理人是否符合证券法律制度的规定？并说明理由。

(6)2022年5月，债券持有人拟自行召集债券持有人会议是否符合证券法律制度的规定？并说明理由。

(7)2022年9月，债券持有人会议的表决是否有效？并说明理由。

(8)投资人张三要求将债券回售给发行人是否符合证券法律制度的规定？并说明理由。

本章综合练习·参考答案及解析

一、单项选择题

1. D 【解析】本题考核证券市场。场外市场分为集中交易的公开型场外市场和非集中交易的场外市场。集中交易方式可以采取集合竞价、连续竞价、做市商等方式。选项D表述错误。
2. D 【解析】本题考核北京证券交易所。全国股转系统是继上海证券交易所、深圳证券交易所之后的第三家全国性证券交易场所。选项D表述错误。
3. B 【解析】本题考核首次信息披露。招股说明书中引用的财务报表在其最近一期截止日后6个月内有效。特别情况下发行人可申请适当延长，但至多不超过3个月。
4. A 【解析】本题考核持续信息披露。上根据规定，公司合并属于临时报告中需要披露的重大事件，选项A当选。持有公司5%以上股份的股东或者实际控制人，其持有股份或者控制公司的情况发生较大变化的属于重大事件，选项B错误。公司订立重要合同、提供重大担保或者从事关联交易，可能对公司的资产、负债、权益和经营成果产生重要影响属于重大事件，选项C说“不产生重要影响”，不属于重大事件。公司的董事、1/3以上监事或者经理发生变动，属于重大事件。其中不包括财务负责人的变动，选项D错误。
5. D 【解析】本题考核上市公司董事、监事、高级管理人员在信息披露工作中的职责。财务负责人应对公司“财务会计报告”的真实性等承担主要责任，而非“临时报告”。选项D当选。
6. A 【解析】本题考核非上市公众公司定向发行。自中国证监会予以核准之日起，公司应当在3个月内首期发行，剩余数量应当在12个月内发行完毕；选项A的表述错误。
7. A 【解析】本题考核科创板上市公司发行股票的注册程序。董事会就股票发行方案作出决定的，董事会决议日与首次公开发行股票上市日的时间间隔不得少于6个月，选项A表述错误。
8. B 【解析】本题考核相关当事人诚信义务。保荐机构、会计师事务所等证券服务机构应当在公开募集及上市文件中公开承诺：因其为发行人首次公开发行制作、出具的文件有虚假记载、误导性陈述或者重大遗漏，给投资者造成损失的，将依法赔偿投资者损失，因此选项B的说法错误。
9. A 【解析】本题考核上市公司公开发行新股的一般条件。上市公司公开发行新股的，其最近3年以现金方式累计分配的利润不少于最近3年实现的年均可分配利润的30%，因此选项A是符合规定的。
10. D 【解析】本题考核上市公司公开发行新股的一般条件。最近24个月内曾公开发行证券的，不存在发行当年营业利润比上年下降50%以上的情形，因此选项A构成本次发行股票的障碍；最近3年及一期财务报表未被注册会计师出具保留意见、否定意见或无法表示意见的审计报告，因此选项B构成了本次发行的障碍；投资项目实施后，不会与控股股东或实际控制人产生同业竞争或影响公司生产经营的独立性，因此选项C构成了本次发行的障碍。
11. A 【解析】本题考核股票公开发行的方式。首次公开发行股票网上网下发行的，应安排不低于本次网下发行股票数量的40%优先向通过公开募集方式设立的证券投资基金（公募基金）和社保基金及养老金配售。本题中，网下发行股份数量为4.3亿股，因此应安排不低于1.72亿股（4.3×40%）的股票数量由公募基金和社保基金及养老金申购。
12. B 【解析】本题考核股票公开发行的方

式。首次公开发行股票采取询价方式的，公开发行股票后总股本4亿股(含)以下的，网下初始发行比例不低于本次公开发行股票数量的60%；发行后总股本超过4亿股的，网下初始发行比例不低于本次公开发行股票数量的70%。本题中，发行后股本总额为5亿股，超过了4亿股，因此适用比例70%，即网下初始发行数量最少为本次公开发行股票数量的70% = 2×70% = 1.4亿股。

13. C 【解析】本题考核优先股。公司已发行的优先股不得超过公司普通股股份总数的50%，且筹资金额不得超过发行前净资产的50%，选项AD错误。优先股公开发行时，公司必须在公司章程中记载：①采取固定股息率；②在有可分配税后利润的情况下必须向优先股股东分配股息；③未向优先股股东足额派发的差额部分应当累积到下一会计年度；④优先股股东按照约定的股息率分配股息后，不再同普通股股东一起参加剩余利润分配。选项B错误、选项C正确。

14. C 【解析】本题考核债券的公开发行。资信状况符合标准的公司公开发行债券，可以面向专业投资者和普通投资者。选项C表述错误。

15. A 【解析】本题考核上市债券的临时报告。公司经营方针和经营范围发生重大变化，不属于引发临时报告的重大事件。选项A当选。

16. B 【解析】本题考核在全国股转系统股票挂牌。股东人数超过200人的股份有限公司，其挂牌公开转让申请由证监会核准，并提交全国股转系统的自律监管意见。

17. B 【解析】本题考核上市公司收购。收购人持有的被收购的上市公司的股票，在收购行为完成后的18个月内不得转让。选项B表述错误。

18. C 【解析】本题考核持股权益披露。通过证券交易所的证券交易，投资者及其一致行动人持有的股份达到一个上市公司已发行有表决权股份的5%时，应当在该事实发生之日起3日内编制权益变动报告书。投资者通过协议转让方式，在一个上市公司中拥有权益的股份拟达到或者超过一个上市公司已发行股份5%时，履行权益披露义务。此后，其拥有权益的股份占该上市公司已发行股份的比例每增加或者减少达到或者超过5%的，也应当履行报告、公告义务。

19. B 【解析】本题考核持股权益披露。当投资者持有一个上市公司已发行的有表决权股份的5%后，通过证券交易所的证券交易，其所持该上市公司已发行的有表决权股份比例每增加或者减少5%时，应当依照法律规定进行书面报告和公告。

20. B 【解析】本题考核强制要约制度。选项B中应当是“自上述事实发生之日起一年后”，才属于免于发出要约的情形。

21. B 【解析】本题考核协议收购。题目中是协议收购的含义。

22. C 【解析】本题考核内幕信息。公司的董事、1/3以上监事或经理发生变动，是内幕信息。财务总监发生变动，不是内幕信息。

23. C 【解析】本题考核债券特点。公司债券通常会记载有固定的利率，其本息兑付与公司绩效没有直接相关的联系，一般来说，债券的风险要比股票小。选项C表述错误。

24. D 【解析】本题考核虚假陈述的民事责任主体。发行人的控股股东、实际控制人组织、指使发行人实施虚假陈述，致使原告在证券交易中遭受损失的，原告起诉请求直接判令该控股股东、实际控制人依照本规定赔偿损失的，人民法院应当予以支持。控股股东、实际控制人组织、指使发行人实施虚假陈述，发行人在承担赔偿责任后要求该控股股东、实际控制人赔偿实际支付的赔偿款、合理的律师费、诉讼费用等损失的，人民法院应当予以支持。选项 D 表述错误。

二、多项选择题

1. ABCD 【解析】本题考核《证券法》的适用范围。在中华人民共和国境内，股票、公司债券、存托凭证和国务院依法认定的其他证券的发行和交易，适用本法；本法未规定的，适用《公司法》和其他法律、行政法规的规定。政府债券、证券投资基金份额的上市交易，适用本法；其他法律、行政法规另有规定的，适用其规定。选项 ABCD 正确。
2. ABD 【解析】本题考核《证券法》的适用范围。政府债券、证券投资基金份额，只是当其上市交易时，才适用《证券法》。
3. ABCD 【解析】本题考核存托凭证。
4. ABCD 【解析】本题考核关联关系披露。
5. BCD 【解析】本题考核首次信息披露。保荐人及其保荐代表人应当对招股说明书的真实性、准确性、完整性进行核查，并在核查意见上签字、盖章。选项 A 不选；发行人及其全体董事、监事和高级管理人员应当在招股说明书上签署书面确认意见，选项 BCD 当选。
6. AC 【解析】本题考核持续信息披露。持续信息披露的信息主要有定期报告和临时报告。
7. ABCD 【解析】本题考核信息披露的事务管理。上市公司应当在最先发生的以下任一时点，及时履行重大事件的信息披露义务：①董事会或者监事会就该重大事件形成决议时(选项 A、B)；②有关各方就该重大事件签署意向书或者协议时(选项 C)；③董事、监事或者高级管理人员知悉该重大事件发生时(选项 D)。
8. ABCD 【解析】本题考核投资者保护制度。围绕着证券纠纷调解、股东代理权征集以及相应诉讼中，投资者保护机构履行相应的保护投资者的职能。
9. ABCD 【解析】本题考核投资者保护制度。
10. ABCD 【解析】本题考核主板首次公开发行股票的条件。
11. ABC 【解析】本题考核科创板首次公开发行股票。交易所因不同意发行人股票公开发行并上市，作出终止发行上市审核决定，或者中国证监会作出不予注册决定的，自决定作出之日起 6 个月后，发行人可以再次提出公开发行股票并上市申请。
12. ABCD 【解析】本题考核科创板上市公司增发股票。科创板上市公司存在下列情形之一的，不得向不特定对象发行股票：①擅自改变前次募集资金用途未作纠正，或者未经股东大会认可；②上市公司及其现任董事、监事和高级管理人员最近三年受到中国证监会行政处罚，或者最近一年受到证券交易所公开谴责，或者因涉嫌犯罪正被司法机关立案侦查或者涉嫌违法违规正在被中国证监会立案调查；③上市公司及其控股股东、实际控制人最近一年存在未履行向投资者作出的公开承诺的情形；④上市公司及其控股股东、实际控制人最近三年存在贪污、贿赂、侵占财产、挪用财产或者破坏社会主义市场经济秩序的刑事犯罪，或者存在严重损害上市公司利益、投资者合法权益、社会公共利益的重大违法行为。还应当满足：最近三年财务会计报告被出具无保留意见审计报告。
13. ABCD 【解析】本题考核科创板首次公开发行股票。
14. AB 【解析】本题考核承销程序。证券公司不得为本公司事先预留所代销的证券和预先购入并留存所包销的证券；选项 A 表述错误。承销团应当由主承销和参与承销的证券公司组成；选项 B 表述错误。
15. ABC 【解析】本题考核相关责任人的诚

信义务。国务院证券监督管理机构或者国务院授权的部门对已作出的证券发行注册的决定，发现不符合法定条件或者法定程序，尚未发行证券的，应当予以撤销，停止发行。已经发行尚未上市的，撤销发行注册决定，发行人应当按照发行价并加算银行同期存款利息返还证券持有人；发行人的控股股东、实际控制人以及保荐人，应当与发行人承担连带责任，但是能够证明自己没有过错的除外。

16. BCD 【解析】本题考核主板上市公司非公开发行股票。上市公司非公开发行股票发行对象不得超过 35 名，选项 A 错误。

17. ABC 【解析】本题考核公司债券发行种类。非公开发行公司债券，可以申请在证券交易所、全国中小企业股份转让系统、证券公司柜台转让，转让仅限于专业投资者范围内，转让后，持有同次发行债券的投资者合计不得超过 200 人。

18. AB 【解析】本题考核非公开发行公司债券。非公开发行公司债券无需核准，在每次发行完成后 5 个工作日内向中国证券业协会备案。现行规定取消了“公开发行公司债券信用评级”的强制性规定，因此现在无论是公开发行公司债券还是非公开发行公司债券，都可以不用评级，选项 CD 错误。

19. ABCD 【解析】本题考核债券持有人会议。有下列情况的，应当召开债券持有人会议：①拟变更债券募集说明书的约定；②拟修改债券持有人会议规则；③拟变更债券受托管理人或受托管理协议的主要内容；④发行人不能按期支付本息；⑤发行人减资、合并等可能导致偿债能力发生重大不利变化，需要决定或者授权采取相应措施；⑥发行人分立、被托管、解散、申请破产或者依法进入破产程序；⑦保证人、担保物或者其他偿债保障措施发生重大变化；⑧发行人、单独或合计持有本期债券总额 10% 以上的债券持有人书面提议召开；⑨发行人管理层不能正常履行职责，导致发行人债务清偿能力面临严重不确定性；⑩发行人提出债务重组方案的；⑪发生其他对债券持有人权益有重大影响的事项。

20. ABC 【解析】本题考核公司债券持有人权益保护。选项 D：在债券受托管理人应当召集而未召集债券持有人会议时，单独或合计持有本期债券总额 10% 以上的债券持有人有权自行召集债券持有人会议。

21. ABCD 【解析】本题考核科创板和创业板上市公司发行可转换债券。

22. AC 【解析】本题考核证券市场。上海证券交易所为主板和科创板市场，深圳证券交易所有主板和创业板市场。

23. BCD 【解析】本题考核股票退市。退市整理期，主要功能是对股票退市设置一个缓冲期。选项 A 错误。

24. ABCD 【解析】本题考核主动退市。上市公司拟决定其股票不再在交易所交易，或者转而申请在其他交易场所交易或者转让的，应当召开股东大会作出决议，须经出席会议的股东所持表决权的 2/3 以上通过。同时，需遵守特定股东表决权排除的要求。对于具有股东身份的上市公司的董事、监事和高级管理人员，以及单独或者合计持有该上市公司 5% 以上股份的股东，在表决时应排除在外。需由其他股东所持表决权的 2/3 以上通过。

25. ABC 【解析】本题考核全国中小企业股份转让系统。全国股转系统的交易方式比较丰富，股票转让时可以通过协议方式、竞价方式、做市方式等实现。

26. ABCD 【解析】本题考核证券市场。

27. ABCD 【解析】本题考核上市公司收购人。如果没有相反的证据，四个选项均构成一致行动人。

28. ABC 【解析】本题考核要约收购。采取要约收购方式的，收购人在作出公告后至收购期限届满前，不得卖出被收购公司的股票；也不得采取要约规定以外的形式和超出要约的条件买入被收购公司的股票。
29. ACD 【解析】本题考核要约收购。要约价格低于提示性公告前30个交易日该种股票的每日加权平均价格的算术平均值的，收购人聘请的财务顾问应当就该种股票前6个月的交易情况进行分析，说明是否存在股价被操纵、要约价格是否合理等情况；选项B不符合规定。
30. ABC 【解析】本题考核强制要约制度。选项D属于免于以要约收购方式增持股份，因此不选。
31. BD 【解析】本题考核强制要约制度。免于发出要约的事项包括：在一个上市公司中拥有权益的股份达到或者超过该公司已发行股份的30%的，自上述事实发生之日起一年后，每12个月内增持不超过该公司已发行的2%的股份，选项A的情形不符合该规定；在一个上市公司中拥有权益的股份达到或者超过该公司已发行股份的50%的，继续增加其在该公司拥有的权益不影响该公司的上市地位，选项C丙的增持已经影响了C的上市地位，因此不能适用免于发出要约的规定。
32. ABCD 【解析】本题考核管理层收购。
33. ABCD 【解析】本题考核上市公司重大资产重组。上市公司重大资产重组的方式包括：①与他人新设企业、对已设立的企业增资或者减资；②受托经营、租赁其他企业资产或者将经营性资产委托他人经营、租赁；③接受附义务的资产赠与或者对外捐赠资产；④中国证监会根据审慎监管原则认定的其他情形。
34. ABCD 【解析】本题考核上市公司发行股份购买资产。
35. ABD 【解析】本题考核普通代表人诉讼。选项C适用特别代表人诉讼。
36. AD 【解析】本题考核特别代表人诉讼。特别代表人诉讼，是“默认加入、明示退出”。普通代表人诉讼，投资者须通过进行登记参与诉讼，是“明示加入”。选项B表述错误；诉讼过程中，由于声明退出等原因导致明示授权投资者的数量不足50名的，不影响投资者保护机构的代表人的资格。选项C表述错误。
37. ABCD 【解析】本题考核短线交易。上市公司董事、监事、高级管理人员，持有上市公司股份5%以上的股东，不得将其持有的该公司的股票买入后6个月内卖出，或者在卖出后6个月内买入，否则由此所得收益归该公司所有。本题中，选项ACD均属于高级管理人员。
38. ABC 【解析】本题考核操纵市场行为。本题中D选项为内幕交易行为。

三、案例分析题

1.【答案】

(1)凝望深谷公司8月18日的公告构成虚假陈述行为。根据规定，信息披露义务人应当及时依法履行信息披露义务，披露的信息应当真实、准确、完整，简明清晰、通俗易懂，不得有虚假记载、误导性陈述或者重大遗漏。凝望深谷公司8月18日的公告有意模糊公司与该冠军运动员之间的关系，严重误导投资者，属于虚假陈述。

(2)凝望深谷公司董事长关于“公司董事和高管不应该作为共同被告”的主张不成立。根据规定，信息披露义务人未按照规定披露信息，或者公告的证券发行文件、定期报告、临时报告及其他信息披露资料存在虚假记载、误导性陈述或者重大遗漏，致使投资者在证券交易中遭受损失的，信息披露义务人应当承担赔偿责任；发行人的控股股东、实际控制人、董事、监事、高级管理人员等，应当与发行人承担连带赔偿责任，但是能够证明自己没有过错的除外。因此公司董事和高管不能证明自己没有过错的，要承担连带赔偿责任。

(3) 张三关于“虚假陈述实施日为 2021 年 8 月 5 日”的主张不成立。根据规定，信息披露义务人在证券交易场所的网站或者符合监管部门规定条件的媒体上公告发布具有虚假陈述内容的信息披露文件，以披露日为实施日。8 月 18 日的公告含有严重误导，这个公告日是虚假陈述实施日。

(4) 法院将 2021 年 8 月 19 日认定为虚假陈述揭露日符合规定。根据规定，虚假陈述揭露日，是指虚假陈述在具有全国性影响的报刊、电台、电视台或监管部门网站、交易场所网站、主要门户网站、行业知名的自媒体等媒体上，首次被公开揭露并为证券市场知悉之日。法院应当根据公开交易市场对相关信息的反应等证据，判断投资者是否知悉了虚假陈述。题目中 8 月 19 日，证券交易所的问询行为，导致凝望深谷公司股票跌停，这属于揭露日。

(5) 法院认可投资者赵四的原告资格符合规定。根据规定，诱多型虚假陈述投资者在虚假陈述实施日及以后，至揭露日或者更正日之前买入该证券；且在虚假陈述揭露日或者更正日及以后，因卖出该证券发生亏损，或者因持续持有该证券而产生亏损，即推定投资者的损失与虚假陈述行为之间存在因果关系。题目中赵四是在虚假陈述实施日之后买入股票、在揭露日之后因持续持有该证券而产生亏损，构成因果关系。

(6) 李某的主张不符合规定。根据规定，证券服务机构制作、出具的文件有虚假记载、误导性陈述或者重大遗漏，给他人造成损失的，应当与委托人承担连带赔偿责任，但是能够证明自己没有过错的除外。

2.【答案】

(1) 符合规定。主板上市公司公开发行可转换债券，发行后累计债券余额不得超过最近一期末净资产额的 40%。公开发行可转换债券，债券每张面值为 100 元。圆宇宙公司最近一期期末经审计的净资产为 10 亿元，本次发行债券总额为不超过 3 亿元，且无其他累计债券余额，符合相关规定。

(2) 年均可分配利润符合规定。上市公司公开发行可转换债券，要求最近 3 个会计年度实现的年均可分配利润不少于公司债券 1 年的利息。圆宇宙公司的年均可分配利润符合上述条件。

(3) 转股期限不符合规定。根据规定，可转换公司债券自发行结束之日起 6 个月后方可转换为公司股票。方案中是“自发行结束之日起满 5 个月后的第一个交易日起”，不符合规定。

(4) 不符合规定。根据规定，可转债的债券持有人对是否转换为股票享有选择权，而不是发行人。

(5) 不符合规定。根据规定，债券受托管理人应当由负责本次债券发行的承销机构或其他经证监会认可的机构担任。为本次发行提供担保的机构不得担任受托管理人。方宇宙公司为本次可转债发行提供担保，不能再担任受托管理人。

(6) 不符合规定。根据规定，在债券受托管理人未履行召集会议职责时，单独或者合计持有本期债券总额 10% 以上的债券持有人有权自行召集债券持有人会议。本题中，持有本期债券总额 3% 的债券持有人，无权自行召集债券持有人会议。

(7) 表决有效。根据规定，债券募集说明书中应约定债券持有人会议规则。圆宇宙公司的债券募集说明书中明确，债券持有人会议的表决内容、表决方式参照公司股东大会一般事项表决规则。本次表决中，出席会议的债券持有人人数超过全体债券持有人人数的一半，且同意该事项的持有人所持有的债券面值超过出席会议的债券持有人所持债券面值总额的一半。该表决有效。

(8)符合规定。根据规定，募集说明书可以约定债券持有人按照事先约定的条件和价格将所持有的债券回售给上市公司。张三将持有的部分债券回售给上市公司，符合规定。

第八章　企业破产法律制度

本章重要程度：●●○

本章综合练习（限时100分钟）

扫我做试题

一、单项选择题

1. 根据企业破产法律制度的规定，下列关于破产清算与民事执行制度区别的表述中，正确的是（　）。
   A. 破产清算属于个别清偿程序；民事执行属于债权的集体清偿程序
   B. 破产程序中的债务人无清偿能力；民事执行程序中的债务人通常具有清偿能力
   C. 破产清算完成后不涉及民事主体资格消灭问题；而民事执行将终结其民事主体资格
   D. 破产程序中执行的对象范围广泛，既包括对财产的执行，也包括对行为的执行；民事执行程序中执行的对象仅为财产

2. 根据企业破产法律制度的规定，下列关于破产原因的表述中，错误的是（　）。
   A. 只要债务人的一个债权人经人民法院强制执行未得到清偿，其每个债权人均有权提出破产申请，并不要求申请人自己已经采取了强制执行措施
   B. 债务人不能清偿到期债务，债权人可以向人民法院提出破产申请
   C. 只要债务人本人不能清偿到期债务即为发生破产原因，其他人对其负债的连带责任、担保责任，不能视为债务人的清偿能力或其延伸
   D. 相关当事人以对债务人的债务负有连带责任的人未丧失清偿能力为由，主张债务人不具备破产原因的，人民法院应予支持

3. 根据企业破产法律制度的规定，下列关于破产申请提出的表述中，错误的是（　）。
   A. 和解只能是债务人提出
   B. 债务人和债权人都可以提出和解申请
   C. 负有清算责任的清算组也可以提出破产申请
   D. 国务院金融监督机构对商业银行不能清偿到期债务，并且资产不足以清偿全部债务或明显缺乏清偿能力的情形，可以提出破产申请

4. 破产申请被受理后，对于破产申请受理前成立的特定合同，管理人有权决定解除或者继续履行。根据企业破产法律制度的规定，下列关于该特定合同的表述中，正确的是（　）。
   A. 债务人和对方当事人均未履行完毕的合同
   B. 债务人未履行完毕的合同
   C. 对方当事人未履行完毕的合同
   D. 债务人和对方当事人均已履行完毕的合同

5. 债务人的破产申请被受理后，存在破产申请受理前成立而双方均未履行完毕的特定合同。根据企业破产法律制度的规定，下列各项表述中，正确的是（　）。
   A. 债权人有权决定解除或者继续履行

合同

B. 管理人自破产申请受理之日起 3 个月内未通知对方当事人，视为解除合同

C. 管理人自收到对方当事人催告之日起 60 日内未答复的，视为解除合同

D. 管理人决定继续履行合同的，对方当事人有权要求管理人提供担保

6. 2021 年 9 月，A 市人民法院受理了本市甲公司诉 B 市乙公司合同纠纷一案。2021 年 12 月，B 市人民法院受理了债务人乙公司的破产申请，此时，甲、乙公司之间的合同纠纷尚未审结。根据企业破产法律制度的规定，下列关于该合同纠纷案件审理的表述中，正确的是(　)。

A. 甲、乙公司之间的合同纠纷案应当终止审理

B. 甲、乙公司之间的合同纠纷案应当移送至 B 市人民法院继续审理

C. 甲、乙公司之间的合同纠纷案应当中止审理，并由甲公司向管理人申报债权

D. 甲、乙公司之间的合同纠纷案应当中止审理，在管理人接管乙公司财产后由 A 市人民法院继续审理

7. 根据企业破产法律制度的规定，下列关于破产申请受理前成立而双方均未履行完毕合同的处理表述中，正确的是(　)。

A. 管理人在破产程序中享有多次的合同选择履行权

B. 对于破产企业为他人提供担保的合同，管理人无权选择解除合同，逃避法律义务

C. 一般情况下，管理人有权自主决定解除与承租人的房屋租赁合同，收回房屋

D. 保险公司破产时，对尚未履行完毕的人寿保险合同，管理人有权解除

8. 执行案件移送破产审查，受移送法院可以做出不予受理或驳回申请裁定。根据企业破产法律制度的规定，下列各项表述中，错误的是(　)。

A. 受移送法院应当在裁定生效后 7 日内将接收的材料、被执行人的财产退回执行法院，执行法院应当恢复对被执行人的执行

B. 法院不得重复启动执行案件移送破产审查程序

C. 申请执行人或被执行人不得直接向具有管辖权的法院提出破产申请

D. 申请执行人或被执行人不得以有新证据足以证明被执行人已经具备了破产原因为由，再次要求将执行案件移送破产审查

9. 根据企业破产法律制度的规定，下列各项中，可以担任管理人的是(　)。

A. 律师张某，申请破产的企业的债权人

B. 律师王某，曾被吊销律师执业证书

C. 注册会计师李某，曾因违法酒驾被行政拘留

D. 注册会计师赵某，曾因犯故意伤害罪被判刑罚，刑罚已执行完毕

10. 根据企业破产法律制度的规定，下列关于管理人报酬的表述中，错误的是(　)。

A. 管理人执行职务的费用、报酬和聘用工作人员的费用为破产费用

B. 律师事务所通过聘用本专业的其他社会中介机构或者人员协助履行管理人职责的，所需费用从管理人报酬中支付

C. 破产清算事务所通过聘用其他社会中介机构或者人员协助履行管理人职责的，所需费用从管理人报酬中支付

D. 会计师事务所聘用非本专业的人员协助履行管理人职责的，所需费用从管理人报酬中支付

11. 破产企业的董事、监事和高级管理人员利用职权从企业获取的非正常收入和侵占的企业财产，管理人应当追回。根据企业破产法律制度的规定，债务人有破产原因时发生的下列情形，不属于非正

常收入的是(　)。

A. 董事获得的绩效奖金

B. 高管在普遍拖欠职工工资情况下获取的工资

C. 总经理在普遍拖欠职工工资情况下获取的津贴

D. 董事经股东大会同意与本公司正常交易获得的收益

12. 人民法院受理破产申请前 1 年内，债务人的特定行为可以被申请撤销。根据企业破产法律制度的规定，下列各项中，不属于可撤销情形的是(　)。

A. 无偿转让财产

B. 以自有的财产设定担保向银行贷款

C. 对没有财产担保的债务提供财产担保

D. 对未到期的债务提前清偿

13. 根据企业破产法律制度的规定，下列关于取回权的表述中，错误的是(　)。

A. 除因管理人或自行管理的债务人违反约定可能导致取回物被转让、毁损、灭失或者价值明显减少的外，债务人重整期间，权利人要求取回债务人合法占有的权利人的财产，不符合双方事先约定条件的，人民法院不予支持

B. 权利人行使取回权时未依法向管理人支付相关的加工费、保管费、托运费、委托费、代销费等费用，管理人拒绝其取回相关财产的，人民法院不予支持

C. 权利人依法向管理人主张取回相关财产，管理人不予认可，权利人有权以债务人为被告向人民法院提起诉讼请求行使取回权

D. 权利人依据人民法院或者仲裁机关的相关生效法律文书向管理人主张取回所涉争议财产，管理人以生效法律文书错误为由拒绝其行使取回权的，人民法院不予支持

14. 甲公司与乙公司签订了买卖合同，约定甲公司作为卖方在 2021 年 9 月 15 日向乙公司交付一套机器设备，总价款为 100 万元，乙公司每月支付 20 万元，在支付完全部价款之前，甲公司保留该套设备的所有权，乙公司支付了 80 万元后未再支付。2022 年 2 月，人民法院受理了甲公司的破产案件，管理人决定继续履行与乙公司的合同。根据企业破产法律制度的规定，下列各项表述中，正确的是(　)。

A. 由于乙公司未依约支付价款，给甲公司造成损害，甲公司的管理人有权取回该机器设备

B. 对于订有所有权保留条款的买卖合同，作为出卖人的管理人只能解除，不能继续履行

C. 即便乙公司未支付剩余 20 万元价款，管理人也不能主张取回机器设备，只能依法主张乙公司继续支付价款，以及承担相应的赔偿责任

D. 破产受理后，所有权保留条款失效，机器设备交付时视为所有权转移，乙公司应支付剩余价款

15. 甲企业于 2021 年 1 月 4 日被人民法院受理破产申请，张某作为甲企业的债权人，同时是甲企业的债务人，欲将债权和债务抵销，于是向管理人申请。根据企业破产法律制度的规定，下列各项中，属于该债务申请抵销不会被驳回的是(　)。

A. 张某于 2021 年 1 月 6 日取得乙企业对甲企业的债权 10 万元，欲抵销其欠甲企业的 10 万元

B. 张某欲将其债权 60 万抵销于 2020 年 3 月 15 日欠甲企业的债务 60 万元

C. 张某于 2020 年 11 月 11 日得知甲企业不能清偿到期债务，于是于 2020 年 11 月 15 日从甲企业购买一台设备 20 万，未支付货款，欲抵销甲企业欠张某的 20 万

D. 张某于 2020 年 12 月 12 日得知甲企业欲申请破产，于是向甲企业销售一批

货物，价值 10 万元，欲抵销其欠甲企业的 10 万元

16. 人民法院受理了甲公司的破产申请，在审理过程中，发生破产费用 10 万元；发生应支付乙的共益债务 5 万元；发生应支付丙的共益债务 3 万元，此时债务人的财产为 16 万元。根据企业破产法律制度的规定，下列关于丙可以获得的分配表述中，正确的是(　)。

A. 1 万元　　B. 1.5 万元

C. 2.25 万元　　D. 5 万元

17. 根据企业破产法律制度的规定，下列关于破产费用与共益债务清偿的表述中，错误的是(　)。

A. 破产费用和共益债务由债务人财产随时清偿

B. 债务人财产不足以清偿所有破产费用和共益债务的，先行清偿共益债务

C. 债务人财产不足以清偿所有共益债务的，按照比例清偿

D. 债务人财产不足以清偿所有破产费用的，在按照比例清偿后，管理人应当提请人民法院终结破产程序

18. 人民法院受理破产申请后，应当确定债权人申报债权的期限。债权申报期限自人民法院发布受理破产申请公告之日起计算。根据企业破产法律制度的规定，下列关于债权期限的表述中，正确的是(　)。

A. 最短不得少于 30 日，最长不得超过 3 个月

B. 最短不得少于 60 日，最长不得超过 6 个月

C. 最短不得少于 15 日，最长不得超过 3 个月

D. 最短不得少于 60 日，最长不得超过 3 个月

19. 债权人应当在人民法院确定的债权申报期限内向管理人申报债权。根据企业破产法律制度的规定，下列各项中，可以不申报的是(　)。

A. 仲裁未决的加工费

B. 附期限的借款

C. 有财产担保的货款

D. 按规定应当支付给职工的补偿金

20. 根据企业破产法律制度的规定，下列关于债权申报的表述中，错误的是(　)。

A. 债权人对附条件的债权可以申报

B. 连带债权人可以由其中一人作为代表申报债权，也可以共同申报债权

C. 破产案件受理后产生的新债权因产生时间过晚而进行补充申报的，审查和确认申报债权的费用作为普通债权清偿

D. 诉讼未决的债权也可以申报债权

21. 根据企业破产法律制度的规定，下列关于债权申报情形的表述中，错误的是(　)。

A. A 企业进入破产程序，其还债率为 30%。A 企业为 B 企业向工商银行的贷款提供了 100 万元的一般保证。如果 B 企业也破产，并且其还债率为 20%的话，工商银行可在 A 企业的破产程序中就该 100 万元的保证得到 24 万元的清偿

B. A 企业进入破产程序，其对其他企业享有的未到期债权为债务人财产；债权人可以对 A 享有的未到期债权申报债权

C. A 企业进入破产程序，其与 B、C 企业共同负有 130 万元的连带债务。如 B、C 企业也进入破产程序，则该笔债的债权人有权分别在三个破产案件中申报债权，但申报总额不能超过 130 万元

D. A 企业进入破产程序，该企业职工对企业所欠的工资和医疗、伤残补助、抚恤费用等所享有的职工债权不必申报，由管理人调查后列出清单并予以公示

22. 根据企业破产法律制度的规定，下列关于债权人会议的表述中，正确的是(　)。
A. 债权人会议由依法申报债权的债权人组成
B. 债权人会议依召集会议的方式进行活动，属于法定必设机关，且是常设的机构
C. 债权经过确认后，债权人才可以参加第一次债权人会议
D. 对债务人的特定财产享有担保权的债权人，不享有表决权

23. 根据企业破产法律制度的规定，下列关于债权人会议的表述中，错误的是(　)。
A. 债权人会议不是一个独立的民事权利主体，不能与破产程序之外的主体发生法律关系
B. 债权人会议不是常设机构，是会议体机构，其仅为决议机关，虽享有法定职权，但本身无执行功能，其所作出的相关决议一般由管理人、债权人委员会负责执行
C. 债权尚未确定的债权人，仍可以在债权人会议上行使表决权
D. 债务人的职工代表和工会代表在债权人会议上一般没有表决权

24. 根据企业破产法律制度的规定，下列关于债权人会议一般事项的表决，正确的是(　)。
A. 由有表决权的全体债权人过半数通过，并且其所代表的债权额占债权总额的1/2以上
B. 由有表决权的全体债权人过半数通过，并且其所代表的债权额占无财产担保债权总额的1/2以上
C. 由出席会议的有表决权的债权人过半数通过，并且其所代表的债权额占债权总额的1/2以上
D. 由出席会议的有表决权的债权人过半数通过，并且其所代表的债权额占无财产担保债权总额的1/2以上

25. 根据企业破产法律制度的规定，下列关于债权人会议的表述中，正确的是(　)。
A. 第一次债权人会议由管理人召集，自债权申报期限届满之日起15日内召开
B. 人民法院认为必要时，应向债权人会议主席提议召开债权人会议
C. 召开债权人会议，管理人应当提前15日通知已知的债权人
D. 债务人的法定代表人没有义务列席债权人会议

26. 根据企业破产法律制度的规定，下列关于重整程序中担保物权行使的表述中，错误的是(　)。
A. 重整申请受理后，设定有担保物权的债务人财产非重整所必须的，管理人或自行管理的债务人应当及时进行拍卖、变卖
B. 重整期间，担保物价值减少危害担保权人权利，担保权人主张恢复行使担保物权的，法院自收到恢复行使担保物权申请之日起30日内作出裁定
C. 人民法院裁定不予批准恢复行使担保物权，担保物权人不服该裁定的，可以自收到裁定书之日起15日内，向作出裁定的人民法院申请复议
D. 人民法院裁定批准行使担保物权的，管理人或自行管理的债务人应当自收到裁定书之日起15日内启动对担保物的拍卖或者变卖

27. 根据企业破产法律制度的规定，下列关于重整计划制定的表述中，错误的是(　)。
A. 债务人自行管理财产和营业事务的，由债务人制作重整计划草案
B. 管理人负责管理财产和营业事务的，由管理人制作重整计划草案
C. 债务人或者管理人应当自人民法院裁定债务人重整之日起六个月内，同时向人民法院和债权人会议提交重整计

划草案，不得延期

D. 债务人或者管理人未按期提出重整计划草案的，法院应当裁定终止重整程序，并宣告债务人破产

28. 债务人或者管理人自法院裁定债务人重整之日起向人民法院和债权人会议提交重整计划草案，不能超过一定期限。根据企业破产法律制度的规定，该期限最长为(　)。

A. 3个月　　B. 6个月

C. 9个月　　D. 12个月

29. 根据企业破产法律制度的规定，下列各项中，不可以参加重整计划草案表决的债权人是(　)。

A. 对债务人的特定财产享有担保权的债权人

B. 债务人所欠工资的债权人

C. 债务人所欠应划入职工个人账户的基本养老保险

D. 债务人所欠缴的应纳入社会统筹账户的社会保险费用

30. 根据企业破产法律制度的规定，下列关于重整计划的表述中，正确的是(　)。

A. 重整计划由管理人制定，由管理人执行

B. 经人民法院裁定批准的重整计划，对债务人和全体债权人均有约束力

C. 在重整期间，债权人不得对债务人的保证人行使权利

D. 债权人未依法申报债权的，不得补充申报

31. 根据企业破产法律制度的规定，下列关于重整计划变更的表述中，正确的是(　)。

A. 债务人应严格执行重整计划，任何情况下不得变更

B. 债权人会议决议同意变更重整计划的，应自决议通过之日起15日内提请人民法院批准

C. 债权人会议决议不同意变更重整计划申请的，人民法院可以强制批准变更

D. 人民法院裁定同意变更重整计划的，债务人或者管理人应当在6个月内提出新的重整计划

32. 根据企业破产法律制度的规定，下列关于和解的表述中，正确的是(　)。

A. 和解协议对债务人的保证人和其他连带债务人产生约束力

B. 和解协议对债务人以及和解债权人有约束力

C. 债务人不能执行或者不执行和解协议的，债权人可以向人民法院申请强制执行和解协议

D. 人民法院裁定终止和解协议执行的，和解债权人在和解协议中作出的债权调整的承诺失去效力，债务人为和解协议的执行提供的担保也随之消灭

33. 根据企业破产法律制度的规定，下列各项中，应当从破产财产中最先拨付的是(　)。

A. 破产企业所欠职工工资和劳动保险费用

B. 破产企业所欠税款

C. 银行贷款

D. 破产案件的诉讼费用

34. 相关利害关系人对受理法院作出的实质合并审理裁定不服的，可以自裁定书送达之日起一定期限内向上一级人民法院申请复议。根据企业破产法律制度的规定，下列各项中，属于该期限的是(　)。

A. 5日内　　B. 10日内

C. 15日内　　D. 30日内

二、多项选择题

1. 债务人的账面资产虽大于负债，但人民法院依然可以在特定情形下认定其明显缺乏清偿能力。根据企业破产法律制度的规定，下列各项中，属于该特定情形的有(　)。

A. 因财产不能变现，无法清偿债务

B. 法定代表人下落不明且无其他人员负

责管理财产，无法清偿债务

C. 经人民法院强制执行，无法清偿债务

D. 长期亏损且经营扭亏困难，无法清偿债务

2. 债权人申请债务人破产的，债务人可向人民法院提出异议。根据企业破产法律制度的规定，下列各项中，属于异议不成立的有(　)。

A. 债务人以其具有清偿能力或资产超过负债为由提出异议，但又不能立即清偿债务或与债权人达成和解的

B. 债务人对债权人(申请人)是否享有债权提出异议，但又不能提出反驳的证据和理由

C. 债务人对债权人(申请人)的债权是否存在担保提出异议

D. 当事人以申请人未预先交纳诉讼费用为由，对破产申请提出异议

3. 破产申请受理前，债权人就债务人财产提起的特定诉讼中，对于破产申请受理时案件尚未审结的，人民法院应当中止审理。根据企业破产法律制度的规定，下列各项中，属于该特定诉讼的有(　)。

A. 主张债务人的出资人直接向其承担出资不实责任的

B. 主张负有监督股东履行出资义务的董事直接向其承担股东出资不实或者抽逃出资责任的

C. 以债务人的股东与债务人法人人格严重混同为由，主张债务人的股东直接向其偿还债务人对其所负债务的

D. 主张次债务人代替债务人直接向其偿还债务的

4. 根据企业破产法律制度的规定，下列关于执行案件移送破产审查程序的表述中，正确的有(　)。

A. 执行案件移送破产审查，由被执行人住所地人民法院管辖

B. 执行案件移送破产审查，原则上由中级人民法院管辖

C. 基层人民法院拟将执行案件移送异地中级人民法院进行破产审查的，应先报请其所在地的中级人民法院执行部门审核同意

D. 执行法院移送破产审查的材料，由受移送法院执行部门负责接收

5. 根据企业破产法律制度的规定，下列各项中，不得担任管理人的有(　)。

A. 注册会计师甲曾担任债务人公司的独立董事，至人民法院受理破产申请2年前卸任

B. 注册会计师乙的父亲是债务人公司的控股股东

C. 注册会计师丙因个人原因负债数额巨大，但与债务人公司无关

D. 注册会计师丁最近3年来一直为债务人公司进行外部审计工作，熟悉该企业情况

6. 根据企业破产法律制度的规定，下列关于以竞争方式指定破产企业管理人的表述中，正确的有(　)。

A. 参与竞争的社会中介机构不得少于三家

B. 被指定为管理人的社会中介机构应经评审委员会成员1/2以上通过

C. 竞争方式包括抽签、摇号、轮候等形式

D. 人民法院应当确定一至两名备选社会中介机构，作为更换管理人时的接替人选

7. 根据企业破产法律制度的规定，下列关于破产企业管理人职责的表述中，正确的有(　)。

A. 管理人有权代表债务人参加诉讼、仲裁或者其他法律程序

B. 管理人经人民法院许可，可以聘用必要的工作人员

C. 在第一次债权人会议召开之前，管理人决定继续或者停止债务人的营业的，应当经人民法院许可

D. 管理人没有正当理由不得辞去职务

8. 人民法院受理了甲企业的破产案件。管理人接管企业财产后，发现甲企业破产受理前依法对外提供的一项财产质押担保，其所担保的债务为150万元，质押物市场价值为100万元。根据企业破产法律制度的规定，下列各项表述中，错误的有(　)。

A. 管理人可以自行决定通过清偿债务的方式取回该质物

B. 管理人向债权人清偿150万元债务后才可以取回该质物

C. 管理人拟通过清偿债务或提供担保取回质物的，应当及时报告债权人委员会

D. 管理人可以提供为债权人接受的相当于债务150万元价值的担保而取回质物

9. 根据企业破产法律制度的规定，下列各项中，属于债务人实施的无效行为的有(　)。

A. 为逃避债务而转移财产的

B. 对没有财产担保的债务提供财产担保的

C. 承认不真实的债务的

D. 虚构债务的

10. 根据企业破产法律制度的规定，下列关于破产清算程序终结后行使撤销权的表述中，正确的有(　)。

A. 在破产清算程序终结后2年内，债权人可以行使破产撤销权或针对债务人的无效行为而追回财产

B. 在破产清算程序终结后超过2年的，任何人不得再行使撤销权和主张无效行为而追回财产

C. 破产清算程序后只要依法行使撤销权和主张债务人无效行为追回了财产的，均应对全体债权人分配

D. 对于破产撤销权或针对债务人的无效行为而追回财产，如果是破产清算程序终结后2年内发生的，应用于对全体债权人分配，如果是破产清算程序终结2年后发生的，用对追回财产的债权人个别清偿

11. 根据企业破产法律制度的规定，下列关于出卖人取回权的表述中，正确的有(　)。

A. 人民法院受理破产申请时，出卖人已将买卖标的物向作为买受人债务人发运的，债务人尚未收到且未付清全部价款的，出卖人可以针对运输途中的标的物行使取回权

B. 出卖人在货物到达管理人后才向管理人主张取回在途中标的物的，管理人不应准许

C. 如果债务人在破产受理之前已经付清全部价款的，破产受理时出卖人已将标的物发运，此时不构成出卖人取回权

D. 只要买卖标的物到达管理人后，管理人对出卖人之前主张取回的要求不应准许

12. 订立所有权保留条款的买卖合同中，出卖人破产，其管理人可以决定解除合同。根据企业破产法律制度的规定，下列各项表述中，正确的有(　)。

A. 管理人有权依法要求买受人向其交付买卖标的物

B. 买受人依法履行合同义务并将买卖标的物交付出卖人管理人后，买受人已支付价款损失形成的债权作为共益债务清偿

C. 买受人以其不存在未依约支付价款或者履行完毕其他义务，或者将标的物出卖、出质或者作出其他不当处分情形抗辩的，人民法院不予支持

D. 买受人违反合同约定，出卖人管理人主张上述债权作为普通破产债权清偿的，人民法院应予支持

13. 根据企业破产法律制度的规定，下列关于破产抵销的表述中，正确的有(　)。

A. 债权人应当在破产财产最终分配确定

之前向管理人主张破产抵销

B. 管理人收到债权人提出的主张债务抵销的通知后，经审查无异议的，抵销自管理人收到通知之日起生效

C. 债务人股东以因欠缴债务人的出资对债务人所负债务与债务人对其负有的债务抵销的，人民法院不予支持

D. 债务人的债务人在破产申请受理后取得他人对债务人的债权的，不得抵销

14. 甲企业于2021年1月6日被人民法院受理破产申请。根据企业破产法律制度的规定，下列各项中，属于不允许抵销的有(　)。

A. 甲企业的债务人张某于2021年1月8日取得乙企业对甲企业的债权

B. 甲企业的债权人李某，拟以自己的债权抵销1年前因向甲公司购货应付的货款

C. 甲公司的债权人王某于2020年1月1日得知甲企业不能清偿到期债务，主张将自己的债权与2020年1月15日从甲企业购买设备尚未支付的款项抵销

D. 甲公司的债务人刘某于2020年1月12日得知甲企业欲申请破产，于是向甲企业债权人低价购买债权，欲以该债权抵销其欠甲企业的债务

15. 根据企业破产法律制度的规定，下列关于破产企业合同债务的表述中，正确的有(　)。

A. 双方均未履行完毕的合同，管理人决定继续履行所产生的债务作为共益债务清偿

B. 双方均未履行完毕的合同，管理人决定解除的，债权人只能以其实际损失申报普通债权

C. 债务人一方未履行的合同，对方当事人的债权可以作为共益债务获得清偿

D. 债务人一方已履行的合同，对方当事人应当向债务人的管理人履行债务

16. 根据企业破产法律制度的规定，下列关于破产债权申报的表述中，错误的有(　)。

A. 保证人被裁定进入破产程序，主债务尚未到期的，债权人不得向保证人申报债权

B. 债务人、保证人均被裁定进入破产程序的，债权人可以向债务人及保证人分别申报全部债权

C. 债务人、连带保证人均进入破产程序，债权人已向债务人、保证人申报债权，债权人从保证人处获得清偿后，保证人可以向债务人追偿

D. 破产申请受理后，债务人欠缴款项产生的滞纳金作为普通债权清偿

17. 根据企业破产法律制度的规定，下列关于破产债权确认的表述中，正确的有(　)。

A. 债权人申报的债权一般需要经过审查确认后才能在破产程序中行使权利

B. 管理人负责对债权申报进行登记造册

C. 经核查后仍存在异议的债权，由管理人裁定该异议债权是否列入债权表内

D. 管理人依法编制的债权登记表，应当提交第一次债权人会议审查

18. 根据企业破产法律制度的规定，下列关于破产债权确认的表述中，正确的有(　)。

A. 管理人必须将申报的债权全部登记在债权登记表上，无论债权是否真实、是否超过诉讼时效

B. 所有申报债权的债权人均可参加第一次债权人会议

C. 破产申请受理后，债务人未履行生效法律文书应当加倍支付的迟延利息，不得申报破产债权

D. 破产申请受理后，债务人欠缴的劳动保险金的滞纳金不得申报破产债权

19. 根据企业破产法律制度的规定，下列关于债权人会议的表述中，正确的有(　)。

A. 所有债权人都可以参加债权人会议，并享有表决权

B. 第一次债权人会议由人民法院召开

C. 债权人会议设主席一人，由人民法院从有表决权的债权人中指定

D. 债权人会议的决议，由出席会议的有表决权的债权人过半数通过即可

20. 根据企业破产法律制度的规定，下列各项中，属于债权人委员会职权的有(　)。

A. 决定债务人的日常开支

B. 监督债务人财产的管理和处分

C. 监督破产财产分配

D. 提议召开债权人会议

21. 重整期间，债务人在管理人的监督下自行管理财产和营业事务的，需要满足特定条件。根据企业破产法律制度的规定，下列各项中，属于该特定条件的有(　)。

A. 债务人的内部治理机制仍正常运转

B. 债务人自行管理有利于债务人继续经营

C. 债务人不存在隐匿、转移财产的行为

D. 债务人不存在其他严重损害债权人利益的行为

22. 根据破产企业法律制度的规定，下列关于重整计划效力的表述中，错误的有(　)。

A. 债务人不能执行或者不执行重整计划的，且不符合变更条件，人民法院裁定终止重整计划的执行，并宣告债务人破产

B. 法院裁定终止重整计划执行的，债权人为重整计划的执行提供的担保失去效力

C. 法院裁定终止重整计划执行的，债权人因执行重整计划所受的清偿应当返还

D. 法院裁定终止重整计划执行的，已经接受清偿的债权人不得继续接受分配

23. 根据企业破产法律制度的规定，下列关于和解申请的表述中，正确的有(　)。

A. 债务人不能直接向法院申请和解

B. 债务人可以直接向法院申请和解

C. 债务人可以在人民法院受理破产申请后、宣告债务人破产前向法院申请和解

D. 债务人在人民法院受理破产申请后不能向法院申请和解

24. 根据企业破产法律制度的规定，下列关于和解协议效力的表述中，正确的有(　)。

A. 经人民法院裁定认可的和解协议，对债务人有约束力

B. 经人民法院裁定认可的和解协议，对全体和解债权人有约束力

C. 和解协议对债务人的保证人和其他连带债务人无效

D. 债务人不履行人民法院裁定认可的和解协议的，债权人可以请求人民法院强制执行

25. 破产宣告前，特定情形下，人民法院应当裁定终结破产程序。根据企业破产法律制度的规定，下列各项中，属于该特定情形的有(　)。

A. 第三人为债务人提供足额担保

B. 第三人为债务人清偿全部到期债务

C. 债务人为自己提供足额担保

D. 债务人已清偿全部到期债务

26. 对破产人的特定财产享有担保权的权利人，对该特定财产享有优先受偿的权利，此项权利即别除权。根据企业破产法律制度的规定，下列各项表述中，正确的有(　)。

A. 别除权人的优先受偿权不受破产清算与和解程序的限制，但在重整程序中受到一定限制

B. 别除权人未依法申报债权的不得行使别除权

C. 别除权人就破产人的特定财产享有优先受偿权利

D. 若破产人仅作为担保人为他人债务提供物权担保，担保债权人的债权也构成别除权

27. 根据企业破产法律制度的规定，下列关于别除权的表述中，正确的有(　)。

A. 在破产清算程序中，别除权人可随时主张行使优先受偿权，无需经债权人会议决议
B. 别除权人应当依法申报债权
C. 破产人作为担保人时，担保物价款不足以清偿担保债额时，别除权人未获得清偿的部分仅作为普通债权清偿
D. 破产人作为担保人时，别除权人放弃优先受偿的，其债权转为普通债权

28. 根据企业破产法律制度的规定，对于法律没有明确规定清偿顺序的债权，破产债权的清偿原则和顺序为(　)。
A. 人身损害赔偿债权优先于财产性债权
B. 私法债权优先于公法债权
C. 补偿性债权优先于惩罚性债权
D. 刑事罚金惩罚性债权优先于行政罚款惩罚性债权

29. 根据企业破产法律制度的规定，下列各项中，属于管理人应当追回的债务人财产的有(　)。
A. 破产申请受理前1年内，债务人提前清偿未到期的债务，该笔债务于破产申请受理前未到期
B. 破产申请受理前6个月内，企业破产原因，债务人对个别债权人进行清偿
C. 债务人虚构债务或者承认不真实的债务
D. 债务人的董事、监事和高级管理人员利用职务从企业获取的非正常收入和侵占的企业财产

30. 根据企业破产法律制度的规定，下列关于关联企业合并破产的表述中，正确的有(　)。
A. 关联企业合并破产分为实质合并和程序合并
B. 实质合并是将多个关联企业视为一个单一企业，在统一财产分配与债务清偿基础上进行破产程序
C. 程序合并是多个破产案件程序的合并审理
D. 无论是实质合并还是程序合并，各关联企业都失去独立的法人人格

三、案例分析题

1. 2021年初以来，甲公司出现不能清偿到期债务，且资产不足清偿全部债务的情况。2021年11月15日，人民法院经审查裁定受理了甲公司的破产申请，并指定了管理人。在该破产案件中，存在下列情况：

(1)2020年9月6日，乙公司向丙银行借款800万元，期限1年。甲公司以厂房为乙公司该笔借款提供了抵押担保，并办理了抵押登记。乙公司到期未偿还丙银行的借款。上述抵押物拍卖得款700万元，丙银行将不足清偿的借款本息向管理人申报了债权。

(2)2021年6月，甲公司向丁公司租用客车一台，租期1年，租金已一次性付清。2021年10月，甲公司以市场价格将客车售与戊公司，并已完成交付，戊公司对甲公司无处分权的事实并不知情。丁公司获悉客车已被甲公司卖给戊公司后，要求戊公司返还客车，遭戊公司拒绝。

(3)2019年12月，甲公司与庚公司签订房屋租赁合同，将其写字间以市价出租并交付给庚公司使用，租赁期限为4年。2022年2月，管理人通知庚公司解除该房屋租赁合同，但庚公司表示反对。

(4)2020年9月，甲公司欠刘某商标许可使用费28万元到期未付；2021年11月18日，刘某将该债权以20万元的价格转让给京多多公司。京多多公司提出：以该债权与其所欠甲公司的30万元货款在相同金额范围内抵销。

(5)2021年7月25日，甲公司向某债权人清偿到期债务15万元，该笔债务以甲公司价值20万元的原材料设定质押。债务清偿后，该原材料全部返还甲公司。2022年1月，管理人主张撤销甲公司的该笔清偿行为。

根据上述内容，分别回答下列问题：

(1)丙银行以抵押物拍卖款不足清偿的借款本息向管理人申报债权的行为，是否符合企业破产法律制度的规定？并说明理由。

(2)戊公司是否有权拒绝丁公司返还客车的请求？并说明理由。如果戊公司有权拒绝丁公司返还客车的请求，丁公司能否向管理人申报债权？并说明理由。

(3)管理人是否有权解除甲公司与庚公司之间的房屋租赁合同？并说明理由。

(4)京多多公司关于债务抵销的主张是否成立？并说明理由。

(5)管理人是否有权撤销甲公司向某债权人清偿的行为？并说明理由。

2. ☆甲公司自2020年底开始出现不能清偿到期债务，且资产不足清偿全部债务的情况。2021年7月15日，人民法院受理了甲公司的破产申请并指定管理人。在该破产案件中，存在下列情形：

(1)管理人清理甲公司资产时，发现仓库中存有代乙公司保管的一批产品。管理人将该批产品列为债务人甲公司的财产。

(2)2020年11月，甲公司以分期付款方式向丙公司购买一台生产设备(已交付甲公司使用)，合同约定2021年11月甲公司付清全款时，设备所有权转移至甲公司。至破产案件受理时，甲公司已累计支付该生产设备全部价款的80%。管理人决定继续履行该合同。

(3)2021年3月，甲公司因其公司外墙瓷砖脱落砸伤路人而支付受害者人身损害赔偿金15万元。现管理人向人民法院请求撤销对该人身损害赔偿金的支付行为。

(4)2021年4月，甲公司以生产设备抵押，向丁银行借款600万元，借款期限1年。管理人报酬方案将该生产设备价值计入确定报酬依据的财产价值总额；同时，管理人向丁银行主张支付该生产设备维护管理工作的适当报酬。

根据上述内容，分别回答下列问题：

(1)乙公司委托甲公司代为保管的产品是否属于甲公司财产？并说明理由。

(2)丙公司能否以生产设备所有权尚未移转为由，要求将其取回？并说明理由。

(3)人民法院应否撤销甲公司支付的人身损害赔偿金？并说明理由。

(4)向丁银行抵押的生产设备价值应否计入确定管理人报酬依据的财产价值总额？并说明理由。

(5)管理人可否向丁银行请求支付适当报酬？并说明理由。

本章综合练习·参考答案及解析

一、单项选择题

1. B 【解析】本题考核破产清算与民事执行制度。破产清算制度的功能，是通过集体清偿的方式公平清偿债权人的债权。民事执行程序是基于个别权利人的请求而进行的单独清偿。选项A错误。破产制度中，企业法人将在清算完成后消灭主体资格。民事执行制度中，充分利用债务人财产对债权人债权进行清偿，并不涉及到主体资格问题。选项C错误。破产程序中，可供分配的客体仅指向财产，而民事执行程序中，可以对财产和行为申请执行。选项D错误。

2. D 【解析】本题考核破产原因。相关当事人以对债务人负有连带责任的人未丧失清偿能力为由，主张债务人不具备破产原因的，人民法院应不予支持。选项D错误。

3. B 【解析】本题考核破产申请。债权人可以向人民法院提出对债务人进行重整或破产清算的申请，和解只有债务人可以提出。

4. A 【解析】本题考核破产受理的法律效力。人民法院受理破产申请后，管理人对破产申请受理前成立而债务人和对方当事人均未履行完毕的合同有权决定解除或者继续履行，并通知对方当事人。

5. D 【解析】本题考核破产受理的法律效力。①对破产申请受理前成立而双方均未履行完毕的合同，管理人有权决定解除或者继续履行，所以选项A错误；②管理人自破产申请受理之日起2个月内未通知对方当事人，或者自收到对方当事人催告之日起30日内未答复的，视为解除合同，所以选项B、C错误；③管理人决定继续履行合同的，对方当事人应当履行；但是，对方当事人有权要求管理人提供担保。管理人不提供担保的，视为解除合同，所以选项D正确。

6. D 【解析】本题考核破产受理的法律效力。破产申请受理前的相关民事诉讼应该中止，等到管理人接管债务人财产后继续诉讼。所以选项D正确。

7. B 【解析】本题考核破产受理的法律效力。管理人在破产程序中，可以对未履行完毕的合同决定是否继续履行。一旦决定后，不得更改。选项A错误。在租赁合同期限内，租赁物发生所有权变动的，不影响租赁合同效力。管理人不得解除破产企业对外出租不动产的合同。债务人财产变价时，房屋处分不影响租赁合同效力，承租人在同等条件下有优先购买权。选项C错误。对尚未履行完毕的人寿保险合同，作为债务人保险公司的管理人，不得解除合同。选项D错误。

8. C 【解析】本题考核执行案件移送破产审查。申请执行人或被执行人可以直接向具有管辖权的法院提出破产申请，选项C错误。

9. C 【解析】本题考核管理人资格。有下列情形之一的，不得担任管理人：①因故意犯罪受过刑事处罚；②曾被吊销相关专业执业证书；③与本案有利害关系；④人民法院认为不宜担任管理人的其他情形。

10. D 【解析】本题考核管理人报酬。律师事务所、会计师事务所通过聘用本专业的其他社会中介机构或者人员协助履行管理人职责的，所需费用从其报酬中支付。选项D中聘用的是非本专业，因此应当列为破产费用。

11. D 【解析】本题考核债务人财产的收回。债务人发生破产原因时，债务人的董事、监事和高级管理人员利用职权获取的以下收入，应认定为非正常收入：①绩效奖金；②普遍拖欠职工工资情况下获取的工资性收入；③其他非正常收入。

12. B 【解析】本题考核破产撤销权。B选项属于正常经营行为。人民法院受理破产申请前一年内，涉及债务人财产的下列行为，管理人有权请求人民法院予以撤销：①无偿转让财产的；②以明显不合理的价格进行交易的；③对没有财产担保的债务提供财产担保的；④对未到期的债务提前清偿的；⑤放弃债权的。

13. B 【解析】本题考核取回权。选项B：权利人行使取回权时未依法向管理人支付相关的加工费、保管费、托运费、委托费、代销费等费用，管理人拒绝其取回相关财产的，人民法院应予支持。

14. C 【解析】本题考核所有权保留买卖合同的处理。出卖人破产，其管理人决定继续履行所有权保留买卖合同的，买受人应当按照原买卖合同的约定支付价款或者履行其他义务。买受人未依约支付价款或者履行完毕其他义务，或者将标的物出卖、出质或者作出其他不当处分，给出卖人造成损害，出卖人管理人依法主张取回标的物的，人民法院应予支持。但是，买受人已经支付标的物总价款75%以上或者第三人善意取得标的物所有权或者其他物权的除外。因上述原因未能取回标的物，出卖人管理人依法主张买受人继续支付价款、履行完毕其他义务，以及承担相应赔偿责任的，人民法院应予支持。本题中，由于乙公司支付的价款达到了总价款的 75% 以上(80 万元)，此时不能主张取回，只能要求乙公司继续支付，因此选项 A、B、D 的说法错误。

15. B 【解析】本题考核抵销权。债权人在破产申请受理前对债务人负有债务的，可以向管理人主张抵销。但是，有下列情形之一的，不得抵销：①债务人的债务人在破产申请受理后取得他人对债务人的债权的；②债权人已知债务人有不能清偿到期债务或者破产申请的事实，对债务人负担债务的；但是，债权人因为法律规定或者有破产申请 1 年前所发生的原因而负担债务的除外；③债务人的债务人已知债务人有不能清偿到期债务或者破产申请的事实，对债务人取得债权的；但是，债务人的债务人因为法律规定或者有破产申请 1 年前所发生的原因而取得债权的除外。

16. C 【解析】本题考核破产费用与共益债务。债务人的财产 16 万元首先支付破产费用 10 万元，剩余 6 万元由乙和丙按比例分配，丙可以得到的数额为$(6\div8)\times3=2.25$(万元)。

17. B 【解析】本题考核破产费用与共益债务。债务人财产不足以清偿所有破产费用和共益债务的，先行清偿破产费用。

18. A 【解析】本题考核破产债权申报期限。人民法院受理破产申请后，应当确定债权人申报债权的期限。债权申报期限自人民法院发布受理破产申请公告之日起计算，最短不得少于 30 日，最长不得超过 3 个月。

19. D 【解析】本题考核破产债权申报。债务人所欠职工的工资和医疗、伤残补助、抚恤费用，所欠的应当划入职工个人账户的基本养老保险、基本医疗保险费用，以及法律、行政法规规定应当支付给职工的补偿金，不必申报。

20. C 【解析】本题考核破产债权申报。破产案件受理后，因管理人解除合同，对方当事人享有的损害赔偿请求权，也属于破产债权。此类债权的产生时间可能较晚，影响其债权的按期申报。因此，对该债权的补充申报所产生的审查和确认费用，作为破产费用支付。

21. C 【解析】本题考核破产债权申报。连带债务人数人进入破产程序的，该债务的债权人有权就全部债权分别在各破产案件中申报债权，因此选项 C 错误。对于选项 A，A 企业破产清偿率为 30%，工商银行参加其破产程序清偿时应先提存 30 万元，而在 B 企业破产清偿之后工商银行可以获得 20 万元，实际 A 企业作为一般保证人只就剩余的 80 万元承担保证责任，因此其应承担的保证责任为 24 万元(80×30%)。

22. A 【解析】本题考核债权人会议。债权人会议依召集会议的方式进行活动，是法定必设机关，但不是常设机构，而是会议体机构。选项 B 错误；凡是申报债权者均有权参加第一次债权人会议，有权参加对其债权的核查、确认活动，并可依法提出异议。以后的债权人会议，便只有债权得到确认者才有权行使表决权。所以选项 C 错误；对债务人的特定财产享有担保权的债权人，未放弃优先受偿权利的，对于通过和解协议及通过破产财产的分配方案不享有表决权。所以选项 D 错误。

23. C 【解析】本题考核债权人会议。选项 C：债权尚未确定的债权人，除人民法院能够为其行使表决权而临时确定债权额的外，不得行使表决权。选项 D：一般情况下，债务人的职工代表和工会代表在债权人会议上没有表决权；如果职工劳动债权不能从破产财产中全额优先受偿，或者债权人会议决议影响其清偿利益时，职工债权人应有表决权。

24. D 【解析】本题考核债权人会议。债权人会议的决议，由出席会议的有表决权的债权人过半数通过，并且其所代表的债权额占无财产担保债权总额的 1/2 以上。《企业破产法》另外规定除外。

25. C 【解析】本题考核债权人会议。第一次债权人会议由人民法院召集，自债权申报期限届满之日起 15 日内召开，因此选项 A 错误；人民法院认为必要时即可召开债权人会议(法院无需向债权人会议提议)，而管理人、债权人委员会、占债权总额 1/4 以上的债权人才应向债权人会议主席提议召开，因此选项 B 错误；债务人的法定代表人有义务“列席”债权人会议，因此选项 D 错误。

26. C 【解析】本题考核重整期间。人民法院裁定不予批准恢复行使担保物权，担保物权人不服该裁定的，可以自收到裁定书之日起 10 日内，向作出裁定的人民法院申请复议。

27. C 【解析】本题考核重整计划的制定。债务人或者管理人应当自人民法院裁定债务人重整之日起六个月内，同时向人民法院和债权人会议提交重整计划草案。前述规定的期限届满，经债务人或者管理人请求，有正当理由的，人民法院可以裁定延期三个月。

28. C 【解析】本题考核重整计划的制定。债务人或者管理人应当自人民法院裁定债务人重整之日起六个月内，同时向人民法院和债权人会议提交重整计划草案。前述规定的期限届满，经债务人或者管理人请求，有正当理由的，人民法院可以裁定延期三个月。

29. D 【解析】本题考核重整计划的表决。可以参加重整计划草案表决的债权人有：①对债务人的特定财产享有担保权的债权；②职工债权；③债务人所欠税款；④普通债权。重整计划不得规定减免债务人欠缴的应纳入社会统筹账户的社会保险费用，该项费用的债权人不参加重整计划草案的表决。

30. B 【解析】本题考核重整计划的执行。重整计划由债务人负责执行，故选项 A 错误；债权人对债务人的保证人和其他连带债务人所享有的权利，不受重整计划的影响，可按照原合同的约定行使权利，故选项 C 错误；债权人在重整程序中未依法申报债权的，在债务人或管理人向人民法院和债权人会议提交重整计划草案表决后，可以继续申报债权，但在重整计划执行期间不得行使权利，故选项 D 错误。

31. D 【解析】本题考核重整计划的变更。债务人应严格执行重整计划，但因出现国家政策调整、法律修改变化等特殊情况，导致原重整计划无法执行的，债务人或管理人可以申请变更重整计划一次。选项 A 错误；债权人会议决议同意变更重整计划的，应自决议通过之日起 10 日内提请人民法院批准。选项 B 错误；债权人会议决议不同意或者人民法院不批准变更申请的，人民法院经管理人或者利害关系人请求，应当裁定终止重整计划的执行，并宣告债务人破产。选项 C 错误。

32. B 【解析】本题考核和解。选项 A：和解债权人对债务人的保证人和其他连带债务人所享有的权利，不受和解协议的影响。选项 C：和解协议没有强制执行的效力，债务人不履行和解协议时，债权人只能向法院申请终止和解协议，宣告破产，而不能申请对和解协议强制执行。选项 D：人民法院裁定终止和解协议执行的，和解债权人在和解协议中作出的债权调整的承诺失去效力，但债务人方面为和解协议的执行提供的担保继续有效。

33. D 【解析】本题考核破产财产分配。破产案件的诉讼费用属于破产费用，应优先拨付。

34. C 【解析】本题考核关联企业实质合并破产。相关利害关系人对受理法院作出的实质合并审理裁定不服的，可以自裁定书送达之日起 15 日内向受理法院的上一级人民法院申请复议。

二、多项选择题

1. ABCD 【解析】本题考核破产原因。
2. ABCD 【解析】本题考核破产申请的受理。
3. ABCD 【解析】本题考核破产受理的法律效力。破产申请受理前，债权人就债务人财产提起下列诉讼，破产申请受理时案件尚未审结的，人民法院应当中止审理：①主张次债务人代替债务人直接向其偿还债务的；②主张债务人的出资人、发起人和负有监督股东履行出资义务的董事、高级管理人员，或者协助抽逃出资的其他股东、董事、高级管理人员、实际控制人等直接向其承担出资不实或者抽逃出资责任的；③以债务人的股东与债务人法人人格严重混同为由，主张债务人的股东直接向其偿还债务人对其所负债务的；④其他就债务人财产提起的个别清偿诉讼。
4. ABC 【解析】本题考核执行案件移送破产审查。执行法院移送破产审查的材料，由受移送法院立案部门负责接收，而不是执行部门接收。选项 D 表述错误。
5. ABD 【解析】本题考核管理人资格。现在担任或者在人民法院受理破产申请前 3 年内曾经担任债务人、债权人的董事、监事、高级管理人员，属于个人管理人中的利害关系人，应予以回避，选项 A 的说法未超过 3 年，因此不得担任；与债权人或者债务人的控股股东、董事、监事、高级管理人员存在夫妻、直系血亲、三代以内旁系血亲或者近姻亲关系，属于个人管理人中的利害关系人，应予以回避，选项 B 的说法属于这种情况，应予以回避；与债务人、债权人有未了结的债权债务关系的，应该予以回避，选项 C 的说法中，丙负债数额巨大，但不涉及债务人，因此可以担任管理人；在人民法院受理破产申请前 3 年内，曾为债务人提供相对固定的中介服务，不得担任管理人，因此选项 D 的说法应予以回避。
6. ABD 【解析】本题考核管理人的指定。随机方式包括抽签、摇号、轮候等形式，选项 C 表述错误。
7. ABCD 【解析】本题考核管理人职责。
8. ABD 【解析】本题考核债务人财产的收回。管理人拟通过清偿债务或者提供担保取回质物、留置物，或者与质权人、留置权人协议以质物、留置物折价清偿债务等方式，进行对债权人利益有重大影响的财产处分行为的，应当及时报告债权人委员会。未设立债权人委员会的，管理人应当及时报告人民法院，因此选项 A 的说法错误，选项 C 的说法正确；在质物或者留置物的价值低于被担保的债权额时，以该质物或者留置物当时的市场价值为限，因此选项 BD 的说法错误。
9. ACD 【解析】本题考核破产无效行为。涉及债务人财产的下列行为无效：①为逃避债务而隐匿、转移财产的；②虚构债务或者承认不真实的债务的。选项 B 若发生在破产申请受理前一年内，则属于可撤销的行为。
10. AD 【解析】本题考核破产撤销权。破产清算程序终结后两年内，债权人可行使破产撤销权或者针对债务人的无效行为而追回财产；在此期间内追回的财产，应对全体债权人分配。破产清算程序终结两年之后，债权人发现可追回的财产时，仍可追回财产，但追回的财产一般不再按照破产法规定对全体债权人清偿，而是对追回财产的债权人个别清偿。

11. ABC 【解析】本题考核出卖人取回权。出卖人依据企业破产法的规定，通过通知承运人或者实际占有人中止运输、返还货物、变更到达地，或者将货物交给其他收货人等方式，对在运途中标的物主张了取回权但未能实现，或者在货物未达管理人前已向管理人主张取回在运途中标的物，在买卖标的物到达管理人后，出卖人向管理人主张取回的，管理人应当准许，选项 D 的说法错误。
12. ABCD 【解析】本题考核所有权保留买卖合同的处理。出卖人破产，其管理人决定解除所有权保留买卖合同，有权依法要求买受人向其交付买卖标的物，选项 A 正确。买受人以其不存在未依约支付价款或者履行完毕其他义务，或者将标的物出卖、出质或者作出其他不当处分情形抗辩的，人民法院不予支持，选项 C 正确。买受人依法履行合同义务并将买卖标的物交付出卖人管理人后，买受人已支付价款损失形成的债权作为共益债务清偿，选项 B 正确。但是，买受人违反合同约定，出卖人管理人主张上述债权作为普通破产债权清偿的，人民法院应予支持，选项 D 正确。
13. ABCD 【解析】本题考核破产抵销权。
14. ACD 【解析】本题考核破产抵销权。债务人的债务人在破产申请受理后取得他人对债务人的债权的，不得抵销，所以选项 A 当选。债权人明知债务人有不能清偿到期债务的事实还对债务人负担债务的，不得抵销，所以选项 C 当选。债务人的债务人明知债务人有破产原因还取得他人对债务人的债权的，不得抵销，所以选项 D 当选。
15. ABD 【解析】本题考核破产债权的申报。债务人一方未履行的合同，债权人应当申报普通债权，选项 C 错误。
16. ACD 【解析】本题考核破产债权的申报。保证人被裁定进入破产程序的，债权人有权申报其对保证人的保证债权。主债务未到期的，保证债权在保证人破产申请受理时视为到期。选项 A 表述错误；债务人、保证人均被裁定进入破产程序的，债权人有权向债务人、保证人分别申报债权。债权人向债务人、保证人均申报全部债权的，从一方破产程序中获得清偿后，其对另一方的债权额不作调整，但债权人的受偿额不得超出其债权总额。保证人履行保证责任后不再享有求偿权。选项 C 表述错误；破产申请受理后，债务人欠缴款项产生的滞纳金，包括债务人未履行生效法律文书应当加倍支付的迟延利息和劳动保险金的滞纳金，债权人作为破产债权申报的，人民法院不予确认。选项 D 表述错误。
17. ABD 【解析】本题考核破产债权的确认。如果债权经核查后仍存在异议，由人民法院裁定是否将该异议债权列入债权表内，因此选项 C 的说法错误。
18. ABCD 【解析】本题考核破产债权的申报与确认。
19. BC 【解析】本题考核债权人会议。有财产担保的债权人未放弃优先受偿权的，对破产财产分配和和解协议草案的决议没有表决权，因此选项 A 错误；债权人会议的决议，由出席会议的有表决权的债权人过半数通过，并且其所代表的债权额占无财产担保债权总额的 1/2 以上，《企业破产法》另有规定除外。选项 D 错误。
20. BCD 【解析】本题考核债权人委员会。决定债务人的日常开支属于管理人的职责。债权人委员会行使下列职权：①监督债务人财产的管理和处分；②监督破产财产分配；③提议召开债权人会议；④债权人会议委托的其他职权。
21. ABCD 【解析】本题考核重整期间。选项 ABCD 需要同时满足。
22. BCD 【解析】本题考核重整计划效力。

人民法院裁定终止重整计划执行的，债权人在重整计划中作出的债权调整的承诺失去效力，但为重整计划的执行提供的担保继续有效。选项 B 错误；债权人因执行重整计划所受的清偿仍然有效，债权未受清偿的部分作为破产债权。选项 C 错误；已经接受清偿的债权人，只有在其他同顺位债权人同自己所受的清偿达到同一比例时，才能继续接受分配。选项 D 错误。

23. BC 【解析】本题考核和解。债务人可以依照规定，直接向人民法院申请和解；也可以在人民法院受理破产申请后、宣告债务人破产前，向人民法院申请和解。债务人申请和解，应当提出和解协议草案。

24. ABC 【解析】本题考核和解。经人民法院裁定认可的和解协议，对债务人和全体和解债权人均有约束力。和解债权人对债务人的保证人和其他连带债务人所享有的权利，不受和解协议的影响。和解协议无强制执行的效力，如债务人不履行协议，债权人不能请求人民法院强制执行，只能请求人民法院终止和解协议的执行，宣告其破产。

25. ABD 【解析】本题考核破产宣告。破产宣告前，有下列情形之一的，人民法院应当裁定终结破产程序，并予以公告：①第三人为债务人提供足额担保或者为债务人清偿全部到期债务的；②债务人已清偿全部到期债务的。

26. ABCD 【解析】本题考核别除权。

27. AB 【解析】本题考核别除权。担保人破产的，当其担保物价款不足以清偿其所担保的债权时，债权人就未能清偿部分只能向债务人求偿，不能作为破产债权向担保人申报。选项 C 错误。在此种情况下，债权人如放弃对担保人的优先受偿权的，其不能转化为对担保人的普通债权。选项 D 错误。

28. ABC 【解析】本题考核破产财产的分配。对于法律没有明确规定清偿顺序的债权，人民法院可以按照人身损害赔偿债权优先于财产性债权、私法债权优先于公法债权、补偿性债权优先于惩罚性债权的原则合理确定清偿顺序。因债务人侵权行为造成的人身损害赔偿，可以参照《企业破产法》第 113 条第 1 款第一项规定的顺序清偿，但其中涉及的惩罚性赔偿除外。清偿后仍有剩余的，可依次用于清偿破产受理前产生的民事惩罚性赔偿金、行政罚款、刑事罚金等惩罚性债权。

29. ABCD 【解析】本题考核债务人财产的追回。选项 ABCD 均属于应当追回的财产。

30. ABC 【解析】本题考核关联企业合并破产。实质合并主要以关联企业资产与负债严重混同导致法人人格混同时适用；程序合并中，各关联企业仍保持法人人格的独立，选项 D 表述错误。

三、案例分析题

1. **【答案】**

(1)不符合规定。由于甲公司是为乙公司所欠丙银行借款提供的抵押担保，甲公司并非主债务人，故在抵押物价款不足以清偿主债权时，余债不能作为破产债权向甲公司要求清偿。

(2)戊公司有权拒绝丁公司返还客车的请求。甲公司系以市场价格向戊公司转让客车并已交付，且戊公司对甲公司对该客车无处分权的事实并不知情，因此，戊公司已善意取得客车所有权，丁公司的客车取回权消灭。丁公司可以向管理人申报债权。转让行为发生在破产申请受理之前，取回权消灭后，丁公司只能以客车的市场价格即损失额作为破产债权要求清偿。

(3)管理人无权解除甲公司与庚公司之间的房屋租赁合同。对于破产申请受理前成立而债务人和对方当事人均未履行完毕的合同，管理人有权决定解除还是继续履行，但是，对于债务人对外出租不动产的合同，管理人不得任意解除。

(4)京多多公司关于债务抵销的主张不成立。根据规定，债务人的债务人在破产申请受理后取得他人对债务人的债权的，不得抵销。

(5)管理人无权撤销甲公司向某债权人清偿的行为。根据规定，人民法院受理破产申请前6个月内，债务人在出现破产原因的情形下，仍对个别债权人进行清偿的，管理人有权请求人民法院予以撤销，但是，个别清偿使债务人财产受益的除外。但对有物权担保的债权在担保物价值范围内进行的清偿则不受前述限制。债务人清偿该笔债务，并未超过担保物价值，因此不可撤销。

2.【答案】

(1)乙公司委托甲公司代为保管的产品，不属于甲公司财产。根据规定，债务人基于仓储、保管、代销法律关系占有、使用的他人财产，不应认定为债务人财产。

(2)丙公司不能要求取回设备。根据规定，买受人破产，其管理人决定继续履行所有权保留买卖合同的，原买卖合同中约定的买受人支付价款或者履行其他义务的期限在破产申请受理时视为到期，买受人管理人应当及时向出卖人支付价款或者履行其他义务。买受人管理人无正当理由未及时支付价款或者履行完毕其他义务，或者将标的物出卖、出质或者作出其他不当处分，给出卖人造成损害，出卖人主张取回标的物的，人民法院应予支持。但是，买受人已支付标的物总价款75%以上或者第三人善意取得标的物所有权或者其他物权的除外。

(3)法院不应撤销甲公司支付的人身损害赔偿金。根据规定，人民法院受理破产申请前6个月内，债务人在出现破产原因的情形下，仍对个别债权进行清偿的，管理人有权请求人民法院予以撤销，但是，个别清偿使债务人财产受益的除外。债务人对债权人进行的以下个别清偿，管理人请求撤销的，人民法院不予支持：①债务人为维系基本生产需要而支付水费、电费等的；②债务人支付劳动报酬、人身损害赔偿金的；③使债务人财产受益的其他个别清偿。

(4)向丁银行抵押的生产设备价值，不应计入确定管理人报酬依据的财产价值总额。根据规定，担保权人优先受偿担保物价值，不计入确定管理人报酬依据的财产价值总额。

(5)管理人可以向丁银行请求支付适当报酬。根据规定，管理人对担保物的维护、变现、交付等管理工作付出合理劳动的，有权向担保权人收取适当的报酬。

第九章　票据与支付结算法律制度

本章重要程度：●●○

本章综合练习（限时120分钟）

扫我做试题

一、单项选择题

1. 根据支付结算法律制度的规定，下列关于银行结算账户使用的表述中，正确的是(　)。
   A. 基本存款账户仅限于具有独立法人资格的单位申请开立
   B. 一般存款账户可以用于办理借款转存、借款归还和现金收付等业务
   C. 临时存款账户的有效期最长不得超过2年
   D. 存款人在异地从事临时活动的，可以在临时活动地开立一个临时存款账户和一个一般存款账户
2. 根据支付结算法律制度的规定，下列关于基本存款账户的表述中，错误的是(　)。
   A. 单位设立的独立核算的附属机构可以申请开立基本存款账户
   B. 居民委员会、村民委员会、社区委员会均可以申请开立基本存款账户
   C. 基本存款账户是存款人因办理日常转账结算和现金收付需要开立的银行结算账户
   D. 企业法人可以开立数个基本存款账户
3. 甲向乙签发面额为300万元的汇票作为购买房屋的价金，乙接受汇票后背书转让给第三方，后甲乙之间的房屋买卖合同被撤销。根据票据法律制度的规定，下列关于甲可以提出的请求中，正确的是(　)。
   A. 请求付款人停止支付票据款项的权利
   B. 请求受让汇票的第三方返还汇票的权利
   C. 请求乙返还汇票的权利
   D. 请求乙返还300万元的权利
4. 甲公司缺乏资金，遂与乙公司约定：甲公司向乙公司背书一张6个月后到期、金额为200万元的远期汇票，乙公司立即向甲公司支付180万元。根据票据法律制度的规定，下列关于甲公司背书票据行为效力的表述中，正确的是(　)。
   A. 有效　　B. 无效
   C. 效力待定　　D. 可撤销
5. A公司因急需资金，将自已持有的一张价值100万的已获承兑的银行承兑汇票背书给B，换取现金60万。根据票据法律制度的规定，下列关于A公司行为的表述中，正确的是(　)。
   A. B通过背书行为获得票据权利
   B. 背书行为有效，因A是票据权利人
   C. 背书行为无效，因不具有真实的交易关系
   D. 背书行为无效，因B未支付等额的对价
6. 根据票据法律制度的规定，下列关于票据金额文字记载与数字记载不一致情形的效力表述中，正确的是(　)。
   A. 以文字为准，但文字含义不明时以数字为准
   B. 以数字为准

C. 以文字与数字中的较低金额为准

D. 票据无效

7. 根据票据法律制度的规定，下列关于票据行为和票据权利的表述中，错误的是(　)。

A. 无民事行为能力人在票据上签章的，只是签章行为无效，并非票据无效，票据上的有效签章人应承担票据责任

B. 因欺诈、胁迫手段取得票据的，不能取得票据权利

C. 票据的取得必须给付对价，否则该票据持有人不能享有票据权利

D. 若背书转让票据的背书人并不享有处分权，背书行为无效，但符合善意取得条件的，背书行为有效

8. 根据票据法律制度的规定，下列关于票据代理的表述中，正确的是(　)。

A. 票据上须本人签章

B. 票据上不需要有代理人签章

C. 要在票据上表明其代理关系，即记载本人

D. 允许代理人以本人名义签章

9. 张某因采购货物签发一张票据给王某，胡某从王某处窃取该票据，陈某明知胡某系窃取所得但仍受让该票据，并将其赠与不知情的黄某。根据票据法律制度的规定，下列各项中，可以享有票据权利的是(　)。

A. 王某　　B. 胡某

C. 陈某　　D. 黄某

10. 根据票据法律制度的规定，下列各项中，属于伪造票据的是(　)。

A. 假冒出票人在票据上签章

B. 涂改票据号码

C. 对票据金额进行挖补篡改

D. 修改出票日期

11. 持票人在一定期限内不行使票据权利，其权利归于消灭。根据票据法律制度的规定，下列有关票据权利消灭时效的表述中，错误的是(　)。

A. 持票人对远期汇票的出票人的权利，自票据到期日起 2 年

B. 持票人对商业汇票的承兑人的权利，自票据到期日起 1 年

C. 持票人对支票出票人的权利，自出票日起 6 个月

D. 持票人对前手的再追索权，自清偿日或被提起诉讼之日起 3 个月

12. 根据票据法律制度的规定，下列关于票据抗辩的表述中，错误的是(　)。

A. 票据债务人一般不得以自己与出票人之间的抗辩事由对抗持票人

B. 票据债务人一般不得以自己与持票人的前手之间的抗辩事由对抗持票人

C. 如果持票人明知存在抗辩事由仍受让该票据，则票据债务人可以自己与持票人的前手之间的抗辩事由对抗持票人

D. 即便持票人取得的票据是无对价的，票据债务人也不得以其对抗持票人前手的抗辩事由对抗该持票人

13. 一张由甲商店在北京市朝阳区签发，收款人为乙食品公司，付款人为 A 银行的支票遗失。根据票据法律制度的规定，下列各项中，有权受理公示催告申请的法院是(　)。

A. A 银行所在地的基层人民法院

B. 乙食品公司所在地的基层人民法院

C. 甲商店所在地的基层人民法院

D. 北京市朝阳区基层人民法院

14. 根据票据法律制度的规定，下列关于商业汇票付款地的表述中，正确的是(　)。

A. 没有记载付款地的，以出票人的营业场所、住所、经常居住地为付款地

B. 没有记载付款地的，以付款人的营业场所、住所、经常居住地为付款地

C. 没有记载付款地的，以持票人的营业场所、住所、经常居住地为付款地

D. 没有记载付款地的，以持票人和付款人或承兑人协商确定的地点为付款地

15. 根据票据法律制度的规定，下列关于汇票记载事项的表述中，错误的是(　)。

A. 汇票上未记载无条件支付委托的，票据无效
B. 汇票上未记载收款人名称的，票据无效
C. 汇票上未记载出票日期的，票据无效
D. 汇票上未记载付款日期的，票据无效

16. 根据票据法律制度的规定，下列关于票据上记载的利息和违约金条款的表述中，正确的是（ ）。
A. 属于相对必要记载事项
B. 属于任意记载事项
C. 属于记载不生票据法上效力的事项
D. 属于记载使票据行为无效事项

17. 根据票据法律制度的规定，下列各项中，属于不发生票据法上的效力的事项是（ ）。
A. 出票人签章
B. 出票地
C. 付款地
D. 签发票据的用途

18. 收款人甲将一张汇票背书转让给乙，并在汇票上记载有“不得转让”字样。根据票据法律制度的规定，下列各项表述中，正确的是（ ）。
A. 若乙将此票据再行背书转让，该背书行为无效
B. 乙不可以将此票据再行背书转让
C. 若乙再行背书转让，甲对乙不承担保证责任
D. 若乙再行背书转让，甲对乙的后手不承担保证责任

19. 根据票据法律制度的规定，下列关于回头背书法律效力的表述中，正确的是（ ）。
A. 回头背书无效
B. 持票人为背书人的，对其后手无追索权
C. 回头背书的被背书人没有票据权利
D. 出票人为回头背书的被背书人的，其没有追索权

20. 甲公司在向银行申请贷款时以银行承兑汇票作质押担保。根据票据法律制度的规定，下列各项中，属于票据质押生效要件的是（ ）。
A. 甲公司须和银行签订票据质押合同
B. 甲公司只须将汇票交付银行占有即可
C. 甲公司应向银行作转让背书
D. 甲公司须在票据上作质押背书并交付

21. 根据票据法律制度的规定，下列关于见票后定期付款的汇票持票人向付款人提示承兑的期限的表述中，正确的是（ ）。
A. 在汇票到期日前
B. 出票日起 1 个月内
C. 出票后 6 个月内
D. 出票后 3 个月内

22. 根据票据法律制度的规定，下列有关票据承兑的表述中，正确的是（ ）。
A. 定日付款的商业承兑汇票，持票人应当在汇票到期日前向付款人提示承兑
B. 见票后定期付款的汇票，持票人应当自出票日起 10 日内向付款人提示承兑
C. 付款人承兑汇票的，应当在汇票正面或者背面记载“承兑”字样和承兑日期并签章
D. 票据承兑后，持票人未在法定期限提示付款的，承兑人的票据责任解除

23. 根据票据法律制度的规定，下列关于汇票持票人未按照规定期限提示承兑的效力的表述中，正确的（ ）。
A. 持票人丧失对其前手的追索权
B. 持票人丧失票据权利
C. 持票人丧失对出票人的追索权
D. 持票人必须要求出票人重新出票

24. 保证人未在汇票或粘单上记载保证日期。根据票据法律制度的规定，下列关于该保证日期的表述中，正确的是（ ）。
A. 出票日期为保证日期
B. 承兑日期为保证日期
C. 背书日期为保证日期

D. 汇票到期日为保证日期

25. 根据票据法律制度的规定，下列各项中，不属于本票的必要记载事项的是（ ）。
A. 表明“本票”的字样
B. 无条件支付的委托
C. 确定的金额和收款人名称
D. 出票人签章

26. 根据票据法律制度的规定，下列关于本票的表述中，正确的是（ ）。
A. 本票上记载"货到后付款"字样的，本票无效
B. 有限责任公司和股份有限公司可以签发商业本票
C. 本票的出票人资格由中国人民银行总行审定
D. 出票人按照申请人要求记载第三人为收款人的，出票人将本票交予申请人，出票行为即完成

27. 本票出票时间为2021年8月12日。根据票据法律制度的规定，下列关于其提示见票并请求付款的期限的表述中，正确的是（ ）。
A. 2021年10月12日之前
B. 2021年9月12日之前
C. 2021年8月22日之前
D. 2021年8月12日之前

28. 根据票据法律制度的规定，下列各项中，不属于支票绝对必要记载事项的是（ ）。
A. 无条件支付的委托
B. 付款人名称
C. 出票地
D. 出票日期

29. 根据票据法律制度的规定，下列各项表述中，错误的是（ ）。
A. 签发空头支票违法，空头支票无效
B. 支票的出票人须在银行或其他金融机构开立支票存款账户
C. 支票都是即期票据
D. 超过付款提示期限的，付款人拒绝付款

30. 根据票据法律制度的规定，下列各项中，属于支票的相对必要记载事项的是（ ）。
A. 付款地　　B. 付款日期
C. 付款人名称　　D. 收款人名称

31. 根据票据法律制度的规定，下列关于支票记载事项的表述中，属于可以由出票人授权补记的是（ ）。
A. 出票日期　　B. 出票人签章
C. 付款人名称　　D. 收款人名称

32. 根据票据法律制度的规定，下列关于汇兑的表述中，错误的是（ ）。
A. 汇兑分为信汇和电汇两种
B. 汇兑没有金额起点的限制
C. 汇兑适用于单位，不适用于个人
D. 汇兑凭证上记载收款人为个人的，收款人需要到汇入银行领取汇款，汇款人应在汇兑凭证上注明“留行待取”字样

33. 根据支付结算法律制度的规定，下列关于银行卡账户及交易的表述中，错误的是（ ）。
A. 单位人民币卡账户的资金一律从其基本存款账户转账存入
B. 单位人民币卡账户销户时，账户余额转入其基本存款账户，不能提取现金
C. 单位人民币卡账户不得存取现金
D. 单位人民币卡账户可以存入销货收入

34. 根据支付结算法律制度的规定，下列关于托收承付的表述中，正确的是（ ）。
A. 托收承付结算每笔的金额起点为10万元
B. 新华书店系统每笔托收承付的金额起点为5 000元
C. 无论是验单付款还是验货付款，付款人都不能在承付期内提前向银行表示承付
D. 代销、寄销、赊销商品的款项，不得办理托收承付结算

35. 根据支付结算法律制度的规定，下列各项中，属于银行不能拒绝办理托收承付

结算的是(　)。

A. 合同中没有订明使用异地托收承付结算方式

B. 该款项为代销商品的款项

C. 收款人对同一付款人发货托收已累计三次未收回货款，再次对该付款人办理托收承付的

D. 该笔托收承付的金额只有5万元

36. 以银行为付款人的，应自收到委托收款及债务证明的次日起一定期限内出具拒绝证明，连同有关债务证明、凭证寄给被委托银行，转交收款人。根据支付结算法律制度的规定，下列各项中，属于该期限的是(　)。

A. 5日　　B. 2日

C. 3日　　D. 10日

37. 根据支付结算法律制度的规定，下列关于国内信用证的表述中，正确的是(　)。

A. 可用于支取现金

B. 开证申请人可以是个人

C. 可转让信用证只能转让一次

D. 信用证可以以人民币计价、也可以以外币计价

38. 根据支付结算法律制度的规定，下列关于国内信用证的表述中，正确的是(　)。

A. 境外甲公司与境内乙公司的货物交易结算，可以适用国内信用证结算方式

B. 信用证可以用于取现，不能用于转账结算

C. 我国信用证为不可撤销、不可转让、不可跟单的信用证

D. 申请人交存的保证金和存款账户余额不足支付的，开证行仍应在规定的付款时间内进行付款

39. 根据支付结算法律制度的规定，下列关于国内信用证办理和使用要求的表述中，正确的是(　)。

A. 信用证结算方式可以用于转账，也可以支取现金

B. 开证行可要求申请人交存一定数额的保证金，但不得要求其提供担保

C. 议付行议付时，必须与受益人书面约定是否有追索权；若约定有追索权，到期不获付款议付行可向受益人追索

D. 申请人交存的保证金和存款账户余额不足支付的，开证行有权拒绝付款

40. 根据支付结算法律制度的规定，下列关于预付卡使用的表述中，错误的是(　)。

A. 记名预付卡可挂失，可赎回

B. 预付卡不得具有透支功能

C. 记名预付卡不得设置有效期

D. 不记名预付卡有效期可设置为1年

二、多项选择题

1. 根据支付结算法律制度的规定，下列各项中，属于银行可通过Ⅰ类户为存款人提供服务的有(　)。

A. 存款

B. 购买投资理财产品

C. 转账

D. 支取现金

2. 根据票据法律制度的规定，下列关于票据特征的表述中，正确的有(　)。

A. 票据是债权证券，即持票人可以就票据上所记载的金额向特定票据债务人行使其请求权

B. 票据是设权证券，即没有票据就没有票据上的权利

C. 票据是文义证券，但如果票据上记载的文义有错，可以依票据之外的其他证据变更或者补充

D. 票据是金钱证券，即持票人可以请求债务人给付一定的金钱

3. 根据票据法律制度的规定，下列关于票据特征的表述，正确的有(　)。

A. 出票人签发的有价证券

B. 以支付一定的金额为目的

C. 票据所表示的权利与票据相分离

D. 票据是无因证券并可转让

4. 根据票据法律制度的规定，下列各项中，属于票据法上的非票据关系的有(　)。

A. 甲公司与乙公司签订一份货物买卖合同，为此甲公司向乙公司签发一张支票支付货款
B. 赵某丢失一张支票被高某拾得，赵某要求高某返还票据
C. 甲公司向乙公司签发一张支票，由于疏忽，乙公司未在规定期限内提示付款，遂要求甲公司重新签发一张支票
D. 甲公司的开户银行向乙公司支付支票金额后，收回支票

5. 根据票据法律制度的规定，下列关于票据关系的表述中，正确的有(　)。
A. 票据签发的原因关系属于票据关系
B. 持票人享有的利益返还请求权属于票据关系
C. 持票人请求承兑人付款属于票据关系
D. 持票人向前手行使追索权的关系属于票据关系

6. 根据票据法律制度的规定，下列关于票据签章的表述中，正确的有(　)。
A. 出票人在票据上签章不符合规定的，票据无效
B. 保证人在票据上的签章不符合规定的，其签章无效
C. 背书人在票据上签章不符合规定的，票据无效
D. 无民事行为能力人在票据上签章的，其签章无效

7. 根据票据法律制度的规定，下列关于代理人超越代理权限的效力表述中，正确的有(　)。
A. 票据代理无效
B. 在权限范围内的代理行为继续有效
C. 超越代理权限的部分由被代理人承担票据责任
D. 超越代理权限的部分由代理人承担票据责任

8. 根据票据法律制度的规定，下列关于票据代理的表述中，正确的有(　)。
A. 代理人在行使代理权时，须在票据上以自己的名字或名称作签章
B. 代理人应当在票据上注明“代理”字样或类似的文句
C. 没有代理权而以代理人名义在票据上签章的，应当由签章人承担票据责任
D. 代理人超越代理权限的，应当就其超越权限的部分承担票据责任

9. 根据票据法律制度的规定，下列各项中，属于票据权利取得方式的有(　)。
A. 出票取得　　B. 转让取得
C. 继承取得　　D. 赠与取得

10. 根据票据法律制度的规定，下列各项中，可以不支付对价而取得票据权利的有(　)。
A. 甲公司因退税从税务机关取得的支票
B. 乙公司接受购买货物一方开出的用于支付定金的支票
C. 丙公司因与其他公司合并取得的支票
D. 丁公司因接受赠与取得的支票

11. 根据票据法律制度的规定，下列各项中，属于最终的持票人可以享有票据权利的有(　)。
A. 出票人签章被伪造
B. 以欺诈手段取得票据
C. 无偿取得票据
D. 出票人与收款人基础关系无效

12. 根据票据法律制度的规定，下列关于票据伪造、变造的表述中，正确的有(　)。
A. 票据上有伪造、变造的情形，票据作废
B. 票据上被伪造人、被变造人和伪造人、变造人承担连带责任
C. 票据上其他事项被变造的，在变造之前签章的人，对原记载事项负责，在变造之后签章的人，对变造之后的记载事项负责
D. 票据上其他事项被变造的，不能辨别是在票据被变造之前或者之后签章的，视同在票据被变造之前签章

13. 根据票据法律制度的规定，下列关于票

据权利时效的表述中，正确的有(　)。
A. 汇票、本票、支票的持票人对前手(不包括出票人、承兑人)的追索权，消灭时效期间为6个月
B. 票据权利时效发生中断的，只对发生时效中断事由的当事人有效
C. 票据权利时效可以中断，不能中止
D. 利益返还请求权不适用票据权利时效的规定

14. 根据票据法律制度的规定，下列各项中，属于票据债务人可以行使票据抗辩权的有(　)。
A. 背书不连续，持票人不能证明其票据权利
B. 持票人向票据债务人交付的货物有严重的质量问题
C. 票据金额的中文大写与数码记载不一致
D. 票据上没有记载付款地

15. 根据票据法律制度的规定，下列各项中，票据在丧失后可以申请挂失止付的有(　)。
A. 已承兑的银行承兑汇票
B. 支票
C. 已承兑的商业承兑汇票
D. 未填明“现金”字样的银行本票

16. 根据票据法律制度的规定，下列关于公示催告的表述中，正确的有(　)。
A. 公示催告期间，人民法院向付款人发出的止付通知有效期截止到公示催告程序终结
B. 公示催告期间，人民法院收到利害关系人的申报，经确认该票据是申请人遗失的票据，应当裁定终结公示催告程序
C. 公示催告期间届满以后，没有人申报的，人民法院应当根据申请人的申请，作出除权判决，宣告票据无效
D. 利害关系人因为正当理由不能在除权判决之前向法院及时申报权利的，自知道或者应当知道判决公告之日起1年内，可以向作出除权判决的法院起诉，请求撤销除权判决

17. 根据票据法律制度的规定，下列各项中，属于不得背书转让的有(　)。
A. 现金银行汇票　B. 商业承兑汇票
C. 现金银行本票　D. 现金支票

18. 根据票据法律制度的规定，下列各项中，属于与票据权利有关的民事诉讼的有(　)。
A. 票据返还之诉
B. 请求补发票据之诉
C. 请求付款之诉
D. 请求赔偿之诉

19. 根据票据法律制度的规定，下列关于银行汇票的表述中，正确的有(　)。
A. 银行所记载的“收款人”可以是申请人自己
B. 当申请人是单位时，可以申请人经办该项业务的工作人员作为收款人
C. 未填明实际结算金额和多余金额或实际结算金额超过出票金额的，银行不予受理
D. 单位和个人均可以使用银行汇票

20. 根据票据法律制度的规定，下列关于汇票的表述中，正确的有(　)。
A. 银行汇票也可称为银行承兑汇票
B. 银行汇票的签发主体只能是银行
C. 商业汇票的签发主体为银行之外的企业或其他组织
D. 商业汇票的付款人可以是银行，也可以是企业

21. 根据票据法律制度的规定，下列各项中，属于法定禁止背书的情形有(　)。
A. 现金支票
B. 填明现金字样的银行汇票
C. 汇票超过付款提示期限
D. 汇票背书的次数过多以致在汇票上无法记载

22. 甲公司将一张银行承兑汇票转让给乙公

司，乙公司以质押背书方式向A银行取得贷款。贷款到期，乙公司偿还贷款，收回汇票并转让给丙公司。票据到期后，丙公司作成委托收款背书，委托开户银行提示付款。根据票据法律制度的规定，下列各项中，属于非转让背书的有（　）。

A. 甲公司背书给乙公司

B. 乙公司质押背书给A银行

C. 乙公司背书给丙公司

D. 丙公司委托收款背书

23. 根据票据法律制度的规定，下列关于委托收款背书的表述中，正确的有（　）。

A. 被背书人可以对他人进行委托收款背书

B. 被背书人不享有处分票据的权利

C. 发生抗辩切断问题

D. 被背书人成为票据权利人

24. 根据票据法律制度的规定，下列各项中，属于保证人应承担保证责任的有（　）。

A. 被保证人是限制民事行为能力人

B. 被保证人的签章是被伪造的

C. 被保证人是被欺诈、胁迫才签发票据

D. 被保证人的债务因汇票记载事项欠缺而无效

25. 根据票据法律制度的规定，下列关于票据保证的表述中，正确的有（　）。

A. 保证人未记载保证日期的，出票日期为保证日期

B. 保证人与被保证人负同一责任，如果以特定的背书人作为被保证人，则持票人不得对保证人主张付款请求权，只能对其行使追索权

C. 票据保证人不享有先诉抗辩权

D. 被保证人的债务因汇票记载事项欠缺而无效，保证人则不用承担保证责任

26. 根据票据法律制度的规定，下列各项中，属于票据付款人在付款时应当审查的事项的有（　）。

A. 出票人与收款人之间有无真实的交易关系

B. 持票人与其前手之间有无对价

C. 持票人身份证件的真实性

D. 背书是否连续

27. 2022年6月1日，甲向乙签发了一张出票后3个月付款的银行承兑汇票，该汇票已经依法由A银行承兑，乙于2022年9月21日向A银行提示付款。根据票据法律制度的规定，下列说法中正确的有（　）。

A. 乙提示付款时间已经超出了法律规定的期限

B. 乙提示付款时间符合规定

C. 在乙作出说明后，A银行仍应承担付款责任

D. A银行和甲不再承担票据责任

28. 根据票据法律制度的规定，下列属于汇票到期日前，持票人可以行使追索权的有（　）。

A. 承兑人或者付款人死亡、逃匿的

B. 汇票被拒绝承兑的

C. 承兑人或者付款人被依法宣告破产的

D. 承兑人或者付款人因违法被责令终止业务活动的

29. 根据票据法律制度的规定，下列关于票据追索的表述中，正确的有（　）。

A. 票据追索只能要求偿还票据金额

B. 持票人不能出示拒绝证明、退票理由书或者未按照规定期限提供其他合法证明的，丧失对其前手的追索权。但是，承兑人或者付款人仍应当对持票人承担责任

C. 票据的出票人、背书人、承兑人和保证人对持票人承担连带责任，都有可能成为追索对象

D. 持票人应当自收到被拒绝承兑或者被拒绝付款的有关证明之日起3日内，将被拒绝事由书面通知其前手

30. 根据票据法律制度的规定，下列各项中，属于汇票持票人行使追索权时可以请求被追索人清偿的款项有（　）。

A. 汇票金额自到期日起至清偿日止，按照中国人民银行规定的相关利率计算的利息
B. 发出通知书的费用
C. 因汇票金额被拒绝支付而导致的利润损失
D. 因汇票金额被拒绝支付导致追索人对他人违约而支付的违约金

31. 在银行汇兑业务中，已经汇出的款项在特定情形下应由银行办理退汇。根据支付结算法律制度的规定，下列各项中，属于银行应依当事人申请或有关规定办理退汇的有(　)。
A. 收款人拒绝接受汇款
B. 汇入银行向收款人发出取款通知后，经过两个月汇款仍无法交付
C. 收款人在汇入银行未开立存款账户，汇入银行已将汇款支付给收款人
D. 收款人在汇入银行有存款账户，汇款人与收款人联系退汇，但双方未能就退汇达成一致意见

32. 根据支付结算法律制度的规定，下列各项中，属于托收承付的付款人向银行提出拒绝付款的理由的有(　)。
A. 合同未订明以托收承付方式结算款项
B. 未按合同规定的到货地址发货的款项
C. 代销商品的款项
D. 赊销商品的款项

33. 委托收款结算方式下，以单位为付款人的，特定情况下可以对收款人委托收取的款项拒绝付款。根据支付结算法律制度的规定，下列各项表述中，正确的有(　)。
A. 持有债务证明的，应将其寄给收款人
B. 应在接到通知日的次日起3日内出具拒绝证明
C. 持有债务证明的，应将其送交开户银行
D. 应在接到通知日的次日起5日内出具拒绝证明

34. 根据支付结算法律制度的规定，下列关于国内信用证修改的表述中，错误的有(　)。
A. 开证申请人对已开立的信用证内容修改的，应向开证行提出修改申请，明确修改的内容
B. 信用证增额修改的，开证行可要求申请人追加增额担保
C. 对同一修改内容部分接受的，视为接受修改
D. 信用证修改后，保兑行应对修改的内容加具保兑

35. 根据支付结算法律制度的规定，下列关于信用卡的表述中，正确的有(　)。
A. 信用卡具有透支功能
B. 信用卡按照是否向发卡行交存备用金，分为贷记卡、准贷记卡
C. 贷记卡持卡人须先交存备用金，当备用金余额不足支付时，在发卡行授信额度内透支
D. 贷记卡持卡人可在信用额度内先消费后还款

36. 根据支付结算法律制度的规定，下列关于预付卡的表述中，正确的有(　)。
A. 单用途商业预付卡仅限于在发行企业或发行企业所属集团或同一品牌特许经营体系内兑付货物或服务
B. 记名预付卡可挂失、可赎回，不得设置有效期
C. 不记名预付卡一般不挂失、不赎回，有效期不得低于3年
D. 预付卡可以透支

三、案例分析题

1. 甲公司为购买明星同款雪橇，签发一张金额为50万元的银行承兑汇票给乙公司，由A银行承兑。甲公司出票时记载“不承担付款责任”。乙公司财务人员谷某偷得乙公司持有的该汇票，并伪造乙公司授权书和乙公司签章将票据背书给知情的丙公司。之后丙公司将票据背书给丁公司。丁公司向A银行提示付款被拒绝，丁公司遂

向甲乙丙追索。

根据上述内容，分别回答下列问题：

(1)出票时记载“不承担付款责任”是否有效？并说明理由。

(2)丙公司是否取得票据权利？并说明理由。

(3)丙公司是否承担票据责任？并说明理由。

(4)乙公司是否承担票据责任？并说明理由。

2. 甲公司为支付“金墩墩”纪念品的货款，向乙公司签发一张以A银行为承兑人、金额为200万元的银行承兑汇票，并在买卖合同中约定“甲公司向乙公司签发的汇票不得转让”，A银行作为承兑人在票面签章，该汇票为见票后定期付款。丙公司向乙公司谎称其有该紧俏的“金墩墩”纪念品，诱使乙公司将该汇票背书转让给丙公司。在取得汇票之后，丙公司又将该汇票背书转让给对其诱骗行为不知情的丁公司以支付货款，并在汇票上标明“货到后背书生效”，后因春节期间物流运输受阻，货物未按期送到。丁公司为支付运费，将该汇票背书转让给戊公司。戊公司于汇票到期后第20日向A银行提示付款，A银行以戊公司未遵期提示为理由拒绝付款。戊公司遂向前手行使追索权，甲公司以该汇票不得转让为由拒绝承担票据责任。乙公司以其系被欺诈转让票据为由拒绝承担票据责任，丙公司以丁公司货物未收到为由拒绝承担票据责任。丁公司向戊公司承担票据责任后向乙、丙公司追索，乙、丙公司以上述同样理由拒绝承担票据责任。

根据上述内容，分别回答下列问题：

(1)甲公司以票据不得转让为由拒绝承担票据责任的主张是否成立？并说明理由。

(2)丙公司以丁公司的货物未到为由拒绝向戊公司承担票据责任的主张是否成立？并说明理由。

(3)乙公司以其系被欺诈转让票据为由拒绝向丁公司承担票据责任的主张是否成立？并说明理由。

(4)A银行以戊公司未遵期提示为理由拒绝付款的主张是否成立？并说明理由。

3. 甲公司为购买高等级防护口罩，向乙公司签发了一张以A银行为承兑人，金额为100万元的银行承兑汇票，A银行作为承兑人在票面上签章。乙公司因资金紧张，将该汇票贴现给丙公司(非金融机构)，收取80万元现金。丙公司又将该汇票背书转让给知情的丁公司。丁公司将票据被转让给不知情的戊公司，被背书人一栏由戊公司自行补记。戊公司于汇票到期日向A银行提示付款，A银行以戊公司自行补记被背书人为由拒付，戊公司遂向乙、丙公司追索。

根据上述内容，分别回答下列问题：

(1)丙公司是否取得票据权利？并说明理由。

(2)丁公司是否取得票据权利？并说明理由。

(3)乙公司是否应当承担票据责任？并说明理由。

(4)戊公司是否取得票据权利？并说明理由。

4. 甲公司向乙公司支付咨询费，签发了一张以A银行为承兑人、金额为60万元的银行承兑汇票。A银行作为承兑人在票面上签章。后乙公司被丙公司吸收合并。丙公司又将该汇票赠与给丁公司。丁公司为担保某笔债务，将汇票质押背书给戊公司。因丁公司担保的债务到期未能履行，戊公司于汇票到期日向A银行提示付款。A银行以汇票背书不连续为由拒付，戊公司遂向甲、丙公司追索。

根据上述内容，分别回答下列问题：

(1)甲公司是否应当承担票据责任？并说明理由。

(2)丙公司是否取得票据权利？并说明理由。

(3)丁公司是否取得票据权利？并说明理由。

(4)戊公司是否可以向前手进行追索？并说明理由。

本章综合练习·参考答案及解析

一、单项选择题

1. C 【解析】本题考核银行结算账户。选项A：存款人申请基本存款账户的可以有：非法人企业；机关、事业单位；社会团体；异地常设机构等，可见申请资格并不限于具有独立法人资格的单位。选项B：一般存款账户是指存款人在基本存款账户开户银行以外的银行营业机构开立的用于办理借款转存、借款归还和其他结算的银行结算账户。该账户可以办理现金缴存，但不得办理现金支取。选项D：存款人在异地从事临时活动的，只能在其临时活动地开立一个临时存款账户。
2. D 【解析】本题考核基本存款账户。一个企业法人只能开立一个基本存款账户。
3. D 【解析】本题考核票据基础关系对票据行为效力的影响。作为原因关系的合同被撤销，此时票据基础关系的瑕疵并不影响票据行为的效力。因此第三方享有票据权利。甲不能要求第三方或乙返还票据。
4. B 【解析】本题考核票据基础关系对票据行为效力的影响。甲公司向乙公司背书票据的行为属于非真实的交易关系，构成非法票据贴现。票据贴现是国家特许经营的金融业务，只有经批准的金融机构才有资格办理，其他组织与个人从事票据贴现业务，转让背书行为无效，贴现款和票据应当相互返还。因此此时票据行为无因性是不适用的，甲公司背书票据的行为无效。
5. C 【解析】本题考核票据基础关系对票据行为效力的影响。A将票据背书给B，属于非法票据贴现。票据贴现是国家特许经营的金融业务，只有经批准的金融机构才有资格办理，其他组织与个人从事票据贴现业务，转让背书行为无效，贴现款和票据应当相互返还。此时票据行为无因性不适用，因此A公司票据背书行为无效。
6. D 【解析】本题考核票据生效要件。票据金额以中文大写和数码同时记载，两者必须一致，不一致时，票据无效。
7. C 【解析】本题考核票据权利。票据的取得应当给付对价，但善意的无偿取得票据的持票人可以享有票据权利，只是要承受其前手的瑕疵，故选项C表述错误。
8. C 【解析】本题考核票据代理。票据代理行为生效的要件：①应明示被代理人的名义，表明代理的意思；②应由代理人签章；③代理人应有代理权；票据当事人可以委托其代理人在票据上签章，并应当在票据上表明其代理关系。
9. A 【解析】本题考核票据权利。持票人以欺诈、偷盗或者胁迫等手段取得票据的，或者明知有上述情形，出于恶意取得票据的，不享有票据权利。胡某和陈某均不享有票据权利；因税收、继承、赠与可以依法无偿取得票据的，票据权利不得优于其前手。黄某虽然是善意不知情的，但是其未支付合理对价，其票据权利不优于其前手陈某，故黄某不享有票据权利。
10. A 【解析】本题考核票据伪造。票据的伪造，是指对签章的伪造。针对签章之外的事项，是变造。
11. B 【解析】本题考核票据权利时效。票据权利因在一定期限内不行使而消灭的情形有四种：①持票人对汇票承兑人或者本票出票人的权利，自票据到期日起2年。见票即付的汇票、本票，自出票日起2年；②持票人对支票出票人的权利，自出票日起 6 个月；③持票人对前手的追索权，自被拒绝承兑或者被拒绝付款之日起 6 个月；④持票人对前手的再追索权，自清偿日或者被提起诉讼之日起 3 个月。

12. D 【解析】本题考核票据抗辩。持票人取得的票据是无对价或者不相当对价的，由于其享有的权利不能优于其前手，故票据债务人可以对抗持票人前手的抗辩事由对抗该持票人。因此选项 D 表述错误。

13. A 【解析】本题考核公示催告。公示催告中，失票人向票据付款地的基层法院提出书面的公示催告申请。

14. B 【解析】本题考核汇票的出票。汇票上未记载付款地的，付款人的营业场所、住所或者经常居住地为付款地。

15. D 【解析】本题考核汇票的出票。汇票上未记载付款日期的，视为见票即付，因此选项 D 表述错误。

16. C 【解析】本题考核汇票的出票。记载不生票据法上效力的事项，记载此类事项并不产生票据法上的效力。

17. D 【解析】本题考核汇票的出票。票据的出票人签章属于绝对应记载事项，出票地和付款地属于相对应记载事项，而签发票据的用途属于不发生票据法上的效力的事项。

18. D 【解析】本题考核汇票的背书。背书人在汇票上记载“不得转让”字样，其后手再背书转让的，原背书人对后手的被背书人不承担保证责任。

19. B 【解析】本题考核回头背书。持票人为出票人的，对其前手无追索权。持票人为背书人的，对其后手无追索权。

20. D 【解析】本题考核质押背书。汇票可以设定质押；质押时应当以背书记载“质押”字样。被背书人依法实现其质权时，可以行使汇票权利。

21. B 【解析】本题考核汇票的承兑。见票后定期付款的汇票，持票人应当自出票日起 1 个月内向付款人提示承兑。

22. A 【解析】本题考核汇票的承兑。见票后定期付款的汇票，持票人应当自出票日起 1 个月内向付款人提示承兑，因此选项 B 错误；付款人承兑汇票的，应当在汇票正面记载“承兑”字样和承兑日期并签章，不是在票据背面记载，因此选项 C 错误；票据承兑后，承兑人的票据责任不因持票人未在法定期限提示付款而解除，因此选项 D 错误。

23. A 【解析】本题考核汇票的承兑。汇票持票人未按照规定期限提示承兑的，丧失对其前手的追索权，但并不丧失对出票人的追索权。

24. A 【解析】本题考核票据保证。保证人在票据或者粘单上未记载“保证日期”的，出票日期为保证日期。

25. B 【解析】本题考核本票。本票必须记载的事项有：①表明“本票”的字样；②无条件支付的承诺；③确定的金额；④收款人名称；⑤出票日期；⑥出票人签章。本票是自付票据，所以，应该是无条件支付的承诺，而非委托。

26. A 【解析】本题考核本票。选项 A 中是“附条件支付的承诺”，属于绝对记载事项欠缺，票据无效。选项 A 正确；我国票据法中不存在商业本票，选项 B 错误；银行本票的出票人，为经中国人民银行当地分支行批准办理银行本票业务的银行机构。选项 C 错误；选项 D 中，票据行为要求的“交付”是指交付给票据权利人，因此当申请人将本票交付给收款人时，出票行为才生效。选项 D 错误。

27. A 【解析】本题考核本票。本票自出票之日起，付款期限最长不得超过 2 个月。

28. C 【解析】本题考核支票。选项 C：支票的出票地是相对必要记载事项。

29. A 【解析】本题考核支票。签发空头支票违法，但空头支票并不无效。

30. A 【解析】本题考核支票。支票是见票即付，无需记载付款日期。而支票的相对必要记载事项包括付款地与出票地。收款人名称属于任意记载事项。

31. D 【解析】本题考核支票。支票上的金额和收款人名称可以授权补记。

32. C 【解析】本题考核汇兑。单位和个人的各种款项的结算，均可使用汇兑结算方式，而且不受金额起点的限制。

33. D 【解析】本题考核银行卡。单位人民币卡账户的资金一律从其基本存款账户转账存入，不得存取现金，不得将销货收入存入单位卡账户。所以选项 D 表述错误，当选。

34. D 【解析】本题考核托收承付。托收承付结算每笔金额起点为 1 万元，因此选项 A 错误；新华书店系统每笔托收承付的金额起点是 1 000 元；因此选项 B 错误；无论是验单付款还是验货付款，付款人都可以在承付期内提前向银行表示承付，并通知银行提前付款，银行应立即办理划款，因此选项 C 错误。

35. D 【解析】本题考核托收承付。选项 A：托收承付双方必须在合同上订明使用异地托收承付结算方式。选项 B：代销、寄销与赊销商品的款项，不得办理托收承运结算。选项 C：收款人对同一付款人发货托收累计三次收不回货款的，收款人开户银行应暂停收款人向付款人办理托收。选项 D：属于银行可以办理托收承付的情形。

36. C 【解析】本题考核委托收款。以银行为付款人的，应自收到委托收款及债务证明的次日起 3 日内出具拒绝证明，连同有关债务证明、凭证寄给被委托银行，转交收款人。

37. C 【解析】本题考核信用证。信用证只限于转账结算，不得支取现金。选项 A 错误；国内信用证适用于国内企事业单位之间货物和服务贸易。选项 B 错误；信用证以人民币计价，选项 D 错误。

38. D 【解析】本题考核信用证。国内信用证结算方式只适用于国内企事业单位之间商品交易，并且只能用于转账结算，不得支取现金。我国的信用证为可转让、不可撤销的跟单信用证。

39. C 【解析】本题考核信用证。信用证只能用于转账结算，不得支取现金，选项 A 错误；开证行可要求申请人交存一定数额的保证金，并可根据申请人资信情况要求其提供抵押、质押、保证等合法有效的担保，选项 B 错误；申请人交存的保证金和其存款账户余额不足支付的，开证行仍应在规定的付款时间内付款，选项 D 错误。

40. D 【解析】本题考核预付卡。选项 D，不记名预付卡有效期不得低于 3 年。

二、多项选择题

1. ABCD 【解析】本题考核个人银行结算账户。银行可以通过 I 类户为存款人提供存款、购买投资理财产品等金融产品、转账、消费和缴费支付、支取现金等服务。

2. ABD 【解析】本题考核票据特征。选项 C：票据是文义证券，意味着票据的权利和义务依赖于票据上的文义记载，不得随意做扩大或者限缩的解释，通常也不能用票据以外的其他形式记载替代票据上的记载事项。

3. ABD 【解析】本题考核票据特征。票据所表示的权利与票据一般不可分离。

4. BCD 【解析】本题考核非票据关系。票据关系是指基于票据行为而发生的、以请求支付票据金额为内容的债权债务关系。甲乙公司基于货物买卖合同而签发支票属于票据法上的票据关系，因此选项 A 不选；非票据关系是指与票据有密切联系，但是并非基于票据行为而发生，并且不以请求支付票据金额为内容的法律关系。选项 B 要求无票据权利的高某返还票据是非票据关系；选项 C 因为某种原因丧失票据权利的人要求出票人签发新的票据或承担相应的民事责任的行为，属于非票据关系；选项 D 付款后收回票据的行为属于票据法上的非票据关系。所以本题选 BCD 选项。

5. CD 【解析】本题考核票据关系。票据签发、转让的当事人之间的票据原因关系属于民法上的非票据关系，选项 A 错误；利益返还请求权属于票据法上的非票据关系，选项 B 错误。

6. ABD 【解析】本题考核票据签章。背书人在票据上签章不符合规定的，该背书人的签章是无效的，但不影响其他合法签章的效力，所以选项 C 错误。

7. BD 【解析】本题考核票据代理。代理人超越代理权限的，应当就其超越权限的部分承担票据责任。

8. ABCD 【解析】本题考核票据代理。票据行为的代理必须具备的条件：首先，要表明本人的名义，明确本人实施的是代理；其次，代理人要做签章；最后，需要代理人有代理权。没有代理权而以代理人名义在票据上签章的，应当由签章人承担票据责任。代理人超越代理权限的，应当就其超越权限的部分承担票据责任。因此选项 ABCD 表述都是正确的。

9. ABCD 【解析】本题考核票据权利。当事人取得票据权利的情形主要有：①从出票人处取得；②从持有票据的人处受让票据（即背书）；③依票据保证与质押而取得；④依税收、继承、赠与、企业合并等方式获得票据。

10. ACD 【解析】本题考核票据权利。票据的取得，必须给付对价，但如果是因税收、继承、赠与、企业合并可以依法无偿取得票据的，不受给付对价之限制。

11. ACD 【解析】本题考核票据权利。出票时出票人签章被伪造，票据仍然有效，不影响其他票据人签章的效力，选项 A 当选。以欺诈、偷盗或者胁迫等手段取得票据的，或者明知有前列情形，出于恶意取得票据的，不得享有票据权利，选项 B 错误。因税收、继承、赠与可以依法无偿取得票据的，不受给付对价的限制。但是，所享有的票据权利不得优于其前手的权利。选项 C 当选。出票行为的原因关系无效，不影响票据行为的效力，选项 D 当选。

12. CD 【解析】本题考核票据伪造、变造。选项 A：票据上有伪造、变造的情形，不影响其他真实签章的效力；所以票据仍有效。选项 B：被伪造人一般不承担票据责任；伪造人由于在票据上没有以自己名义所作的签章，因此不应承担票据责任，但可能承担刑事责任、行政责任或者民法上的赔偿责任。

13. ABD 【解析】本题考核票据权利时效。票据时效期间可以中断，也可以中止。

14. ABC 【解析】本题考核票据抗辩。付款地是相对记载事项，欠缺该事项不影响票据的效力，不构成抗辩事由。

15. ABC 【解析】本题考核挂失止付。已承兑的商业汇票、支票、填明“现金”字样和代理付款人的银行汇票以及填明“现金”字样的银行本票丧失，可以由失票人通知付款人或者代理付款人挂失止付。未填明“现金”字样和代理付款人的银行汇票以及未填明“现金”字样的银行本票丧失，不得挂失止付。

16. ABCD 【解析】本题考核公示催告。

17. ACD 【解析】本题考核不得背书情形。填明“现金”字样的银行汇票、银行本票和现金支票不得背书转让。

18. ABC 【解析】本题考核票据丢失的补救。票据权利有关的民事诉讼共有三种：要求票据返还的诉讼、请求出票人补发票据的诉讼和请求付款人付款的诉讼。

19. ABCD 【解析】本题考核银行汇票。

20. BCD 【解析】本题考核汇票。银行承兑汇票不等于银行汇票。银行承兑汇票属于商业汇票的一种。

21. ABC 【解析】本题考核法定禁止背书。汇票被拒绝承兑、被拒绝付款或者超过付款提示期限的，不得背书转让；填明“现金”字样的银行汇票、银行本票和现金支票不得背书转让。选项 D 的情形中可以附加粘单，并不是禁止背书。

22. BD 【解析】本题考核非转让背书。转让背书是指持票人可以将汇票权利转让给他人或者将一定的汇票权利授予他人行使的行为，即导致“票据权利”转移。而“票据质押”是一种担保行为，票据权利不一定转移；“委托收款”是持票人授予受托人代理权，让其代为收取票据款项，票据权利人还是“持票人本身”，所以并没有导致“票据权利转移”。

23. AB 【解析】本题考核委托收款背书。委托收款背书，被背书人取得代理权，并不能取得票据权利；选项 D 错误。委托收款背书，不发生抗辩切断的问题；选项 C 错误。

24. ABC 【解析】本题考核票据保证。保证人对合法取得汇票的持票人所享有的汇票权利，承担保证责任。但是，被保证人的债务因汇票记载事项欠缺而无效的除外。

25. ABCD 【解析】本题考核票据保证。票据保证中，未记载保证日期的，出票日期为保证日期，选项 A 正确。若承兑人是被保证人，持票人有权向保证人行使付款请求权；若出票人、转让背书人是被保证人，持票人有权对其行使追索权，选项 B 正确。保证人的保证责任是连带责任，保证人并不享有先诉抗辩权，选项 C 正确。被保证人债务因欠缺票据形式要件而无效时，保证人的票据责任解除。汇票记载事项属于形式要件，因此选项 D 正确。

26. CD 【解析】本题考核票据付款。付款人对票据权利的审查，只负有形式审查的义务。主要审查票据凭证是否符合规定、相关票据行为的绝对必要记载事项是否欠缺以及票据是否到期等。

27. AC 【解析】本题考核票据付款。出票后定期付款的汇票，自到期日起 10 日内向承兑人提示付款。出票人未按照上述规定期限提示付款的，在作出说明后，承兑人仍应当继续对持票人承担付款责任。本题乙在 2022 年 9 月 21 日提示付款，已经超过了法定的付款提示期间，但是在作出说明后，A 银行应承担付款责任。

28. ABCD 【解析】本题考核追索权。汇票到期被拒绝付款的，持票人可以对背书人、出票人以及汇票的其他债务人行使追索权。汇票到期日前，有下列情形之一的，持票人也可以行使追索权：①汇票被拒绝承兑的；②承兑人或者付款人死亡、逃匿的；③承兑人或者付款人被依法宣告破产的或者因违法被责令终止业务活动的。

29. BCD 【解析】本题考核追索权。票据追索可以要求支付票据金额的利息和取得证明或发出通知的相关费用，故选项 A 不对。

30. AB 【解析】本题考核追索权。持票人行使追索权，可以请求被追索人支付的金额和费用有：①被拒绝付款的汇票金额；②汇票金额自到期日或者提示付款日起至清偿日止，按照中国人民银行规定的同档次流动资金贷款利率计算的利息；③取得有关拒绝证明和发出通知书的费用。

31. AB 【解析】本题考核汇兑。汇入银行对于收款人拒绝接受的汇款，应立即办理退汇；选项 A 正确。汇入银行对于向收款人发出取款通知，经过两个月无法交付的汇款，应主动办理退汇；选项 B 正确。对未在汇入银行开立存款账户的收款人，汇款人应出具正式函件或本人身份证件以及原信、电汇回单，由汇出银行通知汇入银行，经汇入银行核实汇款确未支付，并将款项汇回汇出银行，方可办理退汇；选项 C 错误。对在汇入银行开立存款账户的收款人，由汇款人与收款人自行联系退汇；选项 D 错误。

32. ABCD 【解析】本题考核托收承付。付款人在承付期内，有正当理由，可向银行提出全部或部分拒绝付款。该理由包括：没有签订购销合同或未订明托收承付结算方式购销合同款项；未按合同规定的到货地址发货的款项；代销、寄销、赊销商品的款项等。

33. BC 【解析】本题考核委托收款。以单位为付款人的拒绝付款，应在付款人接到通知日的次日起3日内开具拒绝证明，持有债务证明的，应将其送交开户银行。银行将拒绝证明、债务证明和有关凭证一并寄给被委托银行，转交收款人。

34. CD 【解析】本题考核信用证。对同一修改的内容不允许部分接受，部分接受将被视作拒绝接受修改，选项 C 表述错误。保兑行有权选择是否将其保兑扩展至修改。保兑行将其保兑扩展至修改的，自出扩展通知时即不可撤销地受其约束；保兑行不对修改加具保兑的，应及时告知开证行并在给受益人的通知中告知受益人，选项 D 表述错误。

35. ABD 【解析】本题考核信用卡。信用卡按照是否向发卡行交存备用金，分为贷记卡、准贷记卡。准贷记卡是持卡人须先按发卡银行要求交存一定金额的备用金，当备用金账户余额不足支付时，可在发卡银行规定的信用额度内透支的信用卡，选项 C 表述错误。

36. ABC 【解析】本题考核预付卡。预付卡不得具有透支功能。

三、案例分析题

1.【答案】

（1）该记载无效。根据规定，出票人完成出票行为后，即应承担付款义务。因此，出票人在票据上记载相关条款，如与该义务冲突，则视为记载无效。

（2）丙公司不能取得票据权利。根据规定，以欺诈、偷盗或者胁迫等手段取得票据的，或者明知有前列情形，出于恶意取得票据的，不得享有票据权利。

（3）丙公司承担票据责任。根据规定，票据上同时存在有伪造签章和真实签章的，并不影响真实签章的效力。丙公司作为背书人在票据上签章，因此应当承担票据责任。

（4）乙公司不承担票据责任。根据规定，票据伪造的被伪造人，不承担票据责任。因此本题中被伪造人乙公司不承担票据责任。

2.【答案】

（1）甲公司以票据不得转让为由拒绝承担票据责任的主张不成立。票据是文义证券，甲公司和乙公司在买卖合同中约定票据不得转让，不具有票据法上的效力。

（2）丙公司以丁公司货物未到为由拒绝向戊公司承担票据责任的主张不成立。根据规定，原则上票据债务人不得以自己与出票人或者与持票人的前手之间的抗辩事由，对抗持票人。

（3）乙公司以其系被欺诈转让票据为由拒绝向丁公司承担票据责任的主张不成立。根据规定，以欺诈、偷盗或者胁迫等手段取得票据的，或者明知有前列情形，出于恶意取得票据的，不得享有票据权利。但是，如果其再转让，后手如果符合善意取得的要件，可以取得票据权利。本题中，丙公司欺诈取得票据，所以丙公司不享有票据权利，但丁公司是善意不知情且支付了对价取得票据的，丁公司可以善意取得票据权利，乙公司应当对丁公司承担票据责任。

（4）A 银行以戊公司未遵期提示为理由拒绝付款的主张不成立。根据规定，定日付款、出票后定期付款或者见票后定期付款的汇票，自到期日起10日内向承兑人提示付款。持票人未按照前述规定期限提示付款的，在作出说明后，承兑人或者付款人仍应当继续对持票人承担付款责任。

3.【答案】

（1）丙公司不能取得票据权利。根据规定，票据的背书行为应依据“真实的交易关系和债权债务关系”而为之，否则票据行为无效。乙公司与丙公司之间的票据贴现行为，属于国家特许经营业务，只有特定金融机构才能实施该行为。因此，丙公司并不具备金融机构资格，不能取得该票据权利。

（2）丁公司不能取得票据权利。根据规定，丙公司没有票据权利，其背书给丁是无权处分行为，如果丁善意且支付合理对价则可以善意取得票据权利。但丁公司是知情人，即非善意，因此，丁公司不能取得票据权利。

（3）乙公司应承担票据责任。根据规定，票据上的签章人应当承担票据责任。乙公司在票据上进行了签章，应承担票据责任。

（4）戊公司应取得票据权利。根据规定，持票人在票据被背书人栏记载自己的名称与背书人记载具有同等效力。戊公司应取得票据权利。

4.【答案】

（1）甲公司应当承担票据责任。根据规定，票据的签章人，应当承担票据责任。甲公司作为出票人，应承担票据责任。

（2）丙公司可以取得票据权利。根据规定，票据应背书连续，但在公司吸收合并等情形中，有证据证明票据背书不连续有合理理由的除外。丙公司与乙公司之间的吸收合并，导致乙公司被丙公司所吸收，丙公司可以取得票据权利。

（3）丁公司应当取得票据权利。根据规定，票据权利可以基于赠与等原因转移，持票人所取得的票据不能优先于其前手。丙公司享有票据权利，丁公司可以基于赠与获得票据权利。

（4）戊公司可以向前手追索。根据规定，票据质权人，可以行使票据权利人的付款请求权和追索权。戊公司是票据质权人，可以向前手行使追索权。

第十章　企业国有资产法律制度

本章重要程度：●○○

本章综合练习（限时40分钟）

扫我做试题

一、单项选择题

1. 根据企业国有资产法律制度的规定，下列关于金融企业国有资产的监督管理部门的表述中，正确的是（　）。
   A. 国资委　　B. 财政部
   C. 银保监会　　D. 国务院
2. 根据企业国有资产法律制度的规定，下列各项中，不属于企业改制的是（　）。
   A. 国有独资企业改为国有独资公司
   B. 国有独资公司改为国有独资企业
   C. 国有独资公司改为国有资本控股公司
   D. 国有资本控股公司改为非国有资本控股公司
3. 根据企业国有资产法律制度的规定，下列各项表述中，不符合企业改制有关规定的是（　）。
   A. 国有独资企业改制应当依照法定程序，由履行出资人职责的机构决定
   B. 企业改制时，对经确认的拖欠职工工资、医疗费及企业欠缴社会保险费等，原则上应当一次性付清
   C. 国有独资企业改制应当依照法定程序，由公司董事会、股东会决定
   D. 改制为非国有企业的，要严格按照有关法律法规和政策处理好改制企业与职工的劳动关系
4. 根据企业国有资产法律制度的规定，下列各项中，需要进行产权登记的是（　）。
   A. 甲国有独资企业为了赚取差价从二级市场购入的乙上市公司股权
   B. 甲国有独资公司持有的欲在6个月内出售的股权
   C. 甲国有资本控股公司持有的欲在2年后出售的股权
   D. 甲国有资本参股公司拥有实际控制权的企业持有的欲在3个月内出售的股权
5. 根据企业国有资产法律制度的规定，下列各项中，不应当纳入产权登记范围的是（　）。
   A. 国有资本参股公司的子公司
   B. 设置国有股权的有限责任公司和股份有限公司
   C. 国有独资公司
   D. 实收资本中有国家资本的金融类企业
6. 根据企业国有资产法律制度的规定，下列各项中，属于金融企业可以不进行资产评估的是（　）。
   A. 非上市金融企业国有股东股权比例变动的
   B. 债权转股权的
   C. 上市公司可流通的股权转让的
   D. 收购非国有单位资产的
7. 根据企业国有资产法律制度的规定，下列各项中，属于国有资产占有单位可以不进行资产评估的是（　）。
   A. 以无形资产对外投资
   B. 以部分资产改建为有限责任公司

C. 国有独资企业下属的独资企业之间的合并

D. 接受非国有单位以实物资产偿还债务

8. 在企业国有产权转让中，受让方可以采取分期付款的方式向转让方支付价款。根据企业国有资产法律制度的规定，下列关于受让方采取分期付款方式支付价款的表述中，正确的是(　)。

A. 受让方首次付款不得低于总价款的20%，并在合同生效之日起5个工作日内支付；其余款项应当提供转让方认可的合法有效担保，并应当按同期银行贷款利率向转让方支付延期付款期间的利息，付款期限不得超过1年

B. 受让方首次付款不得低于总价款的30%，并在合同生效之日起5个工作日内支付；其余款项应当提供转让方认可的合法有效担保，并应当按同期银行贷款利率向转让方支付延期付款期间的利息，付款期限不得超过1年

C. 受让方首次付款不得低于总价款的20%，并在合同生效之日起5个工作日内支付；其余款项应当提供转让方认可的合法有效担保，并应当按同期银行贷款利率向转让方支付延期付款期间的利息，付款期限不得超过2年

D. 受让方首次付款不得低于总价款的30%，并在合同生效之日起5个工作日内支付；其余款项应当提供转让方认可的合法有效担保，并应当按同期银行贷款利率向转让方支付延期付款期间的利息，付款期限不得超过2年

9. 同一国家出资企业及其各级控股企业或实际控制企业之间因实施内部重组整合进行产权转让的，经特定机构审议决策，可以采取非公开协议转让方式。根据企业国有资产法律制度的规定，下列各项中，属于该特定机构的是(　)。

A. 国家出资企业

B. 履行出资人职责的机构

C. 财政部门

D. 商务部门

10. 根据企业国有资产法律制度的规定，下列关于企业国有产权无偿划转的审批机构的表述中，错误的是(　)。

A. 企业国有产权在同一履行出资人职责的机构所出资企业之间无偿划转的，由所出资企业共同报履行出资人职责的机构批准

B. 企业国有产权在不同履行出资人职责的机构所出资企业之间无偿划转的，依据划转双方的产权归属关系，由所出资企业分别报同级履行出资人职责的机构批准

C. 企业国有产权在所出资企业内部无偿划转的，由所出资企业批准并抄报上级履行出资人职责的机构

D. 下级政府履行出资人职责的机构所出资企业国有产权无偿划转上级政府履行出资人职责的机构所出资企业或其子企业持有的，由下级政府和上级政府履行出资人职责的机构分别批准

11. 根据企业国有资产法律制度的规定，下列关于国有股东所持上市公司股份公开征集转让的表述中，错误的是(　)。

A. 国有股东拟公开征集转让上市公司股份的，应当自行进行披露，并进行提示性公告

B. 公开征集期限不得少于10个交易日

C. 股份转让的全部价款支付完或交由转让双方认可的第三方妥善保管之前，不得办理股份过户登记手续

D. 股份过户前，受让方人员原则上不得进入上市公司的董事会和经理层

12. 根据企业国有资产法律制度的规定，某上市公司的国有股东拟间接转让其持有的股份，已知提示性公告日前30个交易日的每日加权平均价格是20元/股，最近一个会计年度经审计的每股净资产值是25元/股。下列关于间接转让价格的

表述中，属于合理价格的是(　)。

A. 18 元/股　B. 20 元/股

C. 22 元/股　D. 26 元/股

13. 根据企业国有资产法律制度的规定，下列关于国有股东发行可交换公司债券的价格的表述中，正确的是(　)。

A. 不低于债券募集说明书公告日前 1 个交易日、前 20 个交易日、前 30 个交易日该上市公司股票均价中的最高者

B. 不低于债券募集说明书公告日前 1 个交易日、前 20 个交易日、前 30 个交易日该上市公司股票均价中的最低者

C. 不低于债券募集说明书公告日前 30 个交易日、前 60 个交易日、前 120 个交易日该上市公司股票均价中的最高者

D. 不低于债券募集说明书公告日前 30 个交易日、前 60 个交易日、前 120 个交易日该上市公司股票均价中的最低者

14. 国有股东所控股上市公司发行证券，应当在特定阶段之前，按照审批权限由国家出资企业审核批准或由履行出资人职责的机构审核批准。根据企业国有资产法律制度的规定，下列各项中，属于该特定阶段的是(　)。

A. 董事会召开

B. 董事会审议发行方案

C. 股东大会召开

D. 股东大会对发行方案作出决议

二、多项选择题

1. 根据企业国有资产法律制度的规定，下列各项中，属于金融企业的有(　)。

A. 国有控股的担保公司

B. 城市商业银行

C. 金融控股公司

D. 农村信用合作社

2. 根据企业国有资产法律制度的规定，下列关于企业国有资产与企业法人财产的表述中，正确的有(　)。

A. 企业国有资产指国家作为出资人对所出资企业享有的出资人权益

B. 企业法人财产指出资人将出资投入企业所形成的各项具体财产

C. 企业国有资产指国家作为出资人对企业各项具体财产的所有权

D. 国家作为出资人对所出资企业享有的出资人权益通常表现为：资产收益、参与重大决策和选择管理的权利

3. 履行出资人职责的机构，是指根据本级人民政府的授权，代表本级人民政府对国家出资企业履行出资人职责的机构、部门。根据企业国有资产法律制度的规定，下列各项中，属于履行出资人职责的机构的有(　)。

A. 国务院国有资产监督管理机构

B. 地方人民政府按照国务院的规定设立的国有资产监督管理机构

C. 国务院和地方人民政府根据需要，授权的其他部门、机构

D. 国家商务部

4. 根据企业国有资产法律制度的规定，下列各项中，属于履行出资人职责的机构任免或者建议任免的有(　)。

A. 任免国有独资公司的经理

B. 任免国有独资企业的董事长

C. 任免国有独资企业的财务负责人

D. 任免国有独资公司的监事

5. 根据企业国有资产法律制度的规定，下列各项中，属于金融企业应当委托资产评估机构进行资产评估的有(　)。

A. 非上市金融企业国有股东股权比例发生变动

B. 处置不良资产

C. 收购非国有单位资产

D. 接受非国有单位以货币性资产出资

6. 根据企业国有资产法律制度的规定，下列金融企业的各项行为中，应采取资产评估核准制的有(　)。

A. 经批准进行改组改制

B. 拟在境内或者境外上市
C. 以非货币性资产与外商合资经营
D. 以非货币性资产与外商合作经营

7. 根据企业国有资产法律制度的规定，下列关于国有资产评估项目的备案制和核准制的表述中，正确的有（　）。
A. 企业收到评估机构出具的评估报告后应当逐级上报初审，经初审同意后，自评估基准日起 8 个月内向履行出资人职责的机构提出核准申请
B. 履行出资人职责的机构收到核准申请后，对符合核准要求的，及时组织有关专家审核，在 20 个工作日内完成对评估报告的核准；对不符合核准要求的，予以退回
C. 企业收到资产评估机构出具的评估报告后，将备案材料逐级报送给履行出资人职责的机构或其所出资企业，自评估基准日起 9 个月内提出备案申请
D. 履行出资人职责的机构或者所出资企业收到备案材料后，对材料齐全的，在 20 个工作日内办理备案手续，必要时可组织有关专家参与备案评审

8. 特定情形下，企业增资在完成决策批准程序后，可以依据评估报告或最近一期审计报告确定企业资本及股权比例。根据企业国有资产法律制度的规定，下列各项中，属于该特定情形的有（　）。
A. 增资企业原股东同比例增资
B. 履行出资人职责的机构对国家出资企业增资
C. 国有控股或国有实际控制企业对其独资子企业增资
D. 增资企业和投资方均为国有独资或国有全资企业

9. 根据企业国有资产法律制度的规定，下列各项中，属于企业国有产权不得实施无偿划转的有（　）。
A. 被划转企业的或有负债未有妥善解决方案
B. 被划转企业职工代表大会未通过无偿划转涉及的职工分流安置事项
C. 被划转企业主业不符合划入方主业及发展规划
D. 中介机构对被划转企业划转基准日的财务报告出具了保留意见的审计报告

10. 根据企业国有资产法律制度的规定，下列各项中，属于上市公司国有股权变动的有（　）。
A. 通过证券交易所增持
B. 协议受让
C. 间接受让
D. 间接转让

11. 根据企业国有资产法律制度的规定，国有股东非公开协议转让上市公司股份的价格不得低于下列价格之中的较高者（　）。
A. 提示性公告日前 30 个交易日公司股票每日加权平均价格的算术平均值
B. 提示性公告日前 20 个交易日公司股票每日加权平均价格的算术平均值
C. 提示性公告日前 10 个交易日公司股票每日加权平均价格的算术平均值
D. 最近一个会计年度上市公司经审计的每股净资产值

本章综合练习·参考答案及解析

一、单项选择题

1. B 【解析】本题考核金融企业国有资产管理。财政部门是金融企业国有资产的监督管理部门。

2. B 【解析】本题考核企业改制。企业改制是指：①国有独资企业改为国有独资公司；②国有独资企业、国有独资公司改为国有资本控股公司或者非国有资本控股公

司；③国有资本控股公司改为非国有资本控股公司。选项 B 不属于企业改制的情形。

3. C 【解析】本题考核企业改制。国有独资企业改制应当依照法定程序，由履行出资人职责的机构决定。因此选项 C 的表述不正确。

4. C 【解析】本题考核企业国有资产产权登记。国家出资企业、国家出资企业（不含国有资本参股公司）拥有实际控制权的境内外各级企业及其参股企业，应当纳入产权登记的范围。上述企业为交易目的持有的下列股权不进行产权登记：①为了赚取差价从二级市场购入的上市公司股权；②为了近期内（一年以内）出售而持有的其他股权。

5. A 【解析】本题考核企业国有资产产权登记。国有企业、国有独资公司、设置国有股权的有限责任公司和股份有限公司、国有企业和国有独资公司投资设立的企业以及其他形式占有国有资产的企业，都应当依照规定申请办理国有资产产权登记。在中华人民共和国境内或境外设立的金融类企业，其实收资本包括国家资本和国有法人资本的，应当办理国有资产产权登记。

6. C 【解析】本题考核企业国有资产评估的范围。上市公司可流通的股权转让可以不进行资产评估。

7. C 【解析】本题考核企业国有资产评估的范围。国有资产占有单位以无形资产对外投资、以整体或部分资产改建为有限责任公司或者股份有限公司、将整体或部分资产租赁给非国有单位使用、接受非国有单位以非货币资产偿还债务等，应当进行评估。经各级人民政府或其履行出资人职责的机构批准，对企业整体或者部分资产实行无偿划转；国有独资企业与其下属独资企业（事业单位）之间或者其下属独资企业（事业单位）之间的合并、资产（产权）划转、置换和转让的，可以不进行资产评估。本题选项 C 是正确的。

8. B 【解析】本题考核企业产权转让。企业国有产权转让的全部价款采取分期付款方式的，受让方首期付款不得低于总价款的 30%，并在合同生效之日起 5 个工作日内支付；其余款项应当提供转让方认可的合法有效担保，并应当按同期银行贷款利率向转让方支付延期付款期间的利息，付款期限不得超过 1 年。

9. A 【解析】本题考核企业产权转让。以下情形的产权转让可以采取非公开协议转让方式：①涉及主业处于关系国家安全、国民经济命脉的重要行业和关键领域企业的重组整合，对受让方有特殊要求，企业产权需要在国有及国有控股企业之间转让的，经履行出资人职责的机构批准，可以采取非公开协议转让方式；②同一国家出资企业及其各级控股企业或实际控制企业之间因实施内部重组整合进行产权转让的，经该国家出资企业审议决策，可以采取非公开协议转让方式。

10. C 【解析】本题考核企业国有产权的无偿划转。企业国有产权在所出资企业内部无偿划转的，由所出资企业批准并抄报同级履行出资人职责的机构。这里应该是同级，不是上级，因此选项 C 表述错误。

11. A 【解析】本题考核国有股东所持上市公司股份公开征集转让。国有股东拟公开征集转让上市公司股份的，在履行内部决策程序后，应书面告知上市公司，由上市公司依法披露，进行提示性公告。

12. D 【解析】本题考核国有股东所持上市公司股份间接转让。国有股东所持上市公司股份间接转让，应当按照不得低于下列两者之中的较高者确定其所持上市公司股份价值：①提示性公告日前 30 个交易日的每日加权平均价格的算术平均值；②最近一个会计年度上市公司经审计的每股净资产值。

13. A 【解析】本题考核国有股东发行可交换公司债券。国有股东发行的可交换公司债券交换为上市公司每股股份的价格，应不低于债券募集说明书公告日前1个交易日、前20个交易日、前30个交易日该上市公司股票均价中的最高者。

14. C 【解析】本题考核国有股东所控股上市公司发行证券。国有股东所控股上市公司发行证券，应当在股东大会召开前，按照审批权限由国家出资企业审核批准或由履行出资人职责的机构审核批准。

二、多项选择题

1. ABCD 【解析】本题考核企业国有资产的概念。金融企业是指在中国境内依法设立的国有及国有控股金融企业、金融控股公司、担保公司，以及城市商业银行、农村商业银行、农村合作银行、信用社等。

2. ABD 【解析】本题考核企业国有资产的概念。企业国有资产是指国家作为出资人对所出资企业所享有的权益，而不是指国家出资企业的各项具体财产，选项C表述错误。

3. ABC 【解析】本题考核履行出资人职责的机构。国务院国有资产监督管理机构和地方人民政府按照国务院的规定设立的国有资产监督管理机构，根据本级人民政府的授权，代表本级人民政府对国家出资企业履行出资人职责。国务院和地方人民政府根据需要，可以授权其他部门、机构代表本级人民政府对国家出资企业履行出资人职责。代表本级人民政府履行出资人职责的机构、部门，统称履行出资人职责的机构。所以不包括选项D。

4. CD 【解析】本题考核国家出资企业管理者选择。履行出资人职责的机构依照法律、行政法规以及企业章程的规定，任免或者建议任免国家出资企业的下列人员：①任免国有独资企业的经理、副经理、财务负责人和其他高级管理人员；②任免国有独资公司的董事长、副董事长、董事、监事会主席和监事；③向国有资本控股公司、国有资本参股公司的股东会、股东大会提出董事、监事人选。这里注意对国有独资企业的人员任免是不包括董事、监事人员的，但是包括高级管理人员。

5. ABC 【解析】本题考核企业国有资产评估的范围。金融企业接受非国有单位以非货币性资产出资的，应当委托资产评估机构进行资产评估。所以选项D错误；其他三项均属于应当委托资产评估机构进行资产评估的事项。

6. ABCD 【解析】本题考核企业国有资产评估项目核准制。金融企业下列经济行为涉及资产评估的，资产评估项目实行核准：①经批准进行改组改制、拟在境内或者境外上市、以非货币性资产与外商合资经营或者合作经营的经济行为；②经县级以上人民政府批准的其他涉及国有资产产权变动的经济行为。

7. ABCD 【解析】本题考核企业国有资产评估项目核准制。选项ABCD均正确。

8. ABCD 【解析】本题考核企业增资。企业增资在完成决策批准程序后，应当由增资企业委托具有相应资质的中介机构开展审计和资产评估。以下情形按照《公司法》、企业章程履行决策程序后，可以依据评估报告或最近一期审计报告确定企业资本及股权比例：①增资企业原股东同比例增资的；②履行出资人职责的机构对国家出资企业增资的；③国有控股或国有实际控制企业对其独资子企业增资的；④增资企业和投资方均为国有独资或国有全资企业的。

9. ABCD 【解析】本题考核企业国有产权的无偿划转。有下列情况之一的，不得实施无偿划转：①被划转企业主业不符合划入方主业及发展规划的；②中介机构对被划转企业划转基准日的财务报告出具否定意见、无法表示意见或保留意见的审计报告的；③无偿划转涉及的职工分流安置事项未经被划转企业的职工代表大会审议通过的；④被划转企业或有负债未有妥善解决方案的；⑤划出方债务未有妥善处置方案的。

10. ABCD 【解析】本题考核上市公司国有股权变动。上市公司国有股权变动是指上市公司国有股权持股主体、数量或比例等发生变化的行为，具体包括：国有股东所持上市公司股份通过证券交易系统转让、公开征集转让、非公开协议转让、无偿划转、间接转让、国有股东发行可交换公司债券；国有股东通过证券交易系统增持、协议受让、间接受让、要约收购上市公司股份和认购上市公司发行股票；国有股东所控股上市公司吸收合并、发行证券；国有股东与上市公司进行资产重组等行为。

11. AD 【解析】本题考核国有股东所持上市公司股份非公开协议转让。国有股东非公开协议转让上市公司股份的价格不得低于下列两者之中的较高者：①提示性公告日前30个交易日的每日加权平均价格的算术平均值；②最近一个会计年度上市公司经审计的每股净资产值。

第十一章　反垄断法律制度

本章重要程度：●○○

本章综合练习（限时70分钟）

扫我做试题

一、单项选择题

1. 国家通过立法赋予特定重点行业国有企业以垄断性经营权，但是如果这些国有垄断企业从事垄断协议、滥用市场支配地位行为，或者从事可能排除、限制竞争的经营者集中行为，同样应受《反垄断法》的规制。根据反垄断法律制度的规定，下列各项中，不属于该特定行业的是(　)。
   A. 铁路　　B. 石油
   C. 盐业　　D. 烟草
2. 根据反垄断法律制度的规定，下列各项中，不属于地区间贸易壁垒的是(　)。
   A. 关税
   B. 转产的额外费用和风险
   C. 环保因素
   D. 技术因素
3. 在经营者竞争的市场范围不够清晰或者不易确定时，可以按照一定的方法界定相关市场。根据反垄断法律制度的规定，下列各项表述中，正确的是(　)。
   A. 假定垄断者测试
   B. 从需求角度界定相关市场
   C. 市场集中度测试
   D. 市场支配地位市场份额测试
4. 根据反垄断法律制度的规定，下列各项中，负责反垄断法的行政执法的是(　)。
   A. 国家市场监督管理总局
   B. 国家发改委
   C. 国务院
   D. 财政部
5. 根据反垄断法律制度的规定，下列各项中，负责组织、协调、指导反垄断工作的是(　)。
   A. 各级人民法院
   B. 反垄断委员会
   C. 国务院反垄断执法机构
   D. 各级人民政府
6. 根据反垄断法律制度的规定，下列有关反垄断民事诉讼的表述中，正确的是(　)。
   A. 消费者不可以作为反垄断民事诉讼的原告
   B. 人民法院受理反垄断民事诉讼应当确认被诉垄断行为已经被反垄断执法机构查处
   C. 自权利受到损害之日起超过二十年的，人民法院不予保护，且不可以延长
   D. 原告向反垄断执法机构举报被诉垄断行为的，诉讼时效从其举报之日起中断
7. 根据反垄断法律制度的规定，下列选项中，不属于被《反垄断法》豁免的垄断协议是(　)。
   A. 企业间就新产品开发达成的合作协议
   B. 中小企业之间在研发领域达成的合作协议
   C. 经营者之间分工合作以提高生产效率的协议
   D. 农业生产者在农产品储存经营活动中的联合协议

8. 对于特定种类的可豁免垄断协议，经营者应当证明所达成协议不会严重限制相关市场的竞争，并且能够使消费者分享由此产生的利益。根据反垄断法律制度的规定，下列各项中，不属于上述特定种类的可豁免垄断协议的是(　)。
   A. 为改进技术、研究开发新产品的垄断协议
   B. 为提高产品质量、降低成本、增进效率，统一产品规格、标准或者实行专业化分工的
   C. 为提高中小经营者经营效率，增强中小经营者竞争力的垄断协议
   D. 为保障对外贸易和对外经济合作中的正当利益的垄断协议
9. 甲、乙、丙三家公司都是家电制造厂商，主要销售市场都在东北地区。三家公司在行业峰会上签订在东北市场上有关销售数量的协议，避免引起价格战。根据反垄断法律制度的规定，下列关于该协议的表述中，正确的是(　)。
   A. 该协议属于反垄断法禁止的纵向垄断协议
   B. 该协议属于行业间的合法协议，受法律保护
   C. 该协议属于限制销售数量的协议，是反垄断法禁止的横向垄断协议
   D. 该协议属于联合抵制交易的横向垄断协议
10. 凭借市场支配地位，甲公司的商品销售价格明显高于其他经营者销售同种商品的价格。根据反垄断法律制度的规定，下列关于该行为的表述中，正确的是(　)。
   A. 订立垄断协议行为
   B. 强迫交易的行为
   C. 不公平定价的行为
   D. 价格歧视的行为
11. 甲企业为手机屏幕生产商，其持有乙手机屏幕生产商60%的股份，甲企业与乙企业上一会计年度在中国境内的营业额均超过了15亿元，为了达到进一步的控制，甲企业收购了乙企业剩余40%的股份。根据反垄断法律制度的规定，下列各项表述中，正确的是(　)。
   A. 由于甲企业和乙企业的境内营业额达到了申报的标准，因此需要进行申报
   B. 甲企业此时并购股权的行为不需要向国务院反垄断执法机构申报
   C. 由于甲企业和乙企业的境内营业额未达到申报的标准，因此不需要进行申报
   D. 并购股权取得控制权的行为不属于经营者集中的方式，不涉及申报的问题
12. 某岛城有多家知名白色家电生产企业。其中甲公司，乙公司和丙公司的产品在该地的市场占有率达到85%。三家公司的控股股东均为丁公司，为占有更大市场份额，三家公司决定合并。根据反垄断法律制度的规定，下列各项表述中，正确的是(　)。
   A. 三家公司不得合并
   B. 三家公司合并前应向国务院反垄断执法机构申报
   C. 三家公司可以不向国务院反垄断机构申报
   D. 国务院反垄断执法机构应作出禁止三家公司合并的决定
13. 经营者集中达到一定标准的，经营者应当事先向反垄断执法机构申报，未申报的不得实施集中。根据反垄断法律制度的规定，下列关于该标准的表述中，正确的是(　)。
   A. 参与集中的所有经营者上一会计年度在全球范围内的营业额合计超过100亿元人民币，并且其中至少两个经营者上一会计年度在中国境内的营业额均超过4亿元人民币
   B. 参与集中的所有经营者上一会计年度在中国境内的营业额合计超过10亿元人民币，并且其中至少两个经营者

上一会计年度在中国境内的营业额均超过 2 亿元人民币

C. 参与集中的所有经营者上一会计年度在全球范围内的营业额合计超过 50 亿元人民币，并且其中至少两个经营者上一会计年度在中国境内的营业额均超过 10 亿元人民币

D. 参与集中的所有经营者上一会计年度在中国境内的营业额合计超过 30 亿元人民币，并且其中至少两个经营者上一会计年度在中国境内的营业额均超过 4 亿元人民币

14. 国务院反垄断执法机构应当自收到经营者提交的符合规定的文件、资料之日起一定期限内，对申报的经营者集中进行初步审查。根据反垄断法律制度的规定，下列关于该期限的表述中，正确的是(　)。

A. 7 日　　B. 30 日

C. 15 日　　D. 60 日

15. 一般情况下，经营者集中的第二阶段审查应自作出实施进一步审查决定之日起一定期限内完毕。根据反垄断法律制度的规定，下列关于该期限的表述中，正确的是(　)。

A. 30 日　　B. 45 日

C. 60 日　　D. 90 日

16. 根据反垄断法律制度的规定，下列关于经营者集中附加限制性条件的表述中，属于结构性条件的是(　)。

A. 许可关键技术

B. 剥离知识产权

C. 终止排他性协议

D. 开放平台等基础设施

17. 根据反垄断法律制度的规定，下列各项中，不构成排斥或限制外地经营者参加本地招标投标行为的是(　)。

A. 行政机关对外地经营者设定资质要求

B. 行政机关不对外地经营者依法发布信息

C. 行政机关设定外地经营者歧视性评审标准

D. 明确外地经营者不能参与本地特定的招标投标活动

18. 公平竞争审查的标准之一是影响生产经营成本标准。根据反垄断法律制度的规定，下列各项中，不属于该标准的是(　)。

A. 不得违法给予特定经营者优惠政策

B. 不得违法干预实行市场调节价的商品和服务的价格水平

C. 不得违法违规免除特定经营者应当缴纳的社会保险费用

D. 不得在法律规定之外要求经营者提供或者扣留经营者各类保证金

19. 公平竞争审查的标准之一是市场准入和退出标准。根据反垄断法律制度的规定，下列各项中，不属于该标准的是(　)。

A. 不得设置不合理或歧视性的准入和退出条件

B. 不得限定经营、购买、使用特定经营者提供的商品和服务

C. 不得设置没有法律、行政法规或者国务院规定依据的审批或者具有行政审批性质的事前备案程序

D. 不得对外地和进口商品、服务实行歧视性价格和歧视性补贴政策

二、多项选择题

1. 根据反垄断法律制度的规定，下列关于反垄断法适用范围的表述中，正确的有(　)。

A. 反垄断法是调整国家规制垄断过程中所发生的社会关系的法律规范的总称

B. 经营者依照有关知识产权的法律、行政法规规定正当行使知识产权的行为，不适用《反垄断法》

C. 农业生产者及农村经济组织在农产品销售活动中实施的联合或者协同行为，不适用《反垄断法》

D. 我国《反垄断法》仅适用于中华人民共和国境内经济活动中的垄断行为

2. 根据反垄断法律制度的规定，下列关于相关商品市场及其界定的表述中，正确的

有(　)。

A. 一般来说，如果商品之间具有相似的功能和用途，能满足消费者相同的使用目的，即可认定他们属同一商品市场

B. 相关商品市场是指具有较为紧密替代关系的商品范围

C. 商品市场一般从需求可替代性和供给可替代性两方面分析和界定

D. 一般来说，在消费者特别偏爱某种商品的情况下，这种商品的可替代性就会减弱，从而使其更倾向于单独构成一个商品市场

3. 根据反垄断法律制度的规定，下列关于反垄断执法机构可以采取的调查措施表述中，正确的有(　)。

A. 复制被调查的经营者的有关单证、协议、会计账簿

B. 进入被调查的经营者的营业场所检查

C. 查封、扣押相关证据

D. 查询经营者的银行账户

4. 根据反垄断法律制度的规定，对反垄断执法机构调查的涉嫌垄断行为，被调查的经营者承诺在反垄断执法机构认可的期限内采取具体措施消除该行为后果的，反垄断执法机构可以决定中止调查和终止调查。下列各项中，属于反垄断执法机构应当恢复调查的情形的有(　)。

A. 经营者未履行承诺的

B. 中止调查的决定是基于经营者提供的不完整或者不真实的信息作出的

C. 经营者已经履行承诺的

D. 作出中止调查决定所依据的事实发生重大变化的

5. 根据反垄断法律制度的规定，下列关于经营者承诺的表述中，正确的有(　)。

A. 经营者承诺是反垄断行政执法中的一种和解制度

B. 涉嫌固定或者变更商品价格、限制商品的生产数量或者销售数量、分割销售市场或者原材料采购市场的横向垄断协议，反垄断执法机构不得接受经营者提出承诺

C. 反垄断执法机构确定经营者已经履行承诺的，可以决定终止调查

D. 反垄断执法机构作出中止调查决定所依据的事实发生重大变化的，应当恢复调查

6. 根据反垄断法律制度的规定，下列关于反垄断民事诉讼中专家的表述中，正确的有(　)。

A. 专家在法庭上提供的意见可以作为鉴定意见

B. 专家在法庭上提供的意见只能作为参考依据

C. 专家就案件的专门性问题作出的市场调查或经济分析报告可以作为鉴定意见

D. 专家就案件的专门性问题作出的市场调查或经济分析报告只能作为参考依据

7. 根据反垄断法律制度的规定，下列各项中，属于限制购买新技术、新设备或者限制开发新技术、新产品的协议的有(　)。

A. 限制购买、租赁、使用新设备

B. 限制投资、研发新技术、新工艺、新产品

C. 拒绝使用新技术、新工艺、新设备

D. 限制购买、使用新技术、新工艺

8. 根据反垄断法律制度的规定，下列各项中，属于联合抵制交易的有(　)。

A. 联合拒绝向特定经营者供货或者销售商品

B. 联合拒绝采购或者销售特定经营者的商品

C. 联合限定特定经营者不得与其具有竞争关系的经营者进行交易

D. 以限制商品投放量等方式限制商品的销售数量或者限制特定品种、型号商品的销售数量

9. 根据反垄断法律制度的规定，下列关于行业协会的表述中，正确的有(　)。
   A. 行业协会的成员包括同行业的经济组织和个人
   B. 行业协会属于社会团体法人
   C. 行业协会可以采取协会、学会、商会、联合会、促进会等形式
   D. 行业协会禁止推动本行业经营者达成反垄断法禁止的垄断协议
10. 根据反垄断法律制度的规定，下列各项中，属于认定互联网企业平台经营者具有市场支配地位时应考虑的具体要素的有(　)。
   A. 经营者的市场份额
   B. 经营者控制市场的能力
   C. 经营者的投资者情况
   D. 平台规模效应
11. 根据反垄断法律制度的规定，下列关于市场支配地位表述中，正确的有(　)。
   A. 具有市场支配地位的经营者一定是独占者
   B. 具有市场支配地位的经营者可以是一个
   C. 市场支配地位是一种市场结构状态
   D. 市场支配地位是一种行为
12. 根据反垄断法律制度的规定，下列关于“没有不正当理由，以低于成本的价格销售商品”的表述，正确的有(　)。
   A. 认定低于成本的价格销售商品，应当重点考虑价格是否低于平均可变成本
   B. 平均可变成本是指随着生产的商品数量变化而变动的每单位成本
   C. 合理期限内为推广新产品进行促销的，不属于正当理由
   D. 为处理积压商品降价促销的，不属于正当理由
13. 根据反垄断法律制度的规定，下列各项中，属于禁止没有正当理由，以间接方式拒绝交易的行为有(　)。
   A. 设置限制性条件，使交易相对人难以与其进行交易
   B. 实质性削减与交易相对人的现有交易数量
   C. 拖延与交易相对人的现有交易
   D. 拒绝与交易相对人进行新的交易
14. 根据反垄断法律制度的规定，下列关于滥用市场支配地位中不正当的拒绝交易的表述中，可以认定为拒绝交易正当理由的有(　)。
   A. 因不可抗力等客观原因无法进行交易
   B. 为满足产品安全要求所必须
   C. 与交易相对人进行交易将使经营者利益发生不当减损
   D. 为保护针对交易进行的特定投资所必须
15. 根据反垄断法律制度的规定，下列各项中，属于“限定交易行为”的有(　)。
   A. 限定交易相对人只能与其进行交易
   B. 限定交易相对人只能与其指定的经营者进行交易
   C. 限定交易相对人不得与特定经营者进行交易
   D. 拒绝与交易相对人进行新的变易
16. 根据反垄断法律制度的规定，下列各项中，属于对条件相同的交易相对人在交易条件上实行差别待遇的有(　)。
   A. 实行不同的交易价格、数量、品种、品质等级
   B. 实行不同的数量折扣等优惠条件
   C. 实行不同的付款条件、交付方式
   D. 实行不同的保修内容和期限、维修内容和时间、零配件供应、技术指导等售后服务条件
17. 根据反垄断法律制度的规定，下列各项中，属于滥用市场支配地位中差别待遇行为的“正当理由”的有(　)。
   A. 根据交易相对人实际需求且符合正当的交易习惯和行业惯例，实行不同交易条件
   B. 针对新用户的首次交易在合理期限内开展的优惠活动

C. 交易相对人有不良信用记录或者出现经营状况恶化等情况，影响交易安全

D. 与交易相对人进行交易将使经营者利益发生不当减损

18. 经营者集中审查程序中，特定情形下国务院反垄断执法机构经书面通知经营者，可以延长规定的审查期限，但最长不得超过60日。根据反垄断法律制度的规定，下列各项中，属于该特定情形的有（　）。

A. 经营者同意延长审查期限的

B. 经营者提交的文件、资料不准确，需要进一步核实的

C. 经营者申报后有关情况发生重大变化

D. 国务院反垄断执法机构逾期未作出决定的

19. 根据反垄断法律制度的规定，下列各项中，属于在对经营者集中进行审查时国务院反垄断法执法机构主要考虑的因素有（　）。

A. 经营者集中对国民经济发展的影响

B. 经营者集中对消费者和其他有关经营者的影响

C. 相关市场的市场集中度

D. 经营者集中对市场进入、技术进步的影响

20. 根据反垄断法律制度的规定，下列各项中，属于法律禁止的滥用行政权力排除、限制竞争行为的有（　）。

A. 对外地商品设定歧视性收费项目

B. 允许外地经营者在本地进行有价证券投资，但禁止设立分支机构进行实业投资

C. 强令本地同类经营者达成价格联盟

D. 通过颁布规范性文件的方式限制外地经营者进入本地市场

21. 根据反垄断法律制度的规定，下列关于行政性垄断中的强制交易的表述中，正确的有（　）。

A. 以暗示方式限定个人购买其指定的经营者提供的商品

B. 通过限制投标人所在地、所有制形式、组织形式等方式，限定或者变相限定经营、购买、使用特定投标人提供的商品

C. 以恐吓方式限定个人使用其指定的经营者提供的商品

D. 以拘留方式限定个人购买其指定的经营者提供的商品

22. 根据反垄断法律制度的规定，下列关于公平竞争审查的联席会议制度的表述中，正确的有（　）。

A. 市场监管总局、发展改革委、财政部、商务部会同有关部门，负责建立健全公平竞争审查工作部际联席会议制度

B. 县级以上地方各级人民政府统筹协调和监督指导本地区公平竞争审查工作

C. 联席会议办公室设在商务部门

D. 地方各级联席会议应当每年向本级人民政府和上一级联席会议报告本地区公平竞争审查制度实施情况

本章综合练习·参考答案及解析

一、单项选择题

1. C 【解析】本题考核反垄断法适用范围。部分国有企业享有垄断性经营权，但并不意味着这些国有企业可以从事垄断行为，其同样要接受《反垄断法》的规制。

2. B 【解析】本题考核相关市场。本题选项B属于从供给角度界定相关商品市场一般考虑的因素。

3. A 【解析】本题考核相关市场。在经营者竞争的市场范围不够清晰或不易确定时，可以按照“假定垄断者测试”的分析思路来界定相关市场。

4. A 【解析】本题考核反垄断行政执法。国家市场监督管理总局作为国务院反垄断执法机构，负责反垄断法的行政执法。
5. B 【解析】本题考核反垄断行政执法。国务院反垄断执法机构是具体的反垄断行政执法部门，国务院反垄断委员会则负责对反垄断工作进行组织、协调和指导。
6. D 【解析】本题考核反垄断民事诉讼。选项A：因垄断行为受到损失以及因合同内容、行业协会的章程等违反反垄断法而发生争议的自然人、法人或者其他组织（包括间接购买人在内的消费者），可以作为反垄断民事诉讼的原告；选项B：人民法院受理垄断民事纠纷案件，不以执法机构已对相关垄断行为进行了查处为前提条件；选项C：自权利受到损害之日起超过二十年的，人民法院不予保护，有特殊情况的，人民法院可以根据权利人的申请决定延长。
7. D 【解析】本题考核垄断协议的豁免。农业生产者及农村经济组织在农产品生产、加工、销售、运输、储存等经营活动中实施的联合或者协同行为属于《反垄断法》适用除外，并非豁免。
8. D 【解析】本题考核垄断协议的豁免。经营者能够证明所达成的协议属于下列情形之一的，不适用禁止的垄断协议的规定：①为改进技术、研究开发新产品的；②为提高产品质量、降低成本、增进效率，统一产品规格、标准或者实行专业化分工的；③为提高中小经营者经营效率，增强中小经营者竞争力的；④为实现节约能源、保护环境、救灾救助等社会公共利益的；⑤因经济不景气，为缓解销售量严重下降或者生产明显过剩的；⑥为保障对外贸易和对外经济合作中的正当利益的。对于上述第①项至第⑤项垄断协议的豁免，反垄断法要求经营者应当证明所达成的协议不会严重限制相关市场的竞争，并且能够使消费者分享由此产生的利益。
9. C 【解析】本题考核横向垄断协议。限制商品销售数量属于反垄断法禁止的横向垄断协议。
10. C 【解析】本题考核滥用市场支配地位行为。本题的情形属于不公平定价，不公平定价是指以不公平的高价销售商品或者以不公平的低价购买商品。
11. B 【解析】本题考核经营者集中的申报。参与集中的一个经营者拥有其他每个经营者50%以上有表决权的股份或者资产的，免于申报。本题中，甲企业和乙企业的境内营业额虽然达到了申报标准，但甲企业在并购之前已经持有乙企业50%以上的股份，再进行收购的，不需要进行申报。
12. C 【解析】本题考核经营者集中的申报。经营者集中达到法定申报标准的，经营者应当事先向国务院反垄断执法机构申报，未申报的不得实施集中。但参与集中的每个经营者50%以上有表决权的股东或资产被同一个未参与集中的经营者拥有的，可以不向国务院反垄断执法机构申报。所以选项C正确。
13. A 【解析】本题考核经营者集中的申报。经营者集中的申报标准包括：①参与集中的所有经营者上一会计年度在全球范围内的营业额合计超过100亿元人民币，并且其中至少两个经营者上一会计年度在中国境内的营业额均超过4亿元人民币；②参与集中的所有经营者上一会计年度在中国境内的营业额合计超过20亿元人民币，并且其中至少两个经营者上一会计年度在中国境内的营业额均超过4亿元人民币。
14. B 【解析】本题考核经营者集中的审查。国务院反垄断执法机构应当自收到经营者提交的符合规定的文件、资料之日起30日内，对申报的经营者集中进行初步审查。
15. D 【解析】本题考核经营者集中的审查。

第二阶段审查一般应当自执法机关作出实施进一步审查决定之日起 90 日内完毕。

16. B 【解析】本题考核经营者集中附加限制性条件。限制性条件包括如下种类：①剥离有形资产、知识产权等无形资产或相关权益等结构性条件；②开放网络或平台等基础设施、许可关键技术(包括专利、专有技术或其他知识产权)、终止排他性协议等行为性条件；③结构性条件和行为性条件相结合的综合性条件。选项 B 属于结构性条件，选项 ACD 属于行为性条件。

17. A 【解析】本题考核滥用行政权力排除、限制竞争的行为。行政机关和法律、法规授权的具有管理公共事务职能的组织不得滥用行政权力，实施下列行为，排斥或者限制外地经营者参加本地的招标投标活动：①不依法发布信息；②明确外地经营者不能参与本地特定的招标投标活动；③对外地经营者设定歧视性的资质要求或者评审标准；④通过设定与招标项目的具体特点和实际需要不相适应或者与合同履行无关的资格、技术和商务条件，变相限制外地经营者参加本地招标投标活动；⑤排斥或者限制外地经营者参加本地招标投标活动的其他行为。

18. B 【解析】本题考核公平竞争审查制度。影响生产经营成本标准：①不得违法给予特定经营者优惠政策；②安排财政支出一般不得与特定经营者缴纳的税收或非税收入挂钩；③不得违法违规减免或者缓征特定经营者应当缴纳的社会保险费用；④不得在法律规定之外要求经营者提供或者扣留经营者各类保证金。选项 B 属于影响生产经营行为标准。

19. D 【解析】本题考核公平竞争审查制度。市场准入和退出标准：①不得设置不合理或者歧视性的准入和退出条件；②未经公平竞争不得授予经营者特许经营权；③不得限定经营、购买、使用特定经营者提供的商品和服务；④不得设置没有法律、行政法规或者国务院规定依据的审批或者具有行政审批性质的事前备案程序；⑤不得对市场准入负面清单以外的行业、领域、业务等设置审批程序。选项 D 属于商品和要素自由流动标准。

二、多项选择题

1. ABC 【解析】本题考核反垄断法适用范围。中华人民共和国境外的垄断行为，对境内市场竞争产生排除、限制影响的，适用《反垄断法》，因此选项 D 的说法不正确。

2. ABCD 【解析】本题考核相关商品市场。

3. ABCD 【解析】本题考核反垄断行政执法。反垄断执法机构调查涉嫌垄断行为，可以采取下列措施：①进入被调查的经营者的营业场所或者其他有关场所进行检查；②询问被调查的经营者、利害关系人或者其他有关单位或者个人，要求其说明有关情况；③查阅、复制被调查的经营者、利害关系人或者其他有关单位或者个人的有关单证、协议、会计账簿、业务函电、电子数据等文件和资料；④查封、扣押相关证据；⑤查询经营者的银行账户。

4. ABD 【解析】本题考核反垄断行政执法。有下列情形之一的，反垄断执法机构应当恢复调查：①经营者未履行承诺的；②作出中止调查决定所依据的事实发生重大变化的；③中止调查的决定是基于经营者提供的不完整或者不真实的信息作出的。

5. ABCD 【解析】本题考核反垄断行政执法。

6. BC 【解析】本题考核反垄断民事诉讼。专家在法庭上提供的意见并不属于证据形式，而是作为法官判案的参考依据；专业人员就案件的专门性问题作出市场调查或者经济分析报告应当视为鉴定意见。

7. ABCD 【解析】本题考核横向垄断协议。

禁止具有竞争关系的经营者就限制购买新技术、新设备或者限制开发新技术、新产品达成如下垄断协议：①限制购买、使用新技术、新工艺；②限制购买、租赁、使用新设备、新产品；③限制投资、研发新技术、新工艺、新产品；④拒绝使用新技术、新工艺、新设备、新产品；⑤通过其他方式限制购买新技术、新设备或者限制开发新技术、新产品。

8. ABC 【解析】本题考核横向垄断协议。禁止具有竞争关系的经营者就联合抵制交易达成以下垄断协议：①联合拒绝向特定经营者供应或者销售商品；②联合拒绝采购或者销售特定经营者的商品；③联合限定特定经营者不得与其具有竞争关系的经营者进行交易等。选项 D 属于限制商品的生产数量或者销售数量的协议。

9. ABCD 【解析】本题考核对行业协会组织达成和实施垄断协议的规制。

10. ABCD 【解析】本题考核认定经营者具有市场支配地位时应当依据的因素。除上述应考虑要素之外，还要考虑经营者的财力和技术条件，其他经营者对该经营者在交易上的依赖程度以及其他经营者进入相关市场的难易程度。

11. BC 【解析】本题考核市场支配地位。具有市场支配地位的经营者不一定是独占者，选项 A 错误；市场支配地位是一种市场结构状态，不是一种行为，选项 D 错误。

12. AB 【解析】本题考核滥用行政权力排除、限制竞争的行为。因下列情形而进行的低于成本价格销售均为正当理由：①降价处理鲜活商品、季节性商品、有效期限即将到期的商品和积压商品的；②因清偿债务、转产、歇业降价销售商品的；③在合理期限内为推广新产品进行促销的。

13. ABCD 【解析】本题考核滥用行政权力排除、限制竞争的行为。以间接方式拒绝交易的情形包括：①实质性削减与交易相对人的现有交易数量；②拖延、中断与交易相对人的现有交易；③拒绝与交易相对人进行新的变易；④设置限制性条件，使交易相对人难以与其进行交易；⑤拒绝交易相对人在生产经营活动中，以合理条件使用其必需设施。

14. AC 【解析】本题考核滥用行政权力排除、限制竞争的行为。选项 AC 属于拒绝交易的正当理由。选项 BD 属于限定交易的正当理由。

15. ABC 【解析】本题考核滥用行政权力排除、限制竞争的行为。选项 D 属于拒绝交易的表现。

16. ABCD 【解析】本题考核滥用行政权力排除、限制竞争的行为。选项 ABCD 均属于差别待遇的情形。

17. AB 【解析】本题考核滥用行政权力排除、限制竞争的行为。选项 CD 属于拒绝交易的正当理由。

18. ABC 【解析】本题考核经营者集中审查程序。有下列情形之一的，国务院反垄断执法机构经书面通知经营者，可以延长规定的审查期限，但最长不得超过 60 日：①经营者同意延长审查期限的；②经营者提交的文件、资料不准确，需要进一步核实的；③经营者申报后有关情况发生重大变化的。国务院反垄断执法机构逾期未作出决定的，经营者可以实施集中。

19. ABCD 【解析】本题考核经营者集中审查标准。在对经营者集中进行审查并作出相应决定过程中，国务院反垄断执法机构应当考虑下列因素：①参与集中的经营者在相关市场的市场份额及其对市场的控制力；②相关市场的市场集中度；③经营者集中对市场进入、技术进步的影响；④经营者集中对消费者和其他有关经营者的影响；⑤经营者集中对国民经济发展的影响；⑥国务院反垄断执法机构认为应当考虑的影响市场竞争的其他因素。

20. ABCD 【解析】本题考核滥用行政权力排除、限制竞争行为。

21. AB 【解析】本题考核滥用行政权力排除、限制竞争行为。行政强制交易具体包括：①以明确要求、暗示、拒绝或者拖延行政审批、重复检查、不予接入平台或者网络等方式，限定或者变相限定经营、购买、使用特定经营者提供的商品；②通过限制投标人所在地、所有制形式、组织形式等方式，限定或者变相限定经营、购买、使用特定投标人提供的商品；③没有法律、法规依据，通过设置项目库、名录库等方式，限定或者变相限定经营、购买、使用特定经营者提供的商品；④限定或者变相限定单位或者个人经营、购买、使用其指定的经营者提供的商品的其他行为。

22. ABD 【解析】本题考核联席会议制度。联席会议办公室设在市场监管部门。选项 C 表述错误。

第十二章　涉外经济法律制度

本章重要程度：●○○

本章综合练习（限时60分钟）

扫我做试题

一、单项选择题

1. 根据外商投资法律制度的规定，下列各项中，不属于外商投资的是(　)。
   A. 外国甲公司在中国境内设立一家独资公司
   B. 外国甲公司与外国乙公司合资在中国境内设立一家合伙企业
   C. 外国甲公司收购境内A公司的股份
   D. 外国甲公司在中国境内设立分支机构
2. 根据外商投资法律制度的规定，下列关于外商投资保护的表述中，错误的是(　)。
   A. 国家对外国投资者的投资原则上不实行征收
   B. 在特殊情况下，国家为了公共利益的需要，可以依照法律规定对外国投资者的投资实行征收或者征用
   C. 征收的应当依照法定程序、以非歧视性的方式进行，但无需给予补偿
   D. 外国投资者对征收决定不服的，可以依法申请行政复议或者提起行政诉讼
3. 根据外商投资法律制度的规定，下列各项中，属于有权发布或者批准发布负面清单的机构的是(　)。
   A. 国务院
   B. 国务院投资主管部门
   C. 国务院商务主管部门
   D. 市场监管总局
4. 根据外商投资法律制度的规定，下列各项中，属于外商投资企业登记注册主管部门的是(　)。
   A. 国务院市场监督管理部门或者其授权的地方人民政府市场监督管理部门
   B. 国务院投资主管部门或其授权的地方人民政府投资主管部门
   C. 国务院商务主管部门或其授权的地方人民政府商务主管部门
   D. 国务院外汇管理部门或其授权的地方人民政府外汇管理部门
5. 外国投资者甲公司与国内自然人乙订立了投资合作协议，投资的领域不属于负面清单中的投资领域，且该协议本身并无违反规定情形。根据外商投资法律制度的规定，下列关于该合作协议效力的表述中，正确的是(　)。
   A. 合同自成立时生效
   B. 合同无效
   C. 在法院作出生效判决前获得批准的，视为有效
   D. 合同已成立未生效
6. 根据外商投资法律制度的规定，下列关于中国境内投资者对外直接投资的表述中，错误的是(　)。
   A. 对外直接投资的形式包括新设、并购、参股、增资、再投资等
   B. 对外直接投资，中国是资金输出国；外商直接投资，中国是资金输入国
   C. 中国境内投资者对外直接投资，需要遵守投资所在国即东道国的法律和政

策，无需遵循中国境内的法律

D. 境外投资项目涉及武器装备的研制生产维修的，应当经国家发改委核准

7. 根据外商投资法律制度的规定，下列关于对外直接投资的表述中，错误的是(　)。

A. 在商务部的核准和备案中，对属于核准情形的境外投资，中央企业向商务部提出申请，地方企业向所在地省级商务主管部门提出申请

B. 在商务部的核准和备案中，对属于备案情形的境外投资，中央企业报商务部备案，地方企业报所在地省级商务主管部门备案

C. 在发展改革部门的核准和备案中，涉及敏感国家和地区、敏感行业的境外投资项目，由国家发改委核准

D. 在发展改革部门的备案中，中央管理企业投资的境外投资项目、地方企业投资的中方投资额 3 亿美元及以上境外投资项目，由国家发改委备案；地方企业投资的中方投资额 3 亿美元以下境外投资项目，由投资主体注册地的省级政府发展改革部门备案

8. 根据对外贸易法律制度的规定，下列各项中，不属于《对外贸易法》原则的是(　)。

A. 统一管理原则

B. 区域合作原则

C. 诚实信用原则

D. 非歧视原则

9. 根据对外贸易法律制度的规定，下列关于国营贸易企业的表述中，正确的是(　)。

A. 国营贸易企业就是国营企业

B. 判断国营贸易企业的标准是所有制形式

C. 国营贸易企业只能是政府企业

D. 国营贸易企业的经营只针对部分货物

10. 根据对外贸易法律制度的规定，下列关于货物进出口自动许可制度的表述中，错误的是(　)。

A. 针对全部货物

B. 该制度仅是出于监测进出口情况的需要

C. 自动许可申请仅是为了备案

D. 商务部对于自动许可申请应当许可

11. 根据对外贸易法律制度的规定，下列各项中，属于我国对限制进出口的技术实行的管理措施的是(　)。

A. 配额管理

B. 许可证管理

C. 自由进出口管理

D. 备案登记管理

12. 根据对外贸易法律制度的规定，下列各项中，属于可以启动反倾销调查且认定是由国内产业提出申请的是(　)。

A. 在表示支持申请或者反对申请的国内产业中，支持者的产量占支持者和反对者的总产量的 30%以上的

B. 在表示支持申请或者反对申请的国内产业中，支持者的产量占支持者和反对者的总产量的 50%以上的

C. 在表示支持申请或者反对申请的国内产业中，表示支持申请的国内生产者的产量不足国内同类产品总产量的 25%的

D. 在表示支持申请或者反对申请的国内产业中，表示支持申请的国内生产者的产量不足国内同类产品总产量的 50%的

13. 外汇包括外币现钞、外币支付凭证或者支付工具、外币有价证券、特别提款权及其他外汇资产。根据外汇管理法律制度的规定，下列各项中，不属于外币支付凭证或者支付工具的是(　)。

A. 票据

B. 银行存款凭证

C. 银行卡

D. 债券

14. 根据外汇管理法律制度的规定，下列各项中，不适用《外汇管理条例》的是(　)。

A. 境内机构取得的来源于境外的外汇

收入

B. 在境内居住满1年的外国人取得的来源于境外的收入

C. 外国驻华外交人员取得的工资收入

D. 在境内旅游的外国人在境内获得的偶然所得

15. 根据外汇管理法律制度的规定，对于个人结汇和境内个人购汇实行年度总额管理，年度总额为每人每年等值(　)万美元，国家外汇管理局根据国际收支状况对年度总额进行调整。

A. 10　　B. 20

C. 5　　D. 15

16. 根据外汇管理法律制度的规定，下列各项中，负责合格境内机构投资者(QDII)的境外投资业务的市场准入的机构是(　)。

A. 商务部

B. 国家外汇管理局

C. 银保监会

D. 发改委

17. 根据外汇管理法律制度的规定，下列关于我国外汇市场表述中，正确的是(　)。

A. 银行间外汇市场的参与主体只能是境内银行业金融机构

B. 外汇市场交易的币种和形式由中国人民银行规定

C. 银行间外汇交易市场提供集中竞价、双边询价和撮合交易三种交易模式

D. 不允许外币拆借交易

18. 根据外汇管理法律制度的规定，下列关于人民币加入特别提款权货币篮的表述中，错误的是(　)。

A. 2015年12月，国际货币基金组织执行董事会正式批准人民币加入特别提款权货币篮

B. 人民币成为与美元、欧元、日元、澳元并列的第五种可自由使用货币

C. 特别提款权本身不是货币

D. 特别提款权本身有价值

二、多项选择题

1. 根据外商投资法律制度的规定，下列各项中，属于外商投资的有(　)。

A. 外国投资者单独在中国境内设立外商投资企业

B. 外国投资者与中国自然人共同在中国境内设立外商投资企业

C. 外国投资者取得中国境内企业的股份

D. 外国投资者与其他投资者共同在中国境内投资新建项目

2. 根据外商投资法律制度的规定，下列关于外商投资促进的表述中，正确的有(　)。

A. 与外商投资企业生产经营活动密切相关的规范性文件，应当结合实际，合理确定公布到施行之间的时间

B. 外商投资企业依法和内资企业平等参与国家标准、行业标准、地方标准和团体标准的制定、修订工作

C. 鼓励外商投资产业目录应经国务院批准

D. 国家制定的强制性标准对外商投资企业和内资企业平等适用，不得专门针对外商投资企业适用高于强制性标准的技术要求

3. 根据外商投资法律制度的规定，下列关于外国投资者的投资保护的表述中，正确的有(　)。

A. 外商投资企业可以依法成立和自愿参加商会、协会

B. 行政机关及其工作人员不得利用行政手段强制外商投资企业转让技术

C. 没有法律、行政法规依据的，各级人民政府及其有关部门不得设置市场准入和退出条件，不得干预外商投资企业的正常生产经营活动

D. 地方各级人民政府及其有关部门应当履行向外国投资者、外商投资企业依法作出的政策承诺，但若行政区划调整、政府换届，则可以毁约

4. 根据外商投资法律制度的规定，下列关于外商投资准入制度的表述中，正确的有(　)。

A. 外商投资适用准入前国民待遇，但我国缔结或参加的国际条约、协定有更优惠规定的，可以按照规定执行
B. 目前全国范围内实行“准入前国民待遇+负面清单”的准入管理模式
C. 国家规定的负面清单由商务部发布
D. 准入前国民待遇针对的是投资准入前的优惠待遇

5. 根据外商投资法律制度的规定，下列关于外国投资者投资外商投资准入负面清单规定限制投资的项目的表述中，正确的有(　)。
A. 合同订立就生效
B. 当事人以违反限制性准入特别管理措施为由，主张投资合同无效的，人民法院应予支持
C. 在人民法院作出生效判决前，当事人采取必要措施满足准入特别管理措施要求的，合同有效
D. 在生效裁判作出前，因负面清单调整，外国投资者投资不再属于限制投资的领域，当事人主张合同有效的，法院予以支持

6. 根据外商投资法律制度的规定，下列范围内的外商投资，外国投资者或者境内相关当事人应当在实施投资前主动向工作机制办公室申报的有(　)。
A. 投资军工、军工配套等关系国防安全的领域
B. 在军事设施和军工设施周边地域投资
C. 投资关系国家安全的重要农产品、重要能源和资源等领域，并取得所投资企业的实际控制权
D. 投资关系国家安全的重要文化产品与服务、重要信息技术和互联网产品与服务等领域，并取得所投资企业的实际控制权

7. 根据外商投资法律制度的规定，下列各项中，属于外国投资者取得所投资企业的实际控制权的有(　)。
A. 外国投资者持有企业50%的股权
B. 外国投资者持有企业30%的股权，但所享有的表决权已足以对董事会、股东会或股东大会的决议产生重大影响
C. 外国投资者对所投资企业的人事、财务产生重大影响
D. 外国投资者持有企业35%的股权

8. 根据外商投资法律制度的规定，下列关于企业境外投资中商务部的核准备案制度的表述中，正确的有(　)。
A. 企业境外投资涉及敏感国家和地区、敏感行业的，实行核准管理
B. 对属于备案情形的境外投资，中央企业报商务部备案；地方企业通过省级商务主管部门向商务部提出
C. 两个以上企业共同开展境外投资的，应当由相对大股东在征求其他投资方书面同意后办理备案或申请核准
D. 核准境外投资应当征求中国驻外使领馆意见，涉及中央企业的，由商务部征求意见

9. 根据外商投资法律制度的规定，下列关于对外直接投资的表述中，正确的有(　)。
A. 两个以上投资主体共同开展的项目，应当由投资额较大一方在征求其他投资方书面同意后提出核准、备案申请
B. 投资主体通过其控制的境外企业开展大额非敏感类项目的，投资主体应当在项目实施前通过网络系统提交大额非敏感类项目情况报告表，将有关信息告知国家发展改革委
C. 境外投资过程中发生外派人员重大伤亡、境外资产重大损失、损害我国与有关国家外交关系等重大不利情况的，投资主体应当在有关情况发生之日起5个工作日内通过网络系统提交重大不利情况报告表
D. 属于核准、备案管理范围的项目，投资主体应当在项目完成之日起20个工作日内通过网络系统提交项目完成情

况报告表

10. 根据对外贸易法律制度的规定，下列各项表述中，正确的有(　)。
 A. 对外贸易经营者需经过特许方可从事对外贸易
 B. 我国对部分自由进出口的货物实行进出口自动许可制度，对限制进口或出口的货物实行配额、许可证等方式管理
 C. 我国对自由进出口技术的进出口实行合同备案登记制度，合同自依法成立时生效，不以登记为合同生效的条件；对属于限制进出口的技术实行许可证管理，技术进出口合同自许可证颁发之日起生效
 D. 我国对国际服务贸易不实行统一的备案登记制，而是由相关行业主管部门分别予以管理

11. 基于特定原因，国家可以限制或禁止有关货物、技术的进出口。根据对外贸易法律制度的规定，下列关于该特定原因的表述中，正确的有(　)。
 A. 为实施与黄金或者白银进出口有关的措施的需要
 B. 为有效保护可能用竭的自然资源的需要
 C. 为保护动物、植物的生命或者健康的需要
 D. 国内供应短缺的需要

12. 根据对外贸易法律制度的规定，下列各项中，属于对外贸易救济措施的有(　)。
 A. 反倾销措施
 B. 反补贴措施
 C. 反垄断措施
 D. 保障措施

13. 根据对外贸易法律制度的规定，下列关于反倾销税的表述中，正确的有(　)。
 A. 反倾销税的征收期限为5年，特殊情况下可以延长
 B. 反倾销税原则上仅适用于终裁决定公告之日以后进口的产品
 C. 反倾销税的纳税人为倾销进口产品的进口经营者
 D. 反倾销税税额不得超过终裁决定确定的倾销幅度

14. 根据对外贸易法律制度的规定，下列各项中，属于临时反倾销措施的有(　)。
 A. 征收临时反倾销税
 B. 要求提供保证金
 C. 要求提供保函
 D. 要求作出价格承诺

15. 根据对外贸易法律制度的规定，下列各项中，可以导致反补贴调查终止的有(　)。
 A. 没有足够证据证明存在补贴、损害或者二者之间有因果关系
 B. 补贴金额为微量补贴
 C. 补贴进口产品实际或者潜在的进口量或者损害属于可忽略不计
 D. 商务部认为不适宜继续进行反补贴调查

16. 根据对外贸易法律制度的规定，下列各项中，属于保障措施的有(　)。
 A. 提供保证金
 B. 提高关税
 C. 数量限制
 D. 提供保函

17. 根据外汇管理法律制度的规定，下列各项中，属于外汇的有(　)。
 A. 外币支付凭证
 B. 特别提款权
 C. 外币有价证券
 D. 外币现钞

18. 根据外汇管理法律制度的规定，下列关于合格境外机构投资者制度管理的表述中，正确的有(　)。
 A. 中国证监会、中国人民银行依法对合格境外投资者的境内证券期货投资实施监督管理
 B. 中国人民银行、国家外汇管理局依法对合格境外投资者境内银行账户、资

金汇兑等实施监督管理

C. 合格境外投资者可参与的金融衍生品等交易品种和交易方式，由中国证监会商中国人民银行、国家外汇管理局同意后公布

D. QFII 制度和人民币合格境外机构投资者(RQFII)制度已合二为一，统称为合格境外机构投资者

19. 根据外汇管理法律制度的规定，下列关于外债管理的表述中，正确的有(　)。

A. 中资企业借用的外债资金可以结汇使用

B. 短期外债原则上只能用于流动资金

C. 在境内债务人偿清其对境外担保人的债务之前，未经外汇局批准，境内债务人应暂停签订新的外保内贷合同

D. 外商投资企业借用的外债资金可以结汇使用

20. 根据外汇管理法律制度的规定，境内非金融机构从境内金融机构借用贷款或获得授信额度，在同时满足以下条件的前提下，可以接受境外机构或个人提供的担保，并自行签订外保内贷合同(　)。

A. 债务人为在境内注册经营的非金融机构

B. 债权人为在境内注册经营的金融机构

C. 担保标的为金融机构提供的本外币贷款(不包括委托贷款)或有约束力的授信额度

D. 贷款用于流动资金

本章综合练习·参考答案及解析

一、单项选择题

1. D 【解析】本题考核外商投资界定。外商投资，是指外国的自然人、企业或者其他组织(即外国投资者)直接或者间接在中国境内进行的投资活动，包括下列情形：①外国投资者单独或者与其他投资者共同在中国境内设立外商投资企业；②外国投资者取得中国境内企业的股份、股权、财产份额或者其他类似权益；③外国投资者单独或者与其他投资者共同在中国境内投资新建项目；④其他方式。从前述规定可以得知，外商投资企业不包括外国企业在中国境内的分支机构。

2. C 【解析】本题考核外商投资保护。在特殊情况下，国家为了公共利益的需要依照法律规定对外国投资者的投资实行征收或者征用的，应当依照法定程序、以非歧视性的方式进行，并按照被征收投资的市场价值及时给予补偿。外国投资者对征收决定不服的，可以依法申请行政复议或者提起行政诉讼。

3. A 【解析】本题考核外商投资管理。负面清单由国务院投资主管部门会同国务院商务主管部门等有关部门提出，报国务院发布或者报国务院批准后由国务院投资主管部门、商务主管部门发布。

4. A 【解析】本题考核外商投资管理。外商投资企业的登记注册，由国务院市场监督管理部门或者其授权的地方人民政府市场监督管理部门依法办理。

5. A 【解析】本题考核外商投资管理。属于负面清单外的投资领域，原则上合同订立就生效。

6. C 【解析】本题考核对外直接投资法律制度。中国境内投资者对外直接投资，需要遵守投资所在国即东道国的法律和政策，也需要遵守中国国内法中的相关规定。

7. A 【解析】本题考核对外直接投资法律制度。选项 A：对属于核准情形的境外投资，中央企业向商务部提出申请，地方企业通过所在地省级商务主管部门向商务部提出申请。

8. C 【解析】本题考核《对外贸易法》的原则。《对外贸易法》的原则有：统一管理原

则、公平自由原则、平等互利原则、区域合作原则、非歧视原则、互惠对等原则。

9. D 【解析】本题考核国营贸易管理。判断一个企业是不是国营贸易企业，关键是看该企业是否在国际贸易中享有专营权或特许权，不是看该企业的所有制形式，国营贸易企业也不是我国过去所称的国营企业，故选项 AB 错误；国营贸易企业是指享有专营权或特许经营权的政府企业和非政府企业，故选项 C 错误。

10. A 【解析】本题考核货物进出口。进出口自动许可针对的是部分而非全部货物。

11. B 【解析】本题考核技术进出口。我国对限制进口或者出口的技术，实行许可证管理。

12. B 【解析】本题考核反倾销调查。在表示支持申请或者反对申请的国内产业中，支持者的产量占支持者和反对者的总产量的 50% 以上的，应当认定申请是由国内产业或者代表国内产业提出，可以启动反倾销调查；但是，表示支持申请的国内生产者的产量不足国内同类产品总产量的 25% 的，不得启动反倾销调查。

13. D 【解析】本题考核外汇的概念。债券属于外币有价证券，不属于外币支付凭证。

14. C 【解析】本题考核《外汇管理条例》适用范围。根据规定：境内机构、境内个人的外汇收支或者外汇经营活动，以及境外机构、境外个人在"境内"的外汇收支或者外汇经营活动，适用本条例。境内机构，是指中华人民共和国境内的国家机关、企业、事业单位、社会团体、部队等，外国驻华外交领事机构和国际组织驻华代表机构除外。境内个人，是指中国公民和在中华人民共和国境内连续居住满 1 年的外国人，外国驻华外交人员和国际组织驻华代表除外。

15. C 【解析】本题考核个人外汇管理制度。

16. C 【解析】本题考核间接投资项下的外汇管理。银保监会和证监会负责金融机构境外投资业务的市场准入监管，具体包括资格审批、投资品种确定以及风险管理。

17. C 【解析】本题考核外汇市场。银行间外汇市场的参与主体是境内银行业金融机构为主，同时包括部分非银行金融机构和非金融企业，因此选项 A 错误；外汇市场交易的币种和形式由国务院外汇管理部门规定，因此选项 B 错误；12 种外币(美元、欧元、港元、日元、澳元、英镑、加元、新西兰元、新加坡元、韩元、瑞士法郎、俄罗斯卢布)可以实现外币拆借交易，因此选项 D 错误。

18. B 【解析】本题考核人民币加入特别提款权货币篮。人民币成为与美元、欧元、日元、英镑并列的第五种可自由使用货币。

二、多项选择题

1. ABCD 【解析】本题考核外商投资界定。外商投资，是指外国的自然人、企业或者其他组织(即外国投资者)直接或者间接在中国境内进行的投资活动，包括下列情形：①外国投资者单独或者与其他投资者共同在中国境内设立外商投资企业；②外国投资者取得中国境内企业的股份、股权、财产份额或者其他类似权益；③外国投资者单独或者与其他投资者共同在中国境内投资新建项目；④其他方式。上述"其他投资者"，包括中国的自然人在内。

2. ABCD 【解析】本题考核外商投资促进。

3. ABC 【解析】本题考核外商投资保护。地方各级人民政府及其有关部门应当履行向外国投资者、外商投资企业依法作出的政策承诺以及依法订立的各类合同，不得以行政区划调整、政府换届、机构或者职能调整以及相关责任人更替等为由违约毁约。

4. AB 【解析】本题考核外商投资管理。国家规定的负面清单由国务院发布或批准发布，选项 C 错误；准入前国民待遇，实际是包括准入阶段以及准入后的运营阶段在内的整个投资阶段，都享有国民待遇，而不仅仅是准入前。选项 D 错误。

5. BCD 【解析】本题考核外商投资管理。外国投资者投资外商投资准入负面清单之外的领域的，原则上投资合同订立即生效，选项 A 不正确。

6. ABCD 【解析】本题考核外商投资安全审查制度。下列范围内的外商投资，外国投资者或者境内相关当事人应当在实施投资前主动向工作机制办公室申报：①投资军工、军工配套和其他关系国防安全的领域，以及在军事设施和军工设施周边地域投资；②投资关系国家安全的重要农产品、重要能源和资源、重大装备制造、重要基础设施、重要运输服务、重要文化产品与服务、重要信息技术和互联网产品与服务、重要金融服务、关键技术以及其他重要领域，并取得所投资企业的实际控制权。

7. ABC 【解析】本题考核外商投资安全审查制度。外国投资者取得所投资企业的实际控制权，包括下列情形：①外国投资者持有所投资企业 50%以上股权；②外国投资者持有所投资企业股权不足 50%，但所享有的表决权能够对董事会、股东会或股东大会的决议产生重大影响；③其他导致外国投资者对所投资企业的经营决策、人事、财务、技术等产生重大影响的情形。

8. ACD 【解析】本题考核对外直接投资法律制度。对属于备案情形的境外投资，中央企业报商务部备案；地方企业报所在地省级商务主管部门备案。

9. ABCD 【解析】本题考核对外直接投资法律制度。

10. BCD 【解析】本题考核对外贸易经营管理。选项 A：依法办理了工商登记或者其他执业手续的单位和个人均可以从事外贸经营，因此对外贸易经营不需要专门许可。

11. ABCD 【解析】本题考核货物与技术进出口。

12. ABD 【解析】本题考核对外贸易救济。对外贸易救济措施包括反倾销措施、反补贴措施和保障措施。

13. BCD 【解析】本题考核反倾销措施。反倾销税的征收期限不超过 5 年；但是，经复审确定终止征收反倾销税有可能导致倾销和损害的继续或者再度发生的，反倾销税的征收期限可以适当延长。选项 A 说“为 5 年”，错误。

14. ABC 【解析】本题考核反倾销措施。临时反倾销措施包括：征收临时反倾销税；要求提供保证金、保函或者其他形式的担保。价格承诺不是临时的反倾销措施，因此选项 D 错误。

15. ABCD 【解析】本题考核反补贴措施。终止情形：①申请人撤销申请的；②没有足够证据证明存在补贴、损害或者二者之间有因果关系的；③补贴金额为微量补贴；④补贴进口产品实际或者潜在的进口量或者损害属于可忽略不计的；⑤通过与有关国家(地区)政府磋商达成协议，不需要继续进行反补贴调查；⑥商务部认为不适宜继续进行反补贴调查的。

16. BC 【解析】本题考核保障措施。保障措施可以采取提高关税、数量限制等形式。选项 AD 属于临时反倾销措施。

17. ABCD 【解析】本题考核外汇的概念。外汇包括外币现钞、外币支付凭证或者支付工具、外币有价证券、特别提款权及其他外汇资产。

18. ABCD 【解析】本题考核间接投资项下的外汇管理。

19. BCD 【解析】本题考核外债管理。境内的金融机构和中资企业这两个主体借用的外债资金一般不能用于结汇，选项 A 错误。

20. ABC 【解析】本题考核外债管理。境内非金融机构从境内金融机构借用贷款或获得授信额度，在同时满足以下条件的前提下，可以接受境外机构或个人提供的担保，并自行签订外保内贷合同：①债务人为在境内注册经营的非金融机构；②债权人为在境内注册经营的金融机构；③担保标的为金融机构提供的本外币贷款（不包括委托贷款）或有约束力的授信额度；④担保形式符合境内外法律法规。

跨章节主观题·突破阶段

1周

跨章节主观题突破特训

扫我做试题

【题目一】

［本题涉及章节］：本题目涉及物权法律制度以及合同法律制度。

［本题核心考点］：按份共有物的处分、按份共有份额的处分、按份共有的债务承担、共同共有物的处分、无权处分合同的效力等。

张亮、马腊棠两人是从小长到大的朋友，因机遇巧合在同一城市工作。2020 年 11 月 15 日，二人共同出资购买一台价格为 20 万元的自动咖啡机。张亮出资 4 万元，马腊棠出资 16 万元。双方约定按照出资比例共有。因日久生情，双方于 2021 年 5 月 20 日领取结婚证，且未对婚前财产做约定，并于 2021 年 6 月新购入一台多功能蒸汽机。

2021 年 8 月 12 日，自动咖啡机因故障，不能正常使用。马腊棠在未征得张亮同意的情况下请甲维修并升级为智能咖啡机，共支付费用 10 万元。马腊棠请求张亮承担 20% 的修理费。张亮以升级为智能咖啡机未征得其同意为由拒绝。甲请求马腊棠支付全部修理费，马腊棠拒绝。

马腊棠从此与张亮形同路人。2021 年 9 月 5 日，马腊棠欲出售智能咖啡机的共有份额，遂发函征询杨国胡的购买意向，同时告知张亮：拟对外转让智能咖啡机的共有份额，张亮须在接到通知书之日起 15 日内决定是否行使优先购买权。张亮认为该智能咖啡机属于共同共有，对马腊棠的通知不置可否。

2021 年 9 月 6 日，张亮在未告知马腊棠的情况下，将智能咖啡机以市价卖给不知情的乙，约定 3 日后交付。2021 年 9 月 7 日，杨国胡向马腊棠回函称，对马腊棠所占智能咖啡机份额不感兴趣，想要购买多功能蒸汽机。由于张亮对马腊棠之前的通知置之不理，马腊棠也不再告知张亮，于 9 月 7 日与杨国胡签订多功能蒸汽机出让合同。

2021 年 9 月 9 日，乙要求张亮交付智能咖啡机，杨国胡要求马腊棠交付多功能蒸汽机。均被拒绝。

根据上述内容，分别回答下列问题：

（1）马腊棠修理自动咖啡机并将其升级为智能咖啡机是否需经张亮同意？马腊棠是否有权请求张亮承担 20% 的修理费？分别说明理由。

（2）马腊棠是否有权拒绝向甲支付全部修理费用？并说明理由。

（3）马腊棠转让其份额是否需经张亮同意？并说明理由。

（4）马腊棠在寻找份额买主时要求张亮在接到通知之日起 15 日内决定是否行使优先购买权，是否符合法律规定？并说明理由。

（5）杨国胡能否取得买卖多功能蒸汽机的所有权？并说明理由。

（6）张亮与乙之间买卖智能咖啡机的合同行为是否有效？并说明理由。

（7）杨国胡是否可以要求张亮承担责任？请说明理由。

【题目二】

［本题涉及章节］：本题目涉及合同法律制度及所有权制度。

［本题核心考点］：租赁合同的权利义务、融资租赁合同的权利义务、所有权的善意取得等。

2020 年 9 月 15 日，甲公司向乙公司承租盾构机 10 台，双方签订书面合同，约定：租期 3 个月，每台租金 240 000 元，全部租金 2 400 000 万元于租期届满时一次性支付，双方未约定其他事项。2020 年 10 月 14 日，

1 台盾构机在挖掘隧道的过程中突遇复杂地质结构，导致盾构机机头出现故障，无法继续使用。甲公司要求乙公司维修，乙公司提出，盾构机由甲公司使用，应当由甲公司负责维修。但同意免收该盾构机的剩余租赁期限对应的租金。

2020 年 10 月 28 日，甲公司将其承租乙公司的 2 台盾构机转租给丙公司，租期 1 个月，并通知乙公司。乙公司表示，如果转租，需要额外支付 50%的租金。甲公司未听从乙公司意见，继续转租，乙公司未做任何意思表示。其中一台盾构机在丙公司保管时，被数顽童砸坏。

2020 年 10 月 31 日，甲公司向丁公司以融资租赁方式承租盾构机 5 台，租期 1 年。双方未约定租期届满盾构机的归属等事项。为防止与乙公司的盾构机混淆，5 台盾构机上均贴有“本盾构机租自丁公司”的明显标识。2020 年 12 月 14 日，甲公司与乙公司的租赁合同期间届满，但乙公司未与甲公司联系，甲公司遂继续使用盾构机。2021 年 1 月 14 日，乙公司要求甲公司返还盾构机并要求支付 4 个月的租金。

2021 年 2 月 26 日，甲公司将丁公司的 2 台盾构机以市价出售给丙公司并交付。2021 年 10 月 30 日，融资租赁期届满，丁公司要求甲公司返还盾构机。

根据上述内容，分别回答下列问题：

(1)乙公司是否有义务维修出现故障的盾构机？并说明理由。

(2)乙公司知悉甲公司向丙公司转租 2 台盾构机后，未做意思表示，是否意味着当然解除租赁合同？并说明理由。

(3)丙公司损坏 1 台盾构机，甲公司维修后，是否有权要求乙公司支付维修费？并说明理由。

(4)2021 年 1 月 14 日，甲公司应向乙公司支付多少租金？并说明理由。

(5)若甲公司在使用丁公司以融资租赁方式出租的盾构机时，盾构机出现故障，丁公司是否有义务维修出现故障的盾构机？并说明理由。

(6)丙公司是否取得所购 2 台盾构机的所有权？并说明理由。

(7)融资租赁期满后，丁公司是否有权要求甲公司返还盾构机？并说明理由。

【题目三】

［本题涉及章节］：本题目涉及合同法律制度及担保制度。

［本题核心考点］：借款合同的成立、债权转让、抵押权设立、保证责任的承担、担保物权的实现等。

2022 年 3 月 10 日，李四向张三借款 100 万元，未订立书面借款合同。次日，张三向李四转账 100 万。李四的朋友王五、赵六提供担保。王五以自有房屋设定抵押担保，3 月 10 日订立抵押担保合同，于 3 月 15 日办理抵押登记。赵六作为保证人签字，但未约定保证形式。保证合同约定，张三对李四的债权不得转让。王五与赵六未约定担保清偿先后顺序。

债权到期后，李四无力偿还。张三要求王五承担担保责任，王五拒绝，提出自己提供的担保属于第三人提供的物保，张三应先向赵六主张连带保证责任。张三转而要求赵六承担保证责任，赵六拒绝，认为自己只是保证人，张三不应在对李四提起诉讼并强制执行前要求其承担保证责任。

在王五、赵六拒绝后，张三将对李四的债权转让给刘七。并通知李四，李四未作回复。刘七要求李四清偿。李四拒绝理由是：债权转让未经自己同意，该转让行为无效。刘七不想与之纠缠，转而要求赵六承担保证责任，赵六拒绝，除了重申之前对张三的拒绝理由外，并进一步提出保证合同约定，债权不得转让，现张三违反约定转让债权，自己不再承担保证责任。

根据上述内容，分别回答下列问题：

(1)张三与李四的借款合同于何时成立？并说明理由。

(2)张三何时取得抵押权?

(3)王五主张"自己提供的担保属于第三人提供的物保,张三应先向赵六主张连带保证责任"是否成立?并说明理由。

(4)赵六主张"自己只是保证人,张三不应在对李四提起诉讼并强制执行前要求其承担保证责任"是否成立?并说明理由。

(5)李四主张"债权转让未经自己同意,该转让行为无效"是否成立?并说明理由。

(6)赵六主张"保证合同约定债权不得转让,现张三违反约定转让债权,自己不再承担保证责任"是否成立?并说明理由。

【题目四】

[本题涉及章节]:本题目涉及合同法律制度及担保制度。

[本题核心考点]:租赁合同的权利义务、质权的效力、留置权的设立、担保物权的实现顺序、抵押权设立、不动产的所有权转移规则等。

2020年7月20日,甲公司向乙公司借款20万元,双方签订了书面借款合同和机动车质押合同,次日,甲公司将汽车交付给乙公司。同年9月5日,乙公司将该机动车送到丙厂修理,丙厂修理后多次要求乙公司支付修理费用,遭到拒绝后丙暂留下该车辆。同年10月17日,丙厂通知乙公司,机动车已变卖,修理费已从所得价款中受偿。甲公司认为,乙公司并不是机动车的所有权人,丙厂在未与自己沟通的情况下擅自变卖机动车,于法无据。

2020年7月30日,甲公司与赵某签订书面租赁合同,将房屋A出租给赵某,租期5年,双方未对其他事项进行约定。同年9月至10月,因屋顶漏雨,赵某多次通知甲公司维修,甲公司均未回应,同年11月,赵某不堪漏雨之扰,自行在房顶加盖一层简易房,共花费5万元。赵某要求甲公司偿还其支出的5万元费用,甲公司拒绝。

2020年8月5日,甲公司以房屋A为抵押向丁银行借款400万元,借期为1年,双方签订了书面借款合同和抵押合同。同年8月20日双方办理了抵押登记。2020年8月10日,甲公司以房屋A为抵押向戊银行借款300万元,借期为2年,双方签订了书面借款合同和抵押合同。同年8月15日双方办理了抵押登记。2021年9月,因甲公司无力偿还银行借款,丁银行诉至人民法院,请求就房屋A实现抵押权并从拍卖价款中优先受偿。房屋拍卖得款650万元,戊银行获悉该情况后,主张就拍卖价款优先于丁银行受偿。钱某拍得房屋A后,要求承租人赵某交还房屋。赵某以租期未到为由拒绝。

2021年12月5日,钱某以690万元市价将房屋A转让给孙某。孙某和钱某约定,房屋所有权自合同生效时归孙某所有;但为节省过户契税,房屋暂不过户,钱某同意将房产证和授权处分房屋的授权书签字后交付给孙某。次日,钱某向周某表示,愿以200万元的价格将房屋A转让周某。周某立即与钱某签订了买卖合同,并办理过户登记。孙某得知后,向登记机关申请更正登记,并要求周某返还房屋,周某拒绝返还。

根据上述内容,分别回答下列问题:

(1)乙公司何时取得对机动车的质权?并说明理由。

(2)丙厂于10月17日变卖机动车并从所得价款中受偿修理费的行为是否有法律依据?并说明理由。

(3)赵某是否有权要求甲公司偿还5万元费用?并说明理由。

(4)租期未到的情况下,钱某是否有权要求赵某交还房屋A?并说明理由。

(5)戊银行关于就拍卖价款优先于丁银行受偿的主张是否成立?并说明理由。

(6)孙某是否取得了房屋A的所有权?并说明理由。

(7)周某能否取得房屋A的所有权?并说明理由。

【题目五】

[本题涉及章节]:本题目涉及票据法律

制度。

［本题核心考点］：票据的抗辩、票据权利的取得、票据的背书转让、票据责任的承担等。

2021年6月10日，A公司为支付货款，向B公司签发一张500万元的银行承兑汇票，汇票到期日为2021年12月9日。甲银行与B公司签署承兑协议后，作为承兑人在票面上签章。后该承兑协议因重大误解而被人民法院撤销。

B公司因急需现金，将该汇票背书转让给C公司，C公司向B公司支付现金455万元。C公司欠D公司一笔应付账款，遂直接将D公司记载为B公司的被背书人，并将汇票交给D公司。

9月10日，D公司财务人员李某利用公司财务管理制度的疏漏，将汇票暗中取出，并伪造D公司财务专用章和法定代表人签章，将汇票背书转让给与其相互串通的E公司。

10月10日，E公司将该汇票背书转让给F公司，用于支付货款，并记载“不得转让”字样。F公司对E公司获得该汇票的渠道不知情。F公司将该汇票背书转让给G公司，用于支付租金。G公司对李某的行为及E公司获取该汇票的经过均不知情。

12月9日，G公司持该汇票向甲银行提示付款，甲银行以其与B公司之间的承兑协议已被撤销为由拒付。

根据上述内容，分别回答下列问题：

(1)甲银行拒绝向G公司付款的理由是否成立？并说明理由。

(2)C公司是否取得票据权利？并说明理由。

(3)F公司是否取得票据权利？并说明理由。

(4)G公司是否有权向D公司追索？并说明理由。

【题目六】

［本题涉及章节］：本题目涉及票据法律制度。

［本题核心考点］：票据的背书转让、票据的对人抗辩、票据的记载事项、票据的伪造等。

A公司为结清欠款，向B公司开具一张金额为100万元的汇票，交付给B公司销售经理甲。并在买卖合同中约定：“A公司向B公司签发的汇票不得转让”。甲通过媒体得知当地突发地震，擅自将该汇票背书转让给某慈善机构C公司，并伪造B公司的财务专用章和财务负责人名章，将B公司记载于背书人栏，并交付给C公司。C公司将票据背书转让给D公司，以支付其双方合同项下的货款，后合同被认定因违反法律强制性规定而无效。

D公司在提示付款日期内按汇票记载的付款银行要求付款，银行发现B公司的财务专用章和财务负责人名章系伪造，于是拒付。D公司遂向A、B、C三公司追索。A公司以合同约定汇票不得转让为由拒绝付款，B公司以票据系甲伪造为由拒绝付款，C公司以合同被认定无效为由拒绝付款。D公司向甲要求承担票据责任。

根据上述内容，分别回答下列问题：

(1)A公司是否应当承担票据责任？说明理由。

(2)B公司是否应当承担票据责任？说明理由。

(3)C公司是否应当承担票据责任？说明理由。

(4)甲是否应当承担票据责任？说明理由。

【题目七】

［本题涉及章节］：本题目涉及破产法律制度。

［本题核心考点］：破产申请的受理、管理人的指定、管理人的权利和责任等。

2021年10月以来，债务人A公司出现不能清偿到期债务且明显缺乏清偿能力的情形。同年11月28日，债权人B公司向人民法院提出对A公司进行破产清算的申请。A公司向人民法院提出异议，称公司目前只是暂时资金周转困难，其实资产远超负债，虽未与B公司达成和解，但一个月后即可偿付B公司债务，因此人民法院不应受理破产申请。

2021年12月7日，人民法院裁定受理A公司破产案件，在选择管理人时，D会计师事务所和E律师事务所参与投标，其中D会计师事务所曾于2017年2月至2018年11月担任A公司财务顾问，E律师事务所曾于2018年度担任B公司法律顾问。

清理债务人财产时，管理人发现，A公司股东郭某认缴出资60万元，出资期限为公司设立后2年内。郭某已向甲公司实缴出资15万元。管理人要求郭某缴纳剩余45万元出资，郭某以出资缴纳期限尚未届满为由拒绝。

确定破产债权时，管理人对A公司所欠职工工资和医疗、伤残补助、抚恤费用，以及应当列入职工个人账户的基本养老和医疗保险费用等列出清单，进行公示。A公司职工对清单记载的所欠基本养老保险等费用提出异议，要求管理人予以更正。但管理人既未更正，也未作出合理的解释和说明。

破产宣告前，由于A公司的一土地使用权市场价值大幅上升，公司资产价值整体超过负债总数。因此，A公司请求人民法院裁定驳回破产申请。

根据上述内容，分别回答下列问题：

（1）A公司对破产申请提出的异议是否成立？并说明理由。

（2）D会计师事务所和E律师事务所，谁不得担任本案破产管理人？并说明理由。

（3）郭某以出资缴纳期限尚未届满为由拒绝缴纳剩余的45万元出资，是否符合规定？并说明理由。

（4）A公司职工对管理人列出的职工债权清单提出异议并要求更正后，管理人未予更正，对此，有何法律救济途径？

（5）对于A公司基于公司资产价值整体超过负债总数这一情况提出的驳回破产申请的请求，人民法院应否支持？并说明理由。

【题目八】

［本题涉及章节］：本题目涉及破产法律制度。

［本题核心考点］：破产申请的提出、管理人的责任、破产撤销权、重整计划表决等。

2022年11月15日，人民法院受理债权人对A公司的破产申请，A公司及A公司股东谷某（出资额占A公司注册资本的比例为20%）均向人民法院提出重整申请，A公司同时提出自行管理财产和营业事务的申请。法院指定甲会计师事务所为管理人，甲会计师事务所无正当理由拒绝。法院重新指定乙会计师事务所为管理人。

管理人发现，A公司在2021年5月12日已经出现破产原因，但为紧急生产任务购买设备三套并支付全部货款。管理人主张解除合同。2021年9月，A公司曾借款100万，A公司于2022年2月15日以生产设备为该笔债务提供担保。管理人主张撤销担保。

11月22日，人民法院裁定A公司重整。重整计划草案调减了A公司出资人的相应权益，需债权人会议出资人组对此进行表决。A公司共有股东30人，其中22名股东赞同重整计划草案，合计出资比例为52%；6名股东反对重整计划草案，合计出资比例为14%；其余股东未参加。

根据上述内容，分别回答下列问题：

（1）人民法院对甲会计师事务所可以采取什么惩罚措施？并说明理由。

（2）谷某是否有资格向人民法院提出重整申请？并说明理由。

（3）管理人能否请求解除购买三套设备的买卖合同？并说明理由。

（4）管理人能否请求撤销2022年2月15日以生产设备提供的担保？并说明理由。

（5）重整计划草案是否通过了出资人组表决？并说明理由。

【题目九】

［本题涉及章节］：本题目涉及公司法律制度。

［本题核心考点］：公司的利润分配、公司决议的效力、有限责任公司股东权利、有限责任公司的股权转让、股东代表诉讼等。

2017年2月，甲、乙、丙、丁四人共同出资设立华米出版有限责任公司（以下简称“华米公司”）。四名股东的出资比例依次是35%、25%、25%和15%。甲担任公司执行董事、总经理；公司不设监事会，丙任监事。

2018年2月，丙提出，甲在图书出版行业人脉丰富，对公司业务发展有较大贡献，提议2017年度利润由甲、乙、丙、丁分别以50%、30%、10%和10%的比例进行分配。全体股东均表示同意。

2019年3月，乙贷款购买房屋一套，需要提供相应担保。乙与甲商量后，甲便以华米公司名义提供保证合同，并加盖华米公司印章。事后，甲将此事告知丙，丙未表示异议。丁得知后表示反对，甲回应说公司多数股东已经同意，担保不违反法律。

2021年12月，丁因公司4年来一直不分配利润而提出查阅会计账簿的书面请求。华米公司允许丁在公司查阅会计账簿，但拒绝丁复印部分账簿内容的请求。

2022年1月，丁欲退出该有限责任公司。经询问，乙有兴趣购买丁的股份。甲听说后提出，有限责任公司股东之间转让股权，须经其他股东过半数同意，因此，丁必须先获得其他股东过半数同意，才可以将股权转让给乙。后丁认为乙的出价太低，遂放弃转让给乙的打算。

2022年4月，甲编写的《思考的逻辑》出版。甲未告知其他股东，就以华米公司名义从自己手中购买5 000套该丛书。丁知道后提出异议，认为甲的行为违反了董事对公司的忠实义务。

2022年5月6日，丁向公司监事丙当面递交一份书面请求，请求其向法院起诉甲违反忠实义务，要求甲赔偿公司损失。丙一直未作答复，也未采取任何行动。6月20日，丁为公司利益以自己名义直接对甲提起诉讼。

根据上述内容，分别回答下列问题：

（1）华米公司2017年度利润未按照股东的出资比例进行分配是否违反了公司法律制度的规定？并说明理由。

（2）华米公司为股东乙提供的担保是否违反了公司法律制度的规定？并说明理由。

（3）华米公司拒绝丁复印部分账簿内容的做法是否符合公司法律制度的规定？并说明理由。

（4）甲提出：丁必须先获得其他股东过半数同意，才可以将股权转让给乙。甲的观点是否符合公司法律制度的规定？并说明理由。

（5）甲未告知其他股东，就以华米公司名义从自己手中购买丛书的行为是否违反了公司法律制度的规定？并说明理由。

（6）丁能否为公司利益以自己名义直接对甲提起诉讼？并说明理由。

【题目十】

［本题涉及章节］：本题目涉及证券法律制度。

［本题核心考点］：内幕信息的认定、内幕交易行为的认定、上市公司的信息披露、操纵证券市场行为的认定等。

樟树汁为A股上市公司。2021年4月25日，樟树汁实际控制人、董事长李某要求董事会秘书赵某拟定收购境外某港口的协议书。赵某起草了《协议书》等文件提交董事会审议，但由于董事会未能形成有效决议，该方案未予披露。李某利用他人账户购买本公司股票，并且在卖出前发出不确定的重大合同信息，以维持高股价。

孙某与李某为业务伙伴。2021年4月底，孙某得知港口收购事宜随即向李某求证，李某告知其“方案正在修改”。得此回复后，孙某于2021年5月2日买入樟树汁股票。

2021年5月5日，赵某根据董事会意见

修改了收购方案。2021 年 5 月 24 日(星期一),樟树汁召开董事会通过了修改后的收购方案。6 月 1 日,公司公告董事会决议。

赵某将收购信息告知樟树汁股东王某。王某通过其控制的椰树投资有限公司(简称“椰树投资”)于 2021 年 5 月中旬多次买入樟树汁股票。此前,王某已持有樟树汁 2%的股份,椰树投资不持有樟树汁股份。

2022 年 6 月起,证监会对樟树汁内幕交易案立案调查。孙某在内幕交易调查中抗辩:樟树汁的收购方案在 2021 年 4 月底时董事会尚未通过;赵某于 5 月 5 日才修改收购方案;孙某在 5 月 2 日买入股票时内幕信息尚未形成,故其买入行为不构成内幕交易。调查期间,证监会认定王某与椰树投资在 2021 年 5 月购入樟树汁股票时,构成一致行动人;购入后二者合计持股比例为 5.9%,未按规定履行重大持股信息披露义务,王某在内幕交易调查中未对自己的买入行为给出正当理由,但辩称:其于 2021 年 5 月的股票买入行为,属于相关司法解释中规定的“持有或通过协议、其他安排与他人共同持有上市公司 5%以上股份的自然人、法人或者其他组织收购该上市公司股份”的情形,不构成内幕交易。执业注册会计师刘某主张自己未实际参与审计,只是在报告上签字,故不承担责任。

根据上述内容,分别回答下列问题:

(1)本案收购方案是否构成内幕信息?并说明理由。

(2)李某告知孙某“方案正在修改”的行为是否构成内幕交易?并说明理由。

(3)樟树汁于 2021 年 6 月 1 日公告董事会决议,是否符合证券法律制度的规定?并说明理由。

(4)孙某关于其“在 5 月 2 日买入股票时内幕信息尚未形成”的抗辩是否成立?并说明理由。

(5)若李某主张自己用其他人的账户购买股票,不构成操纵市场,是否符合法律规定?并说明理由。

(6)执业注册会计师刘某能否以自己未实际参与审计为由不承担责任?并说明理由。

(7)王某所称“其于 2021 年 5 月的股票买入行为属于收购,不构成内幕交易”的抗辩理由,是否成立?并说明理由。

跨章节主观题突破特训参考答案及解析

【题目一】

（1）本题考核按份共有中共有物的管理。该自动咖啡机属于张亮、马腊棠按份共有，但马腊棠修理自动咖啡机属于对共有物的一般管理行为，无需经张亮同意。根据规定，处分共有的不动产或者动产以及对共有的不动产或者动产作重大修缮的，应当经占“份额”2/3以上的按份共有人同意，但共有人之间另有约定的除外。对于从自动咖啡机升级到智能咖啡机，已经属于共有物的重大修缮。马腊棠的份额达到2/3以上，可以自行决定修理自动咖啡机，无需张亮同意。

马腊棠有权请求张亮承担20%的修理费。根据规定，对共有物的管理费用以及其他负担，有约定的，按照约定；没有约定或者约定不明确的，按份共有人按照其份额负担，共同共有人共同负担。题目中张亮马腊棠是按份共有，张亮的份额是20%，应当承担20%的修理费。

（2）本题考核按份共有对外债权债务。马腊棠无权拒绝向甲支付全部修理费用。根据规定，因共有的不动产或者动产产生的债权债务，在对外关系上，共有人享有连带债权、承担连带债务，但法律另有规定或者第三人知道共有人不具有连带债权债务关系的除外。因此共有人张亮马腊棠对甲承担连带责任，甲可以要求马腊棠支付全部修理费。

（3）本题考核按份共有份额的转让。马腊棠转让其份额，无需张亮同意。根据规定，按份共有人可以转让其享有的共有的不动产或者动产份额，无需其他共有人同意。

（4）本题考核按份共有人优先购买权的行使期限。马腊棠要求张亮在15日内行使优先购买权，不符合规定。根据规定，优先购买权的行使期间，按份共有人之间没有约定或者约定不明的，转让人向其他按份共有人发出的包含同等条件内容的通知中载明行使期间的，以该期间为准。马腊棠的发函中内容模糊，没有确定交易条件，即“没有包含同等条件内容”，因此不能以该期间为准。

（5）本题考核共同共有物的处分。该多功能蒸汽机系张亮、马腊棠婚后购入，属于夫妻共同共有财产，马腊棠单方无权处分该多功能蒸汽机。无权处分共有物的，买卖合同有效，第三人可依据善意取得制度取得所有权。但根据规定，动产物权的设立和转让，自交付时发生效力，但法律另有规定的除外。马腊棠并未将智能咖啡机交付给杨国胡，杨国胡不能当然取得多功能蒸汽机的所有权。

（6）本题考核无权处分买卖合同。张亮与乙之间买卖智能咖啡机的合同行为有效。根据规定，当事人一方以出卖人在缔约时对标的物没有所有权或者处分权为由主张合同无效的，人民法院不予支持。

（7）本题考核共同共有债务的对外承担。杨国胡可以要求张亮承担多功能蒸汽机不能交付的连带责任。根据规定，共同共有人对外承担连带责任。张亮与马腊棠因该多功能蒸汽机买卖合同未能履行，需向杨国胡承担相应责任。杨国胡可以请求共同共有人张亮承担连带责任。

【解题帮】 从物权法律制度历年考核的知识点来看，所有权制度中的善意取得制度、共有制度和物权变动制度以及担保物权制度中的抵押、质押和留置制度是热点。本题以物权法律制度中的按份共有制度和共同共有制度为考核特点。通过一道主观题，考察了按份共有制度和共同共有制度之间的差异性。要注意区分按份共有制度中的共有人各自享有的财产份额并不会因为双方转为夫妻等关系就自动转化为共同共有。

【题目二】

(1)本题考核租赁合同的维修义务。乙公司有义务维修出现故障的盾构机。根据规定，出租人应当履行租赁物的维修义务，但当事人另有约定的除外。

(2)本题考核租赁合同的转租。租赁合同并未当然解除。根据规定，承租人经出租人同意，可以将租赁物转租给第三人。承租人未经出租人同意转租的，出租人可以解除合同。乙公司虽然表示转租时，需要额外支付50%的租金。但其并未主张要求解除合同。此时，租赁合同并不会因为乙公司的沉默而自动解除。

(3)本题考核租赁物转租的责任承担。甲公司维修后无权要求乙公司支付维修费。根据规定，承租人转租的，承租人与出租人之间的租赁合同继续有效，第三人对租赁物造成损失的，承租人应当赔偿损失。题目中，是第三人造成盾构机损坏，甲公司应当对乙公司承担赔偿责任，因此甲公司自行维修后不能要求乙公司支付维修费。

(4)本题考核租赁合同的租金。2021年1月14日，甲公司应向乙公司支付4个月共计296万元的租金。根据规定，租赁期间届满，承租人继续使用租赁物，出租人没有提出异议的，原租赁合同继续有效，但租赁期限为不定期。题目中，租赁期满后甲公司又使用了1个月，该租赁合同有效，租期合计是4个月。每台盾构机的月租金是8万，则10台盾构机四个月租金合计是320万。但乙公司同意其中1台盾构机因故障只需支付1个月的租金，因此320万中要扣除该台盾构机后3个月的租金240 000元，因此甲公司应支付的租金是320万-24万元=296万元。

(5)本题考核融资租赁合同的维修义务。丁公司没有义务维修出现故障的盾构机。根据规定，融资租赁合同中，承租人应当履行占有租赁物期间的维修义务。因此是承租人甲公司自行维修。

(6)本题考核融资租赁物的所有权取得。丙公司不能取得所购2台盾构机的所有权。根据规定，承租人或者租赁物的实际使用人，未经出租人同意不得转让租赁物或者在租赁物上设立其他物权。承租人或者租赁物的实际使用人，未经出租人同意转让租赁物或者在租赁物上设立其他物权，第三人依据善意取得制度取得租赁物的所有权或者其他物权，出租人主张第三人物权权利不成立的，人民法院不予支持，但出租人已在租赁物的显著位置作出标识，第三人在与承租人交易时知道或者应当知道该物为租赁物的除外。题目中，丁公司租赁给甲公司的盾构机上均贴有“本盾构机租自丁公司”的明显标识，丙公司交易时能看到，因此不能善意取得所有权。

(7)本题考核融资租赁物的归属。融资租赁期满后，丁公司有权要求甲公司返还盾构机。根据规定，出租人和承租人可以约定租赁期限届满租赁物的归属。对租赁物的归属没有约定或者约定不明确，依照合同法律制度相关的规定仍不能确定的，租赁物的所有权归出租人。

【解题帮】 从主观题的考核方式来看，合同法律制度的相关内容通常与物权法律制度结合在一起。但本题的设置较为特别，以合同法律制度知识点为主。因此，与具体合同有关的双方权利义务成为出题的重点。在具体合同制度的学习过程中，应重点掌握租赁合同、融资租赁合同、借款合同、买卖合同、赠与合同等。

【题目三】

(1)本题考核借款合同的成立。根据规定，自然人之间的借款合同，并非必须采用书面形式，自贷款人提供借款时成立。双方借款合同是在2022年3月11日成立。

(2)本题考核抵押权的设立。张三于2022年3月15日取得抵押权。根据规定，不动产抵押，应当办理抵押登记，抵押权自登记时设立。

(3)本题考核物保与人保并存的效力规

则。王五的主张不成立。根据规定，被担保的债权既有物的担保又有人的担保的，债务人不履行到期债务或者发生当事人约定的实现担保物权的情形，债权人应当按照约定实现债权；没有约定或者约定不明确，债务人自己提供物的担保的，债权人应当先就该物的担保实现债权；第三人提供物的担保的，债权人可以就物的担保实现债权，也可以请求保证人承担保证责任。题目中是第三人王五提供物保，因此债权人有选择权，可以先要求王五承担担保责任。

(4)本题考核一般保证人的先诉抗辩权。赵六的主张成立。当事人在保证合同中对保证方式没有约定或者约定不明确的，按照一般保证承担保证责任。题目中保证合同未约定保证责任形式，应推定为一般保证。根据规定，一般保证人有先诉抗辩权，即一般保证的保证人在主合同纠纷未经审判或者仲裁，并就债务人财产依法强制执行仍不能履行债务前，有权拒绝向债权人承担保证责任。

(5)本题考核债权转让。李四的主张不成立。根据规定，债权人转让债权，未通知债务人的，该转让对债务人不发生效力。因此债权转让无需债务人同意，只要通知债务人即可。本题中，张三将对李四的债权转让给刘七，并通知李四，转让行为有效。

(6)本题考核债权转让时保证人的责任承担。赵六的主张成立。根据规定，保证人与债权人约定禁止债权转让，债权人未经保证人书面同意转让债权的，保证人对受让人不再承担保证责任。

【解题帮】 本题将合同法律制度和物权法律制度的相关规定结合在一起考核，是历来主观题考核的保留方式。通过设置若干合同交易场景，穿插相关担保制度的规定，是本类题型万变不离其宗的核心。对于此类题型，除了要掌握若干具体合同的权利义务规定外，还要结合物权法律制度的担保制度和合同法律制度中的保证制度整体把握，灵活运用。

【题目四】

(1)本题考核动产质权的设立。乙公司在2020年7月21日取得质权。根据规定，动产质押，质权自动产交付时设立。题目中的机动车属于动产，该质权于动产交付之日2020年7月21日设立。

(2)本题考核留置权的行使。丙厂的行为没有法律依据。根据规定，留置权人可以留置债务人或者第三人的财产。留置权人与债务人应当约定留置财产后的债务履行期间；没有约定或者约定不明确的，留置权人应当给债务人60日以上履行债务的期间，但鲜活易腐等不易保管的动产除外。债务人逾期未履行的，留置权人可以与债务人协议以留置财产折价，也可以就拍卖、变卖留置财产所得的价款优先受偿。债权人未给予债务人60日以上期间履行债务，而直接变价处分留置物，不符合法律规定。

(3)本题考核租赁物的改善或者增设他物。赵某无权要求甲公司偿还5万元增设简易房的费用。根据规定，承租人经出租人同意，可以对租赁物进行改善或者增设他物。未经出租人同意的，出租人可以请求承租人回复原状或者赔偿损失。赵某未经出租人同意，擅自增设他物，不能要求甲公司偿还相应费用。

(4)本题考核租赁与抵押的关系。钱某无权要求赵某交还房屋。根据规定，抵押权设立前，抵押财产已经出租并转移占有的，原租赁关系不受该抵押权的影响。因此租赁期限未满，钱某无权要求赵某交还房屋。

(5)本题考核抵押权的清偿顺位。戊银行的主张成立。根据规定，同一财产向两个以上债权人抵押的，抵押权已登记的，按照登记的先后顺序清偿。丁银行的抵押权是在8月20日登记，戊银行的抵押权是在8月15日登记，因此是戊银行的抵押权优先受偿。清偿顺位在先的抵押权所担保的债权未到期的，债权人可主张通过提存等方式实现债权。戊银行的债权虽然还未到期，但不影响其主张抵押权人的权利。

(6)本题考核不动产所有权的转移登记。孙某未取得房屋A的所有权。根据规定，不动产所有权转移的法定生效要件是登记。钱某与孙某之间并未办理不动产转移登记，孙某并未取得房屋A的所有权。

(7)本题考核不动产所有权的取得。周某可以取得房屋的所有权。根据规定，不动产所有权人享有处分不动产的权利。钱某对于该不动产，拥有所有权。其处分房屋行为有效，周某办理了过户登记，应取得房屋所有权。对于所有权人的自由处分行为，并不需要考虑价格是否合理。

【解题帮】 担保制度中的难点，在于抵押权、质押和留置权的相关规定。尤其要注意上述权利的生效要件、设立条件、权利的范围和权利实现的特别规定。近两年教材对相关知识点有一定的变化，需要重点留意，可能会成为考核的热点。

【题目五】

(1)本题考核票据的抗辩。甲银行拒绝付款的理由不成立。根据规定，票据债务人不得以自己与出票人或者与持票人的前手之间的抗辩事由，对抗持票人。承兑协议虽然被撤销，但甲银行已经作为承兑人签章，应当对持票人承担票据责任。

(2)本题考核票据行为无因性的例外。C公司不能享有票据权利。根据规定，票据贴现属于国家特许经营业务，只有经过批准的金融机构才有资格从事票据贴现业务。其他组织与个人因票据贴现行为发生的转让背书行为无效。此时，票据行为无因性不适用，并且C公司在票据上并未签章，因此，C公司不能因此取得票据权利。

(3)本题考核票据权利的取得。F公司能取得票据权利。根据规定，以欺诈、偷盗或者胁迫等手段取得票据的，或者明知有前列情形，出于恶意取得票据的，不得享有票据权利。F公司对前手E公司获得票据的情形并不知情，享有票据权利。

(4)本题考核票据的伪造。G公司无权向D公司追索。根据规定，在票据上的真实签章人，是票据债务人，应当承担票据责任。D公司在票据上签章行为系他人伪造，其不承担相应票据责任。

【解题帮】 票据法律制度的考核，呈现出“任尔东西南北风，我自岿然不动”的特点。由于票据法律制度的修订相比较少，近些年的重要考点尤为突出。围绕票据出票、背书、保证、追索等考核，描述的场景有所变化，但实质考点依然清晰稳定。票据抗辩和票据保证制度理论性较强，需要不断深入体会。

【题目六】

(1)本题考核汇票的背书。A公司应当承担票据责任。根据规定，出票人在汇票记载“不得转让”字样的，汇票不得转让。但本题属于在合同中约定不得转让，未记载于票据上。A公司是出票人，在票据上有真实签章，是票据债务人，应当对持票人承担票据责任。

(2)本题考核票据伪造。B公司不承担票据责任。根据规定，假冒他人名义签章，法律效果类似于无权代理，这里是狭义无权代理，票据行为无效，被伪造人B公司不承担票据责任。

(3)本题考核票据抗辩。C公司不承担票据责任。根据规定，票据责任人可以对不履行约定义务的与自己有直接债权债务关系的持票人，进行抗辩。C公司与D公司为具有直接债权债务关系的票据关系人，C公司可以援引合同无效为由拒绝D公司的付款请求。

(4)本题考核票据伪造。甲不承担票据责任。根据规定，伪造人并未以自己名义在票据上签章，不承担票据责任。甲未在票据签署自己签章，其不承担票据责任。

【解题帮】 本题考核的难点为票据伪造的票据责任。要注意区分票据伪造和变造的区别。票据伪造是对票据主体的伪造，伪造人和被伪造人因没有真实的签章，均不承担票据责任。票据变造则是对票据内容的不当修改，相关签章人的票据责任依签章时间不同而有区别。同时，也要注意区分票据伪造中的假冒他人名义签章的责任和公司设立过程中的假冒他人名义出资的责任，二者存在不同。

【题目七】

（1）本题考核破产申请的异议抗辩。A公司的异议不成立。根据规定，债务人以其具有清偿能力或资产超过负债为由提出抗辩异议，但又不能立即清偿债务或与债权人达成和解的，其异议不能成立。

（2）本题考核破产管理人的资格。E律师事务所不得担任管理人。根据规定，社会中介机构现在担任或者在人民法院受理破产申请前3年内曾经担任债务人、债权人的财务顾问、法律顾问的，属于有利害关系，不得担任管理人。

（3）本题考核破产申请的效力。郭某的抗辩理由不符合规定。根据规定，债务人企业破产申请被受理后，对其出资人的出资期限采取“加速到期”制度，视为出资期限已经届满，出资人应履行出资义务。

（4）本题考核职工劳动债权的确认。职工对清单记载有异议的，可以要求管理人更正；管理人不予更正的，职工可以向人民法院提起债权确认诉讼。

（5）本题考核破产申请的受理。法院不应支持。根据规定，由于债务人财产的市场价值发生变化导致其在案件受理后资产超过负债乃至破产原因消失的，不影响破产案件的受理与继续审理，人民法院不得裁定驳回申请。

【解题帮】 破产法律制度的考核以细节考核为主。围绕破产流程的申请、管辖、受理、管理人制定、债权申报、债权人会议以及重整、和解制度展开。不要被流程的复杂所吓倒，历年考核的考点通常是选取流程中的1-2个知识点进行考核。一般来说，不同知识点之间不具有很强的关联性。即使某一问考到了你的知识盲区，别着急，这并不会影响后面知识点的作答。

【题目八】

（1）本题考核管理人的指定。管理人无正当理由，不得拒绝人民法院的指定。管理人无正当理由拒绝人民法院指定的，编制管理人名册的人民法院可以决定停止其担任管理人一年至三年，或者将其从管理人名册中除名。

（2）本题考核重整申请的提出。谷某有资格向人民法院提出重整申请。根据规定，债权人申请对债务人进行破产清算的，在人民法院受理破产申请后、宣告债务人破产前，债务人或者出资额占债务人注册资本十分之一以上的出资人以及其他债权人，可以向人民法院申请重整。谷某出资额占A公司注册资本的比例为20%，符合要求。

（3）本题考核管理人的合同履行选择权。管理人不能请求解除购买三套设备的买卖合同。根据规定，人民法院受理破产申请后，管理人对破产申请受理前成立而债务人和对方当事人均未履行完毕的合同，有权决定解除或继续履行，并通知对方当事人。题目中，A公司已支付全部货款，因此该买卖合同不属于当事人均未履行完毕的合同，管理人不得解除。

（4）本题考核破产撤销权。管理人可以请求撤销2022年2月15日以生产设备提供的担保。根据规定，人民法院受理破产申请前一年内，涉及债务人财产的下列行为，管理人有权请求人民法院予以撤销：①无偿转让财产的；②以明显不合理的价格进行交易的；③对没有财产担保的债务提供财产担保的；④对未到期的债务提前清偿的；⑤放弃债权的。题目中，A公司是在受理破产申请前一年内，对没有财产担保的债务提供财产担保，管理人有权请求人民法院予以撤销。

（5）本题考核重整计划草案的表决。重整计划草案经出资人组表决通过。根据规定，出资人组对重整计划草案中涉及出资人权益调整事项的表决，经参与表决的出资人所持表决权 2/3 以上通过的，即为该组通过重整计划草案。题目中，出席债权人会议的股东合计出资比例为 66%，赞成的股东出资比例为 52%，达到 2/3 以上，通过了重整计划。

【解题帮】破产法律制度中的难点，在于特别取回权和重整的相关规定。特别取回权制度已经连续考了几次，每次都能准确的检验出考生的短板。对于特别取回权制度，要通过思维图的方式先理解不同规定的实质含义，再去记忆。重整制度中比较特别的是重整计划提出、表决，要注意区分不同情况，准确掌握。

【题目九】

(1)本题考核有限责任公司的利润分配。华米公司 2017 年度利润未按照股东的出资比例进行分配并不违反公司法律制度的规定。根据规定，有限责任公司的股东按照实缴的出资比例分取红利；但是全体股东可以约定不按照出资比例分取红利。

(2)本题考核公司对内提供担保。华米公司为股东乙提供的担保违法了公司法律制度的规定，根据规定，有限责任公司为股东提供担保的，必须经股东会决议。本题中，华米公司为股东乙提供的担保未经股东会决议而违法。

(3)本题考核有限责任公司的股东权利。华米公司拒绝丁复印部分账簿内容的做法符合公司法律制度的规定。根据规定，有限责任公司的股东可以要求查阅公司会计账簿，但无权复制。

(4)本题考核有限责任公司的股权转让。甲的观点不符合公司法律制度的规定。根据规定，有限责任公司的股东之间可以相互转让全部或者部分股权，《公司法》对此未设任何限制。

(5)本题考核公司董事、高管的特别义务。甲的行为违反了公司法律制度的规定。根据规定，董事、高级管理人员违反公司章程的规定或者未经股东会同意，与本公司订立合同或者进行交易的，属于法律禁止的行为。

(6)本题考核公司的股东代表诉讼。丁有权为公司利益以自己名义直接对甲提起诉讼。根据规定，董事、高级管理人员侵犯公司利益时，有限责任公司的股东可以书面请求监事会或者不设监事会的有限责任公司的监事向人民法院提起诉讼。如果监事收到股东的书面请求后拒绝提起诉讼，或者自收到请求之日起 30 日内未提起诉讼，或者情况紧急、不立即提起诉讼将会使公司利益收到难以弥补的损害的，股东有权为了公司的利益以自己的名义直接向人民法院提起诉讼。

【解题帮】近几年，公司法律制度的独立主观考题较为少见。将其与证券法结合在一起，作为次要考核点是比较常规的方式。但切不可盲目的将其弱化为选择题。关于有限责任公司的股权转让、股东权利、股东诉讼等知识点，以及股份有限公司的特别规定和公司决议效力等，均需要重点掌握。

【题目十】

(1)本题考核内幕信息。构成内幕信息。根据规定，发行人的经营、财务或对发行人证券的市场价格有重大影响且尚未公开的信息属于内幕信息，因此上市公司收购的有关方案属于内幕信息。

(2)本题考核内幕交易行为。构成内幕交易。根据规定，在内幕信息敏感期内，内幕信息的知情人和非法获取内幕信息的人，不得买卖该公司的证券，或者泄露该信息，或者建议他人买卖该证券。李某属于内幕信息知情人，其在内幕信息敏感期内泄露信息的，构成内幕交易行为。

(3)本题考核持续信息披露。不符合规定。根据规定，董事会就订立重要合同属于重大事件，上市公司应当在董事会形成决议的 2 个交易日内履行信息披露义务。题目中董事会于 5 月 24 日形成决议，至 6 月 1 日已经超过 2 个交易日。

(4)本题考核内幕信息。孙某的抗辩不

成立。根据规定，影响内幕信息形成的动议、筹划、决策或者执行人员，其动议、筹划，决策或者执行初始时间，应当认定为内幕信息的形成之时。2021 年 4 月 25 日，董事长李某要求董事会秘书赵某拟定收购境外某港口的协议书，是内幕信息形成之时。

(5)本题考核操纵证券市场行为。李某的主张不符合规定。根据规定，在自己实际控制的账户之间进行证券交易，以及利用虚假或者不确定的重大信息，诱导投资者进行证券交易，都属于操纵证券市场的行为。

(6)本题考核证券服务机构的法律责任。刘某不得以自己未实际参与审计为由不承担责任。根据规定，证券服务机构为证券的发行、上市、交易等证券业务活动制作、出具审计报告及其他鉴证报告、资产评估报告、财务顾问报告、资信评级报告或者法律意见书等文件，应当勤勉尽责，对所依据的文件资料内容的真实性、准确性、完整性进行核查和验证。其制作、出具的文件有虚假记载、误导性陈述或者重大遗漏，给他人造成损失的，应当与委托人承担连带赔偿责任，但是能够证明自己没有过错的除外。

(7)本题考核内幕交易行为的认定。王某的抗辩不成立。持有或通过协议、其他安排与他人共同持有上市公司5%以上股份的自然人、法人或者其他组织收购该上市公司股份的，不属于内幕交易行为。但王某在 2 月买入股票之前，持股只有 2%，不属于“持股5%以上的股东”，不符合该要求。王某非法获取内幕信息并在内幕信息敏感期内购入上市公司股票，属于内幕交易。

【解题帮】 证券法律制度历来是考生的失分大户。数字大、比例多、情形复杂等特征贯穿着证券法全章。从考试的角度看，围绕上市公司的信息披露、上市公司的收购和证券市场违法行为等考点，多次重复考核，每次都有不同的感受。考生在备考过程中，建议适当多留一些时间给证券法。同时，考虑到证券相关法律制度仍然在不断的修订过程中，考试中会回避已经被调整的相关考点，需要考生识别出相关变化。

模拟试卷·决胜阶段

决胜模拟试卷

模拟试卷（一）

扫我做试题

一、单项选择题(本题型共26小题，每小题1分，共26分。每小题只有一个正确答案，请从每小题的备选答案中选出一个你认为正确的答案。)

1. 根据法律基本原理的规定，下列关于法律关系主体的表述中，正确的是(　)。
   A. 无国籍人不具有民事权利能力
   B. 非法人组织不能以自己的名义从事民事活动
   C. 10周岁的完全不能识别自己行为后果的未成年人属于限制民事行为能力人
   D. 非营利法人不向出资人等分配所取得的利润

2. 根据民事法律制度的规定，下列关于民事法律行为的表述中，错误的是(　)。
   A. 民事法律行为是合法行为
   B. 民事法律行为以意思表示为核心要素
   C. 物权变动是典型的处分行为
   D. 遗嘱行为是无相对人的意思表示

3. 根据民事法律制度的规定，下列关于诉讼时效制度的表述中，错误的是(　)。
   A. 诉讼时效是法律事实中的事件
   B. 当事人对诉讼时效中断事由的约定无效
   C. 诉讼时效只适用于债权请求权
   D. 最长诉讼时效期间可以适用诉讼时效的延长

4. 甲为担保与乙之间的一笔债务，将自己的车辆向乙设定质押。甲乙双方约定：车辆仍然由甲来保管，无需办理登记；一旦甲的债务到期未能清偿，乙有权就车辆价款优先受偿。后该质押被认定无效。根据物权法律制度的规定，甲乙约定的质押违反的物权法律制度基本原则是(　)。
   A. 违反了物权法定原则
   B. 违反了物权客体特定原则
   C. 违反了物权公示原则
   D. 违反了物权优先受偿原则

5. 根据物权法律制度的规定，下列关于物权行为特点的表述中，错误的是(　)。
   A. 合同的履行行为有可能构成物权行为
   B. 物权行为直接导致行为人积极财产的减少
   C. 物权行为中要求出让人对标的物有处分权
   D. 同一物可能被出卖人实施多次处分行为

6. 根据合同法律制度的规定，下列关于合同相对性的表述中，错误的是(　)。
   A. 合同相对性体现在主体的相对性
   B. 合同相对性体现在内容的相对性
   C. 合同相对性体现在责任的相对性
   D. 合同的保全遵从了合同的相对性

7. 根据合同法律制度的规定，下列关于提前履行的表述中，错误的是(　)。
   A. 借款人有权提前偿还债务
   B. 债权人不可以拒绝债务人提前履行债务

C. 不损害债权人利益的前提下，债务人可以提前履行部分债务

D. 债务人提前履行债务给债权人增加的费用，由债务人负担

8. 根据合伙企业法律制度的规定，下列关于合伙企业特征的表述中，错误的是(　)。

A. 合伙企业是共享收益、共担风险的自愿联合

B. 合伙企业的信用基础取决于全体合伙人的偿付能力

C. 合伙企业不具备法人资格

D. 合伙企业并非企业所得税纳税人

9. 根据合伙企业法律制度的规定，下列各项表述中，不属于有限合伙人“安全港条款”的是(　)。

A. 参与决定普通合伙人退伙

B. 自身利益受到侵害时，向有责任的合伙人提起诉讼

C. 以有限合伙企业名义与他人进行交易

D. 依法为本企业提供担保

10. 赵某、钱某、孙某和李某共同出资设立一个普通合伙企业，钱某被委托单独执行合伙企业事务。钱某因重大过失给合伙企业造成了较大的损失，但自己并未牟取私利。为此，赵某、孙某和李某一致同意将钱某除名，并作出除名决议，书面通知钱某本人。根据合伙企业法律制度的规定，下列关于该除名决议的表述中，正确的是(　)。

A. 赵某、孙某和李某不能决议将钱某除名，但可以终止对钱某单独执行合伙事务的委托

B. 如果钱某对除名决议没有异议，该除名决议自作出之日起生效

C. 如果钱某对除名决议有异议，可以在接到除名通知之日起 30 日内，向人民法院起诉

D. 如果钱某对除名决议有异议，可以在接到除名通知之日起 30 日内，请求市场监督管理机关作出裁决

11. 根据公司法律制度的规定，下列关于公司人格混同的表述中，错误的是(　)。

A. 公司人格混同可分为横向人格混同和纵向人格混同

B. 公司账簿与股东账簿不分，致使公司财产与股东个人财产难以区分的，属于纵向人格混同

C. 受同一母公司控制的数个公司在人员等方面混同重叠，无法区分的，属于横向人格混同

D. 公司人格混同，意味着公司法人资格被取消

12. 根据公司法律制度的规定，下列各项中，不能被认定为股东抽逃出资的是(　)。

A. 虚构债权债务关系将出资转出

B. 股东之间转让股权而公司为其提供担保

C. 公司增加注册资本时，未通知已知的债权人

D. 利用关联交易将出资转出

13. 公司的控股股东通过关联交易损害公司利益的，公司可以请求其赔偿损失。根据公司法律制度的规定，下列各项表述中，可以被法院支持的是(　)。

A. 控股股东仅以相关事项已经履行了信息披露为由拒绝赔偿

B. 控股股东仅以股东会表决同意为由拒绝赔偿

C. 控股股东仅以履行了章程规定的程序为由拒绝赔偿

D. 有权股东提起代表诉讼

14. 根据证券法律制度的规定，下列关于招股说明书的表述中，错误的是(　)。

A. 招股说明书是公开发行股票最基本的法律文件

B. 招股说明书的有效期自公开发行前最后一次签署之日起计算

C. 保荐人应当在招股说明书上签章

D. 招股说明书(申报稿)不能含有价格信息

15. 根据证券法律制度的规定，下列关于主板上市公司非公开发行股票的表述中，正确的是(　)。
A. 发行对象不超过10名
B. 发行价格不低于定价基准日前20个交易日的90%
C. 本次发行的股份自结束之日起，18个月内不能转让
D. 本次发行申请文件有虚假记载的，不得非公开发行股票

16. 根据证券法律制度的规定，下列各项中，属于公开发行的债券发行人需进行信息披露的重大事项的是(　)。
A. 发行人的一台小汽车因司机醉驾被扣押
B. 发行人放弃债权，超过上年末净资产的5%
C. 发行人作出增资的决定
D. 发行人发生未能清偿到期债务的情况

17. 甲公司欠乙公司借款100万到期不能清偿，乙公司向法院提出甲公司破产申请被法院受理。乙公司的借款已由A公司提供连带责任保证。A公司亦因不能清偿到期债务被法院受理了破产申请。乙公司已向甲公司、A公司分别申报债权，根据破产法律制度的规定，下列各项表述中，错误的是(　)。
A. 乙公司有权向甲公司、A公司分别申报全部债权
B. 乙公司向甲公司、A公司均申报全部债权，从甲公司获得清偿后，对A公司的债权额不作调整，但乙公司从两个破产企业得到的受偿额不能超过100万
C. A公司向乙公司承担保证责任后不能再向甲公司追偿
D. 破产申请受理后，甲因欠缴税款产生的滞纳金作为普通破产债权申报

18. 甲公司被法院受理破产申请，为了甲公司继续营业，管理人向乙公司借款20万，并以甲公司的厂房办理了抵押登记，已知该厂房在破产申请受理前已经为债权人A公司提供了有效抵押。根据破产法律制度的规定，下列各项表述中，正确的是(　)。
A. 乙公司的该笔借款可以参照破产费用优先于普通破产债权清偿
B. 乙公司的该笔借款优先于A公司的债权清偿
C. 若破产申请受理前债权人A公司已经申请执行程序，期间产生的评估费可参照破产费用由债务人财产随时清偿
D. 若破产申请受理前债权人A公司已经申请执行程序，执行申请费可参照破产费用由债务人财产随时清偿

19. 根据票据法律制度的规定，下列关于非票据关系的表述中，正确的是(　)。
A. 非票据关系不是票据法的规范对象
B. 非票据关系是指非票据法上的法律关系
C. 非票据关系并非基于票据行为发生
D. 非票据关系以请求支付票据金额为内容

20. 根据企业国有资产法律制度的规定，下列关于国家出资企业管理者兼职限制的表述中，错误的是(　)。
A. 未经履行出资人职责的机构同意，国有独资公司的高级管理人员不得在其他企业兼职
B. 未经股东会议同意，国有资本控股公司的高级管理人员不得在经营同类业务的其他企业兼职
C. 未经履行出资人职责的机构同意，国有独资公司的董事长不得兼任经理
D. 未经股东会议同意，国有资本参股公司的董事长不得兼任经理

21. 根据企业国有资产法律制度的规定，下列关于金融类企业国有资产产权登记管理机关的表述中，错误的是(　)。
A. 财政部负责中央金融企业的国有资产

产权登记管理

B. 财政部负责中央金融企业的子公司的国有资产产权登记管理

C. 财政部负责中央金融企业投资实体的国有资产产权登记管理

D. 财政部负责县级政府出资的金融类企业分支机构国有资产产权登记管理

22. 根据反垄断法律制度的规定，下列各项中，不属于经营者承诺采取的措施的是(　)。

A. 结构性措施

B. 行为性措施

C. 综合性措施

D. 第三方的替代措施

23. 根据反垄断法律制度的规定，下列各项中，不属于滥用市场支配地位行为的是(　)。

A. 以不公平的低价购买商品

B. 限制外地经营者参加本地招标投标

C. 没有正当理由搭售商品

D. 没有正当理由，限制交易相对人只能与特定经营者交易

24. 根据外商投资法律制度的规定，下列关于外商投资管理的表述中，错误的是(　)。

A. 负面清单由发改委和商务部批准

B. 负面清单规定禁止投资的领域，外国投资者不得投资

C. 负面清单规定限制投资的领域，外国投资者进行投资应符合负面清单规定的限制性要求

D. 外商投资实行准入前国民待遇加负面清单制度，中华人民共和国缔结的国际条约对外国投资者准入有更优惠规定的，可以从其规定

25. 根据对外贸易法律制度的规定，下列各项表述中，不属于临时反倾销措施的是(　)。

A. 征收临时反倾销税

B. 要求提供保证金

C. 实施配额等数量限制

D. 要求提供保函

26. 根据外汇管理法律制度的规定，下列关于我国《外汇管理条例》适用范围的表述中，正确的是(　)。

A. 采取属人主义

B. 采取属地主义

C. 采取效果原则

D. 采取属人主义与属地主义相结合原则

二、多项选择题(本题型共16小题，每小题1.5分，共24分。每小题均有多个正确答案，请从每小题的备选答案中选出你认为正确的所有答案。每小题所有答案选择正确的得分，不答、错答、漏答均不得分。)

1. 根据法律基本原理的规定，下列关于习近平法治思想核心要义的表述中，正确的有(　)。

A. 坚持以人民为中心

B. 坚持党对全面依法治国的领导

C. 坚持依宪治国，确立宪法宣誓制度

D. 坚持统筹推进国内法治和涉外法治

2. 根据法律基本原理的规定，下列关于全国人民代表大会常务委员会立法职权的表述中，正确的有(　)。

A. 负责修改社会生活中某一方面社会关系的规范性法律

B. 负责制定带有普遍性的社会关系的规范性法律

C. 在全国人大闭会期间，负责补充基本法律

D. 最高人民法院和最高人民检察院的解释出现原则性冲突时，负责决定最终适用

3. 根据民事法律制度的规定，下列关于委托代理制度的表述中，正确的有(　)。

A. 代理制度的核心是代理权

B. 委托代理权产生的依据是被代理人的授权行为

C. 委托代理中的授权行为是双方民事法律行为

D. 委托代理中的授权行为可以向相对人

作出，其效力与向代理人作出相同

4. 根据物权法律制度的规定，下列关于用益物权制度的表述中，正确的有(   )。
   A. 居住权是对他人不动产进行利用的权利
   B. 宅基地使用权是对集体所有的土地进行利用的权利
   C. 建设用地使用权是对国家所有的土地进行利用的权利
   D. 地役权是对他人不动产进行利用的权利

5. 第三人对债务人不履行的债务享有合法利益的，有权向债权人代为履行，但特定情形除外。根据合同法律制度的规定，下列各项表述中，属于该特定情形的有(   )。
   A. 当事人另有约定
   B. 债务的性质
   C. 法律另有规定
   D. 债权人的沉默

6. 根据合同法律制度的规定，下列关于主合同当事人协议借新贷还旧贷时担保责任的主张中，人民法院不应予以支持的有(   )。
   A. 债权人请求旧贷担保人承担责任
   B. 新旧贷担保人相同时，债权人请求新贷担保人承担担保责任
   C. 新旧贷担保人不同时，债权人请求新贷担保人承担担保责任
   D. 旧贷无担保而新贷有担保时，债权人请求新贷担保人承担担保责任

7. 根据合伙企业法律制度的规定，下列各项中，属于普通合伙人当然退伙的有(   )。
   A. 个人丧失偿债能力
   B. 未履行出资义务
   C. 作为合伙人的自然人被宣告失踪
   D. 合伙人在合伙企业中的全部财产份额被人民法院强制执行

8. 根据合伙企业法律制度的规定，下列关于合伙企业清算人的表述中，正确的有(   )。
   A. 清算人可以由全体合伙人担任
   B. 经全体合伙人半数以上同意，可以委托第三人担任清算人
   C. 自解散事由出现之日起15日内未确定清算人的，利害关系人可以申请法院指定清算人
   D. 清算人有权代表合伙企业参加诉讼

9. 根据公司法律制度的规定，下列各项中，有资格提起决议不成立之诉的主体有(   )。
   A. 公司股东　　B. 公司董事
   C. 公司监事　　D. 公司债权人

10. 根据证券法律制度的规定，下列关于投资者保护的表述中，正确的有(   )。
   A. 依法设立的投资者保护机构，可以征集上市公司股东股权，代为行使股东权利
   B. 普通投资者与证券公司发生证券业务纠纷时，证券公司可以拒绝投资者保护机构的调解
   C. 对损害投资者利益的行为，投资者保护机构可以支持投资者向法院提起诉讼
   D. 发行人的董事执行职务时违反规定造成公司损失，投资者保护机构持有该公司股份的，可以自己的名义向法院提起股东派生诉讼，持股比例不受《公司法》的限制

11. 根据企业破产法律制度的规定，下列关于管理人报酬的表述中，错误的有(   )。
   A. 管理人报酬由债权人会议确定
   B. 管理人报酬是纯报酬
   C. 清算组中有关政府部门派出人员参与工作的，不收取报酬
   D. 管理人聘用企业经营管理人员所用费用，从其报酬中支付

12. 根据票据法律制度的规定，下列各项中，属于本票的绝对必要记载事项的有(   )。
   A. 无条件支付的委托
   B. 确定的金额
   C. 付款人名称
   D. 出票人签章

13. 根据企业国有资产法律制度的规定，下列关于非公开协议方式增资的表述中，

属于需由同级履行出资人职责机构批准的有(　)。

A. 因国有资本布局结构调整需要，由特定的国有实际控制企业参与增资的

B. 因国家出资企业与特定投资方建立战略合作伙伴需要，由该投资方参与国家出资企业增资的

C. 国家出资企业直接参与增资的

D. 企业债权转为股权的

14. 根据反垄断法律制度的规定，下列关于宽大制度中对经营者减免处罚规则的表述中，正确的有(　)。

A. 对于第一个申请者，可以免予处罚

B. 对于第一个申请者，可以按照不低于90%的幅度减轻罚款

C. 对于第二个申请者，可以按照30%－50%的幅度减轻罚款

D. 对于第三个申请者，可以按照20%－30%的幅度减轻罚款

15. 经营者集中审查程序中，虽符合简易案件的标准，但两个以上经营者共同控制的合营企业，通过集中被其中的一个经营者控制，该经营者与合营企业属于同一相关市场的竞争者，且市场份额之和大于特定比例的，不按简易案件处理。根据反垄断法律制度的规定，下列关于该比例的表述中，错误的有(　)。

A. 10%　　B. 15%

C. 20%　　D. 30%

16. 涉及国家安全的重要农产品等领域的外商投资，如果其取得所投资企业的实际控制权，应向工作机制办公室主动申报。根据外商投资法律制度的规定，下列关于实际控制权的表述中，正确的有(　)。

A. 外国投资者持有所投资企业50%以上的股权

B. 外国投资者持有所投资企业股权不足50%的，但其所享有的表决权能够影响股东会决议

C. 外国投资者持有所投资企业股权不足50%的，但其对所投资企业的技术产生重大影响

D. 外国投资者持有所投资企业股权不足50%的，能够对所投资企业的经营决策产生重大影响

三、案例分析题(本题型共4小题50分。其中一道小题可以选用中文或英文解答，请仔细阅读答题要求。如使用英文解答，须全部使用英文，答题正确的，增加5分。本题型最高得分为55分。)

1. A公司因长期拖欠到期债务无力偿还，被债权人申请破产，2021年6月8日破产申请被人民法院受理。A公司目前的基本情况如下：

(1)A公司在甲地级市市场监督管理机关登记注册，在乙市设立主要办事机构。

(2)根据A公司章程的规定，股东分两期缴纳出资。其中，第一期出资于2019年2月1日公司设立时缴纳，第二期出资于2022年2月28日前缴纳。C公司作为A公司创始股东，尚未缴纳任何出资。管理人要求C公司补缴其认缴的出资，C公司提出，章程规定的第二期出资的缴纳期限尚未到期，因此目前无需缴纳。

(3)2021年8月3日，F公司向管理人提出，根据其与A公司之间的合同约定，由其提供原材料、委托A公司加工了一批产品，现合同到期，要求提货。据查，该批产品价值50万元，现存于A公司仓库，F公司已于2020年2月支付了全部加工费10万元。管理人认为该批产品属于债务人财产，故不允许F公司提走。

(4)2021年9月3日，A公司向人民法院申请和解，并提出和解协议。该和解协议在债权人会议讨论时，出席会议的有表决权的债权人有60%表示同意，并且表示同意的债权人所代表的债权额占无财产担保债权总额的70%。但是，人民法院经

审理，裁定对该和解协议不予认可，宣告A公司破产。

根据上述内容，分别回答下列问题：

(1)A公司破产案件应由哪个市的哪一级法院管辖？并说明理由。

(2)C公司关于A公司章程规定的第二期出资的缴纳期限尚未届至，目前无需缴纳的主张是否成立？并说明理由。

(3)F公司是否有权提走其委托A公司加工的产品？并说明理由。

(4)债权人会议是否通过了和解协议？并说明理由。

(5)人民法院是否可以裁定宣告A公司破产？并说明理由。

2. 甲公司向乙公司购买水泵一台，为支付货款，签发了一张以自己为出票人、以乙公司为收款人、以M银行为承兑人、票面金额为30万元、到期日为2022年8月3日的银行承兑汇票，并交付给乙公司。甲公司和M银行均在该汇票上进行了签章。

乙公司的财务人员A利用工作之便，将上述汇票扫描，利用其他途径获得M银行的空白银行承兑汇票进行技术处理，"克隆"了一张与原始汇票几乎完全一样的汇票，然后将"克隆汇票"留在乙公司，将原始汇票偷出。A以乙公司的名义，向丙公司购买了一批黄金制品，归自己所有，并将原始汇票背书转让给丙公司，在背书人签章处加盖了伪造的乙公司公章，签署了虚构的B的姓名。

乙公司为向丁公司购买钢材，将"克隆汇票"背书转让给了丁公司。并在汇票上注明："本票据转让于钢材验收合格后生效。"后丁公司交付的钢材存在严重的质量问题。后丁公司被戊公司吸收合并，丁公司办理了注销登记。

在上述汇票付款到期日，丙公司和戊公司分别持有原始汇票和"克隆汇票"向M银行请求付款。M银行以丙公司所持有汇票的背书人的签章系伪造为由拒绝付款，以戊公司持汇票系伪造为由拒绝付款。

根据上述内容，分别回答下列问题：

(1)A在原始汇票上伪造乙公司的签章是否导致该汇票无效？并说明理由。

(2)如果M银行拒绝丙公司的付款请求，丙公司是否可以向甲公司追索？并说明理由。

(3)如果M银行拒绝丙公司的付款请求，丙公司是否有权向A行使追索权？并说明理由。

(4)在钢材未验收合格的情况下，乙公司对丁公司的背书转让行为是否生效？并说明理由。

(5)戊公司是否享有票据权利？并说明理由。

3. 甲公司授权业务员张某去乙公司采购泰国香米，张某持甲公司已经盖章的空白合同书以及采购泰国香米的授权委托书前往。

2022年3月1日，张某以甲公司的名义和乙公司签订泰国香米买卖合同，约定由乙公司代办托运，但双方未约定交付地点。泰国香米总价款为100万元，货交承运公司后甲公司先付50万元货款，货到甲公司后再付清余款50万元。双方还约定，甲公司向乙公司先交付的50万元货款中包含定金20万元，如任何一方违约，需向守约方支付违约金30万元。

2022年3月2日，张某发现乙公司尚有部分五常大米要出售，认为时值五常大米销售旺季，遂擅自决定以甲公司的名义和乙公司再签订一份五常大米买卖合同，总价款为100万元，仍由乙公司代办托运。其他条款与泰国香米买卖合同的约定相同。

2022年4月1日，乙公司按照约定将泰国香米和五常大米交付承运人丙公司，甲公司将50万元泰国香米货款和50万元五常大米货款汇付给乙公司。

2022年4月2日，丙公司运送泰国香米途中，因遭遇泥石流，泰国香米部分毁损。丙公司将该情形及时电话通知了甲公司，甲公司认为泰国香米毁损的风险应由乙公司承担。

2022年4月7日，甲公司以150万元价格将尚在运输途中的未毁损部分的泰国香米卖给丁公司，并指示丙公司将泰国香米直接运交给丁公司。4月8日，丙公司运送泰国香米途中，因山洪暴发，剩余的泰国香米全部毁损。丁公司因未收到货物拒不付款，甲公司因未收到丁公司货款拒绝支付乙公司泰国香米尾款50万元。

2022年4月6日，承运人丙公司以自己的名义将五常大米转卖给不知情的戊公司作价130万元，并立即交付，但尚未收取货款。甲公司得知后，要求戊公司返还五常大米。

根据上述内容，分别回答下列问题：

(1)张某以甲公司的名义和乙公司签订的五常大米买卖合同的效力如何？并说明理由。

(2)2022年4月2日，泰国香米因遭遇泥石流发生毁损的风险由谁承担？并说明理由。

(3)2022年4月8日，泰国香米因山洪暴发发生毁损的风险由谁承担？并说明理由。

(4)甲公司能否以未收到丁公司的泰国香米货款为由，拒绝向乙公司承担违约责任？并说明理由。

(5)乙公司未收到甲公司的泰国香米尾款，能否同时适用定金条款和违约金条款？并说明理由。

(6)甲公司是否有权要求戊公司返还五常大米？并说明理由。

4. 甲股份有限公司(简称“甲公司”)为主板上市公司，股本总额4亿元，最近一期期末经审计的净资产为3亿元。2022年1月3日，甲公司拟通过发行新股或发行优先股的方式融资。甲公司董事会拟订的发行方案如下：

方案一，向20名特定对象非公开发行2亿股，其中A信托公司以管理的信托产品认购50万股，B证券投资基金管理公司以其管理的2只基金产品认购100万股。发行价格为定价基准日前20个交易日公司股票均价的75%。本次发行新股后，原股东乙公司将持有甲公司56%的股份，乙公司承诺发行结束后12个月内不转让其认购的股份。

方案二，公开发行优先股1亿股，拟筹资2亿元。第一年股息率暂定6%，之后每年根据公司盈利情况适当调整。公司每年如有可分配税后利润，须按约定向优先股股东分配股息。若当年公司未能足额向优先股股东派发股息，差额部分不予累积。

董事会认为上述两个发行方案都存在一定问题，经调整决议后，决定采取方案一。

2022年1月18日，甲公司通知全体股东，将于2022年2月5日召开临时股东大会，对董事会调整后的发行新股方案进行表决。2022年1月28日，分别持有公司股份1%和2%的股东张某和李某联合向董事会提出要求在临时股东大会增加一项表决事项，罢免董事吴某，理由是吴某未经公司同意私自将公司资金借给其关联企业。董事会收到该提议后未将其列入临时股东大会表决事项。

本次股东大会有持股45%的股东出席，其中同意非公开发行股份的股东持股比例达到25%。

根据上述内容，分别回答下列问题：

(1)方案一中，非公开发行对象的人数是否符合法律规定？并说明理由。

(2)方案一中，A信托公司及B证券投资基金管理公司是否可以以管理的产品认购股份？并说明理由。

(3)方案一中，乙公司承诺的12个月内不转让是否符合法律规定？并说明理由。

(4)方案一中，非公开发行的发行价格是否符合规定？并说明理由。

(5)公司公开发行优先股的方案存在哪些问题？

(6)董事会收到该提议后未将其列入临时股东大会表决事项是否符合规定？并说明理由。

(7)本次股东大会是否通过非公开发行股份的决议？并说明理由。

模拟试卷（二）

扫我做试题

一、单项选择题(本题型共26小题，每小题1分，共26分。每小题只有一个正确答案，请从每小题的备选答案中选出一个你认为正确的答案。)

1. 根据法律基本原理的规定，下列关于法律规范的表述中，错误的是(　)。
   A. 法律规范是法律构成的基本单位
   B. 法律规范实现法律的功能
   C. 法律规范是法律条文的文字表述形式
   D. 法律规范具有可重复适用性
2. 根据民事法律制度的规定，下列民事法律行为中，属于无效民事法律行为的是(　)。
   A. 限制民事行为能力人不能独立实施的
   B. 无民事行为能力人纯获利益的
   C. 受欺诈而实施的
   D. 名为房屋买卖合同实为借贷担保的担保合同
3. 根据民事法律制度的规定，下列关于代理与委托的表述中，正确的是(　)。
   A. 代理以被代理人名义实施相应行为，委托以受托人名义实施相应行为
   B. 代理的行为是民事法律行为，委托从事行为不是民事法律行为
   C. 代理涉及三方当事人，委托涉及两方当事人
   D. 代理属于有偿的民事法律行为，委托属于无偿的民事法律行为
4. 根据物权法律制度的规定，下列各项表述中，属于转移登记的是(　)。
   A. 首次登记
   B. 共有性质发生变更的登记
   C. 增加共有人的登记
   D. 不动产灭失的登记
5. 当转让人未通知其他按份共有人，且无法确定其他按份共有人知道或者应当知道最终确定的同等条件的，按份共有人的优先购买权应当在法定期间内行使。根据物权法律制度的规定，下列关于该法定期间的表述中，正确的是(　)。
   A. 自共有份额权属转移之日起15日
   B. 自共有份额权属转移之日起30日
   C. 自共有份额权属转移之日起3个月
   D. 自共有份额权属转移之日起6个月
6. 根据合同法律制度的规定，下列关于保证人抗辩权的表述中，正确的是(　)。
   A. 连带保证人享有先诉抗辩权
   B. 保证人明知主债权诉讼时效期间届满仍然为其提供保证的，仍可以援引诉讼时效届满为由拒绝承担保证责任
   C. 保证人明知主债权诉讼时效期间届满仍然为其提供保证并承担保证责任后，原则上可以向债务人追偿
   D. 人民法院已经受理债务人破产案件的，一般保证人不能主张先诉抗辩权
7. 根据合同法律制度的规定，下列关于赠与

合同撤销权的表述中，错误的是(　)。

A. 一般情况下，赠与人在赠与财产转移前可以撤销赠与，但经过公证的赠与合同不得撤销

B. 受赠人有忘恩行为时，即使赠与合同经过公证，也可以撤销

C. 赠与人的撤销权，自知道或者应当知道撤销原因之日起 1 年内行使

D. 赠与人的继承人的撤销权，自知道或者应当知道撤销原因之日起 1 年内行使

8. 根据合伙企业法律制度的规定，下列关于普通合伙企业事务执行的表述中，错误的是(　)。

A. 可由全体合伙人共同执行合伙事务

B. 可委托一个合伙人执行合伙事务

C. 可委托数个合伙人执行合伙事务

D. 可委托合伙人以外的人执行合伙事务

9. 根据合伙企业法律制度的规定，下列关于普通合伙人无限连带责任的表述中，正确的是(　)。

A. 无限责任，是指合伙企业的债权人有权向任何一个合伙人主张权利

B. 连带责任，是指合伙人应当以自有财产来清偿合伙企业债务

C. 合伙企业债务承担时，合伙企业与全体合伙人不区分顺序

D. 合伙人的无限连带责任，以企业财产不足以清偿企业债务为前提

10. 某会计师事务所采取特殊普通合伙企业形式。合伙人甲在提供上市公司审计服务时，故意做出不实审计报告。合伙人乙明知该行为可能会受到主管部门的处罚，但视而不见。最终导致该会计师事务所被主管部门处罚 1 000 万元。根据合伙企业法律制度的规定，下列关于该责任承担的表述中，正确的是(　)。

A. 合伙人甲对该笔债务，应承担有限责任

B. 其他合伙人对该笔债务，应承担无限责任

C. 合伙人乙对该笔债务，应承担无限责任

D. 合伙人乙对该笔债务，应承担有限责任

11. 决议、章程中如未规定时间或者时间超过一年的，公司应当自特定之日起一年内完成利润分配。根据公司法律制度的规定，下列关于该特定日期的表述中，正确的是(　)。

A. 决议提出之日　B. 决议作出之日

C. 决议公布之日　D. 决议施行之日

12. 根据公司法律制度的规定，下列各项中，不属于减资方式的是(　)。

A. 向某一股东返还全部股款

B. 免除某一股东尚未实缴的全部出资金额

C. 注销股东的部分股权

D. 以股权购买资产方式的并购

13. 根据公司法律制度的规定，下列关于上市公司独立董事的表述中，正确的是(　)。

A. 在上市公司附属企业任职人员的直系亲属不得担任独立董事

B. 上市公司董事可以提出独立董事候选人

C. 独立董事任期为 6 年

D. 独立董事有权提议召开监事会

14. 根据证券法律制度的规定，下列关于存托凭证的表述中，错误的是(　)。

A. 因存托凭证发生的纠纷应适用中国法律

B. 因存托凭证发生的纠纷应由中国境内法院管辖

C. 存托凭证持有人依法享有存托凭证代表的境外基础证券权益

D. 存托人不可在境外委托金融机构担任托管人

15. 根据证券法律制度的规定，下列各项中，不属于强制退市情形的是(　)。

A. 上市公司收购导致股权分布不再具备上市条件
B. 上市公司在涉及国家安全领域存在重大违法行为且严重影响上市地位
C. 上市公司不能满足交易所规定的交易指标
D. 上市公司构成欺诈发行且严重影响上市地位

16. 根据证券法律制度的规定，下列关于虚假陈述行为民事责任的表述中，错误的是(　)。
A. 上市公司对虚假陈述民事责任承担严格责任，不考虑主观过错
B. 上市公司的控股股东对虚假陈述民事责任与上市公司承担连带责任，能证明自己没有过错的除外
C. 未及时披露重大事件构成重大遗漏的，以应当披露相关信息期限届满后的第一个交易日为实施日
D. 原告的实际损失只包括投资差额损失

17. 根据破产法律制度的规定，下列各项中，属于破产费用的是(　)。
A. 债务人不当得利产生的债务
B. 破产案件的诉讼费用
C. 债务人财产致人损害所产生的债务
D. 破产申请受理前债务人尚未支付的案件受理费

18. 根据破产法律制度的规定，下列关于债权人会议僵局的表述中，错误的是(　)。
A. 对债务人财产的管理方案，债权人会议表决未通过的，由法院裁定
B. 对债务人财产的变价方案，债权人会议表决未通过的，由法院裁定
C. 对债务人破产财产的分配方案，债权人会议表决未通过的，由法院裁定
D. 对债务人破产财产的分配方案，债权人会议二次表决未通过的，由法院裁定

19. 根据票据法律制度的规定，下列各项中，属于票据上的次债务人的是(　)。
A. 汇票的承兑人
B. 支票的付款人
C. 本票的出票人
D. 支票上的背书人

20. 根据票据法律制度的规定，下列关于国内信用证转让的表述中，错误的是(　)。
A. 可转让信用证是特别标注“可转让”的信用证
B. 可转让国内信用证，开户行必须指定转让行，转让行不能是开户行
C. 可转让信用证只能转让一次，由第一受益人转让给第二受益人
D. 可转让信用证可以将信用证部分转让

21. 根据企业国有资产法律制度的规定，下列关于企业国有资产的表述中，错误的是(　)。
A. 按照用途和性质划分，可以分为经营性、行政事业性和资源性国有资产
B. 国务院代表国家行使企业国有资产所有权
C. 国务院和地方各级政府履行出资人职责，享有出资人权益
D. 各级国有资产监督管理机构是对所有国家出资企业履行出资人职责的机构

22. 国家出资企业产权转让，应通过产权交易机构网站分阶段对外披露产权转让信息，其中正式披露信息不得少于特定工作日。根据企业国有资产法律制度的规定，该特定工作日为(　)。
A. 10 日　　B. 15 日
C. 20 日　　D. 30 日

23. 根据反垄断法律制度的规定，下列各项中，不属于反垄断法适用主体和行为的是(　)。
A. 经营者
B. 行业协会
C. 滥用行政权力排除竞争行为
D. 农业生产的协同行为

24. 根据反垄断法律制度的规定，下列各项中，属于剥削性滥用市场支配地位的

是( )。

A. 搭售

B. 不公平定价

C. 拒绝交易

D. 掠夺定价

25. 根据外商投资法律制度的规定，下列各项表述中，不属于外商投资的是( )。

A. 外国投资者在中国设立外商投资企业

B. 中国投资者在境外直接投资

C. 外国投资者取得中国境内企业的股权

D. 中国投资者与外国投资者共同在中国境内投资新建项目

26. 根据对外贸易法律制度的规定，下列各项中，适用我国《对外贸易法》的是( )。

A. 中国内地

B. 香港特别行政区

C. 澳门特别行政区

D. 台湾地区

二、多项选择题(本题型共16小题，每小题1.5分，共24分。每小题均有多个正确答案，请从每小题的备选答案中选出你认为正确的所有答案。每小题所有答案选择正确的得分，不答、错答、漏答均不得分。)

1. 根据法律基本原理的规定，下列关于建设中国特色主义法治体系的表述中，正确的有( )。

A. 建设中国特色社会主义法治体系，是全面推进依法治国的总抓手

B. 建设中国特色社会主义法治体系，首要的是完善以宪法为核心的中国特色社会主义法律体系

C. 建设中国特色社会主义法治体系，是国家治理体系的骨干工程

D. 建设中国特色社会主义法治体系，必须加强党内法规制度建设

2. 根据民事法律制度的规定，下列各项中，属于引起诉讼时效中止情形的有( )。

A. 不可抗力

B. 无民事行为能力人的法定代理人失去民事行为能力

C. 义务人被权利人控制

D. 申请追加当事人参加诉讼

3. 根据物权法律制度的规定，下列关于物权变动方式的表述中，能够引起物权变动的有( )。

A. 相机所有人采取指示交付方式，交付相机

B. 商品房所有人采取现实交付方式，交付房屋

C. 机动车所有人采取登记方式，将机动车辆过户

D. 农户与农村集体经济组织之间签订承包合同，获得土地承包经营权

4. 根据物权法律制度的规定，下列关于担保物权与诉讼时效关系的表述中，人民法院不予支持的有( )。

A. 主债权诉讼时效期间届满后，债权人主张行使抵押权的

B. 抵押人以主债权诉讼时效期间届满为由，拒绝承担担保责任的

C. 主债权诉讼时效期间届满后，留置财产的所有权人请求返还留置财产的

D. 主债权诉讼时效期间届满后，被质押动产的所有权人请求返还质押财产的

5. 非上市公司对外提供担保，应依法作出有效的担保决议。但特定情形下，不得以未经决议为由主张担保无效。根据合同法律制度的规定，下列各项表述中，属于该特定情形的有( )。

A. 金融机构开立保函

B. 担保公司提供担保

C. 公司为其参股公司开展经营活动提供担保

D. 担保合同由持有三分之二以上对担保事项有表决权的股东签字同意

6. 张三以委托人身份，委托李四作为代理人与王五签订合同。李四以自己的名义签署了该合同，王五对李四作为代理人的情形并不知情。后该合同履行发生争议。根据

合同法律制度的规定，下列各项表述中，正确的有(　)。

A. 因王五原因，导致李四不能向张三履行义务，李四应当向张三披露王五，张三原则上可以对王五行使合同权利

B. 因王五原因，导致李四不能向张三履行义务，李四应当向张三披露王五，张三不可以对王五行使合同权利

C. 因张三原因，导致李四不能向王五履行义务，李四应当向王五披露张三，王五可以选择要求李四或者张三承担责任

D. 因张三原因，导致李四不能向王五履行义务，李四应当向王五披露张三，王五只能要求李四承担责任

7. 根据合伙企业法律制度的规定，下列关于有限合伙企业利润分配的表述中，正确的有(　)。

A. 有限合伙企业不得将全部利润分配给部分合伙人，合伙协议另有约定除外

B. 有限合伙企业不得将全部亏损由部分合伙人承担，合伙协议另有约定除外

C. 有限合伙企业不得约定部分合伙人完全不承担亏损

D. 有限合伙人的权益投资与固定收益类投资应作区分

8. 根据合伙企业法律制度的规定，下列关于有限合伙人出资义务的表述中，正确的有(　)。

A. 有限合伙人不得以劳务出资

B. 有限合伙人未按照约定缴纳出资的，应承担补缴出资的责任

C. 有限合伙人未按照约定缴纳出资的，应对其他按约缴纳出资的合伙人承担违约责任

D. 有限合伙人未按照约定缴纳出资的，当然退伙

9. 根据公司法律制度的规定，下列关于股东直接诉讼与股东代表诉讼的表述中，正确的有(　)。

A. 股东直接诉讼对股东持股比例没有要求

B. 股东直接诉讼的胜诉利益归股东，股东代表诉讼的胜诉利益归公司

C. 股东直接诉讼与股东代表诉讼中的股东直接提起诉讼，都是以股东自己的名义提起诉讼

D. 股东直接诉讼与股东代表诉讼，都有可能是以董事、高级管理人员为被告

10. 根据公司法律制度的规定，下列关于股份有限公司经理的表述中，正确的有(　)。

A. 由董事会决定聘任

B. 董事可以兼任经理

C. 公司不得直接或者通过子公司向经理提供借款

D. 上市公司总经理可以由控股股东代发薪水

11. 根据证券法律制度的规定，下列关于非上市公众公司定向发行的表述中，属于定向发行特定对象的有(　)。

A. 公司核心员工

B. 公司股东

C. 公司总经理

D. 符合投资者适当性管理规定的自然人投资者

12. 根据破产法律制度的规定，下列关于重整计划监督的表述中，正确的有(　)。

A. 在重整计划规定的监督期内，债务人自行参加监督期开始前已经启动而尚未终结的诉讼

B. 重整计划执行期间，因重整程序终止后新发生的事实引发的债务人的民事诉讼，不再适用集中管辖

C. 监督期满，管理人应当向债权人会议提交监督报告

D. 重整计划的利害关系人有权查阅监督报告

13. 根据票据法律制度的规定，下列关于汇票质押背书的表述中，正确的有(　)。

A. 票据质押必须记载质押(设质、担

保）字样

B. 票据质押未记载质押等字样的，视为转让背书

C. 质押背书的被背书人不享有票据权利的处分权

D. 质押背书不具有抗辩切断的效力

14. 根据企业国有资产法律制度的规定，下列各项表述中，属于应当通过所出资企业向产权登记机关申请办理产权变动登记的有（ ）。

A. 企业改变名称

B. 企业改变组织形式

C. 企业国有资本额发生增加

D. 企业国有资本出资人发生变动

15. 根据反垄断法律制度的规定，下列涉及市场主体经济活动的各项表述中，应适用公平竞争审查制度的有（ ）。

A. 政府部门起草的自治条例

B. 行政法规

C. 国务院制定的政策措施

D. 具有管理公共事务职能的组织制定的规范性文件

16. 下列关于合格境内机构投资者（QDII）和人民币合格境内机构投资者（RQDII）制度说法正确的有（ ）。

A. 中国人民银行负责 QDII 投资额度、账户及资金汇兑管理

B. 银保监会、证监会负责各自范围内的金融机构境外投资业务的市场准入

C. RQDII 开展境外投资，不得将人民币资金汇出境外购汇

D. RQDII 可以使用自有外汇资金投资于境外金融市场的外汇计价产品

三、案例分析题（本题型共 4 小题 50 分。其中一道小题可以选用中文或英文解答，请仔细阅读答题要求。如使用英文解答，须全部使用英文，答题正确的，增加 5 分。本题型最高得分为 55 分。）

1. 2022 年 3 月 15 日，广元公司因为不能清偿到期债务被法院受理破产申请，法院审理案件过程中，发生如下情况：

（1）广元公司认为，提出破产申请的债权人 A 的债权因清偿而消灭，其提出的破产申请已经被法院裁定不予受理。其他债权人不得再重复提出破产申请，法院不应受理该破产申请。

（2）2021 年 8 月，债权人 B 提起诉讼，要求广元公司的出资人直接向其承担出资不实的责任，该诉讼截止目前仍未终结。债权人要求继续审理该案件。

（3）2021 年 10 月，广元公司将自有产权的某别墅设定居住权给张三，期限为 99 年，无需支付任何费用。管理人未察觉到该行为，未能按照企业破产法的相关规定行使撤销权。债权人 C 援引民法典相关规定，要求撤销广元公司该行为，并将财产归入广元公司财产。

（4）2022 年 5 月 8 日，经债权人会议决议通过，管理人为债务人继续营业而借款。提供该笔借款的债权人 D，要求其该笔债务应优先于对债务人特定财产享有担保的债权优先清偿。

根据上述内容，分别回答下列问题：

（1）广元公司认为其他债权人不得重复提出破产申请是否符合规定？并说明理由。

（2）债权人 B 提起的诉讼是否可以继续审理？并说明理由。

（3）债权人 C 要求撤销广元公司设立居住权的行为是否符合规定？并说明理由。

（4）债权人 D 的主张是否能够得到人民法院的支持？并说明理由。

2. A、B 公司于 2020 年 3 月 20 日签订买卖合同，根据合同约定，B 公司于 3 月 25 日发出 80 万元的货物，A 公司于 4 月 1 日开出一张金额为 80 万元、见票后 3 个月付款的银行承兑汇票交给 B 公司。4 月 10 日，B 公司向付款人甲银行提示承兑，承兑日期为 4 月 10 日。B 公司在与 C 公司的

买卖合同中，将该汇票背书转让给C公司。5月20日，C公司在与D公司的买卖合同中，将其质押给D公司。5月25日，D公司将该汇票返还给C，C将该汇票背书转让给E公司。

7月12日，持票人E公司提示付款时，承兑人甲银行以A公司未能足额交存票款为由，拒绝付款，并于当日签发拒绝证明。持票人E公司于7月20日向A公司、B公司、C公司发出追索通知。

根据上述内容，分别回答下列问题：

(1)E公司于7月12日向甲银行提示付款的时间是否符合法律规定？并说明理由。如果持票人未在法定期限内提示付款，其法律后果是什么？

(2)持票人E公司于7月20日向A公司、B公司、C公司发出追索通知的时间是否符合法律规定？并说明理由。如果持票人未在法定期限内发出追索通知，其法律后果是什么？

(3)如果E公司于2021年4月1日才向B公司发出追索通知，其追索权是否丧失？并说明理由。

(4)如果E公司于2022年7月5日才行使票据的付款请求权，对承兑人的票据权利是否丧失？并说明理由。

(5)C公司将汇票背书质押给D公司时，如未在汇票上签章，是否构成票据质押？并说明理由。

3. A公司承接甲开发商所建造楼盘的全部室内装饰工程，2022年7月5日，A公司为此与B公司签订了一份买卖合同。该合同约定：B公司向A公司供应一批卫生间装饰用瓷砖，总价款为人民币130万元；在合同签订之后3日内，由A公司先期预付部分货款，并交付定金30万元；B公司在同年8月5日前一次性向A公司交货；A公司收到货物并验收合格后10日内一次性向B公司付清余款。与此同时，为了保证该买卖合同的履行，由C公司为该笔债务提供担保。担保合同约定：C公司将其名下一套房屋出售给B作为该笔债务的担保，当债务到期后A公司支付全部款项，B公司需将该套房屋返还给C。否则，B公司有权将房屋折价或者以拍卖、变卖该房屋所得价款偿还债务。

甲开发商在楼盘尚未竣工且未取得预售许可证以前，即开始向社会公众进行预售。张某有一学龄前儿子，因受甲售楼广告的影响，对正在预售的楼盘的儿童乐园、游泳池、篮球场等公共设施非常感兴趣，看中了一套建筑面积为140平方米的商品房。虽然该商品房的价格明显高于周围楼盘，但张某认为该小区的设施对其儿子成长十分有利，故欣然向银行办理贷款手续，与甲开发商签订了商品房预售合同。

该商品房交房时，张某发现该小区并没有售楼广告所宣传的儿童乐园、游泳池、篮球场等公共设施，随即与甲开发商交涉，要求其承担违约责任。但甲开发商认为广告只是要约邀请，难免有夸张和虚幻之处，拒绝承担违约责任。

此后不久，张某又发现其购买的商品房出现质量问题，严重影响正常居住使用。当即要求退房，也遭甲开发商拒绝。张某遂向法院提起诉讼。

经查，在张某向法院起诉前，甲开发商已取得该商品房的预售许可证。

根据上述内容，分别回答下列问题：

(1)A公司交付定金30万元是否符合法律规定？并说明理由。

(2)B公司与C公司之间签订的担保合同是否有效？并说明理由。

(3)张某与甲开发商签订的商品房预售合同是否有效？并说明理由。

(4)张某因小区没有售楼广告所宣传的儿童乐园、游泳池、篮球场等公共设施而要求开发商承担违约责任是否有法律依据？并说明理由。

(5)张某因其购买的商品房存在质量问题而要求退房，是否能得到法律支持？并说明理由。

(6)如果张某与甲的售楼合同解除了，贷款合同应当如何处理？并说明理由。

4. 恒天股份有限公司作为上市公司，其主营业务是房地产的开发、销售与物业的管理，资产总额8亿元；其控股股东是春柳保险股份有限公司。2021年，恒天公司发生以下事项：

(1)2021年2月，恒天公司资料员张二丰在整理公司文件时，得知恒天公司因为和银行的重大经济纠纷，公司的厂房将被银行强制拍卖，会造成公司重大损失。张二丰于是将自己持有的股票立刻抛售，获利1.2万元。另外，张二丰将自己获知的信息告知了好友吴不凡，吴不凡也进行了同样的操作，获利12万元。

(2)2021年3月，恒天公司拟向黑狮基金公司、金冠信托公司、凯龙保险公司等8名机构投资者发行股份募集资金。其中黑狮基金公司以其管理的3只基金认购，金冠信托公司以其管理的资产认购。凯龙保险公司是春柳公司的控股子公司。黑狮基金公司、金冠信托公司、凯龙保险公司本次认购的股份6个月内不得转让。

(3)2021年6月，恒天公司与兆达公司达成资产重组协议。恒天公司以全部资产及负债作价8亿元，购买兆达公司全部资产中的等值部分。兆达公司全部资产是200亿元，于是恒天公司发行股份作价192亿元购买兆达公司剩余资产，兆达公司成为恒天公司的控股股东。此处发行股份购买资产，发行价格以本次发行股份购买资产的董事会决议公告日前20个交易日上市公司股票交易均价为市场参考价，本次发行价格确定为10元/股，董事会决议公告日前20个交易日上市公司股票交易均价为13元/股。协议中还约定兆达公司认购的股份在12个月内不得转让。

根据上述内容，分别回答下列问题：

(1)张二丰抛售股份及告知吴不凡的行为属于哪种行为？并说明理由。

(2)黑狮基金公司以其管理的3只基金认购，视为几个发行对象？金冠信托公司以其管理的资产认购非公开发行的股份，是否符合规定？股份限售期6个月是否符合规定？并说明理由。

(3)恒天公司与兆达公司的资产重组行为是否构成借壳上市？并说明理由。

(4)恒天公司与兆达公司的资产重组是否需要经过中国证监会并购重组委审批？并说明理由。

(5)恒天公司发行股份购买资产，其市场参考价与发行价格是否符合规定？并说明理由。

(6)如果春柳公司在2020年10月受到证交所公开谴责，恒天公司与兆达公司的资产重组行为能否完成借壳上市？并说明理由。

(7)协议约定兆达公司认购的股份在12个月内不得转让是否符合规定？并说明理由。

决胜模拟试卷参考答案及解析

模拟试卷（一）参考答案及解析

一、单项选择题

1. D 【解析】本题考核法律关系主体。无国籍人属于法律关系主体，具备民事权利能力。选项 A 错误；非法人组织并不具备法人资格，但不影响其以自己的名义从事相应法律行为。选项 B 错误；8 周岁以上的未成年人，完全不能辨认自己行为的，为无民事行为能力人。选项 C 错误；非营利法人是为公益目的或者非营利目的设立的，不向出资人、设立人或者会员分配所得利润的法人。选项 D 正确。
2. A 【解析】本题考核民事法律行为。民事法律行为是民事主体通过意思表示设立、变更或者终止民事法律关系的行为，并不以合法性作为构成要件。因此，民事法律行为并不一定都是合法行为。选项 A 表述错误。
3. C 【解析】本题考核诉讼时效。诉讼时效原则上适用于债权请求权，对个别物权请求权也可以适用。例如：未登记的动产物权的权利人请求返还财产的物权请求权适用诉讼时效。选项 C 表述错误。
4. A 【解析】本题考核物权法律制度基本原则。物权法定原则要求，物权的种类和内容都要由法律规定，不得创设法律不承认的物权和与法定内容相冲突的物权。按照法律规定，动产质押需转移质物的占有，否则动产质押不生效。本题中，汽车作为动产质押，未交付给对方，动产质押不生效。甲乙的约定违反了物权法定原则，选项 A 正确。
5. D 【解析】本题考核物权行为。物权只能被转让一次，同一物不能被出卖人实施两次处分行为，选项 D 表述错误。房屋买卖合同中，卖方为履行合同而转让所有权的行为，从合同的角度看，是合同的履行行为，从物权的角度看，被称作物权行为。选项 A 表述正确。
6. D 【解析】本题考核合同相对性。合同相对性体现在主体、内容和责任等方面。合同的相对性在一定条件下也可能被打破。例如：合同的保全制度中，债权人可以向债务人以外的第三人提起诉讼，主张权利。选项 D 表述错误。
7. B 【解析】本题考核提前履行。债权人可以拒绝债务人提前履行债务，但提前履行不损害债权人利益的除外。选项 B 表述错误。
8. B 【解析】本题考核合伙企业特征。合伙企业的信用基础，最终取决于“普通”合伙人的偿付能力，其对债务承担无限连带责任。有限合伙人原则上不需要承担此无限连带责任。选项 B 表述错误。
9. C 【解析】本题考核禁止有限合伙人执行合伙事务。有限合伙人的“安全港条款”，是指对涉及有限合伙人根本权益的事项，其享有一定的参与权、监督权和救济权。以有限合伙企业名义与他人进行交易，不属于该条款范围。选项 C 当选。
10. C 【解析】本题考核除名退伙。合伙人因故意或者重大过失给合伙企业造成损失的，经其他合伙人一致同意，可以决议将其除名。选项 A 错误。被除名人自接到除名通知之日起，除名生效。选项 B

错误。被除名人对除名决议有异议的，可以在接到除名通知之日起30日内，向人民法院起诉。选项C正确，选项D错误。

11. D 【解析】本题考核公司人格混同。公司人格混同，并不意味着彻底否认公司的法人资格，而是针对某一具体法律关系产生特定后果。选项D表述错误。

12. C 【解析】本题考核抽逃出资。公司在减少注册资本时，未通知已知的债权人，致使债权人在公司向股东返还出资财产前无法请求公司向其清偿债务或者提供担保的，属于抽逃出资。不包括增加注册资本情形。选项C当选。

13. D 【解析】本题考核股东义务。控股股东仅以相关事项已经履行了信息披露、股东会表决同意、法律、行政法规或者章程规定的程序为由抗辩的，法院不予支持。公司怠于提起相关诉讼的，股东可以依法提起代表诉讼。选项D正确。

14. C 【解析】本题考核招股说明书。保荐人及其保荐代表人对招股说明书进行核查后，应在核查意见上签字、盖章。选项C中“在招股说明书上签章”表述错误。

15. D 【解析】本题考核上市公司非公开发行股票。上市公司非公开发行股票的，发行对象不得超过35名。选项A错误；发行价格不得低于定价基准日前20个交易日的80%。选项B错误；本次发行的股份自结束之日起，6个月内不得转让，控股股东及实控人等认购的股份，18个月内不得转让。选项C错误。

16. D 【解析】本题考核公司债券信息披露。公司重大资产抵押、质押、出售、转让、报废，属于重大事项。小汽车被扣押，并非发行人重大资产。选项A错误；发行人放弃债权或财产，超过上年末净资产的10%的，属于重大事项。选项B错误；公司分配股利，作出减资、合并、分立、解散及申请破产的决定，属于重大事项。选项C错误。

17. D 【解析】本题考核破产债权的申报。破产申请受理后，债务人欠缴款项产生的滞纳金，包括债务人未履行生效法律文书应当加倍支付的迟延利息和劳动保险金的滞纳金，债权人作为破产债权申报的，人民法院不予确认。选项D表述错误。

18. C 【解析】本题考核破产费用与共益债务。破产申请受理后，经债权人会议决议通过，或者第一次债权人会议召开前经人民法院许可，管理人或者自行管理的债务人可以为债务人继续营业而借款。提供借款的债权人主张参照企业破产法共益债务的规定优先于普通破产债权清偿的，人民法院应予支持，但其主张优先于此前已就债务人特定财产享有担保的债权清偿的，人民法院不予支持。选项A错误；管理人或者自行管理的债务人可以为前述借款设定抵押担保，抵押物在破产申请受理前已为其他债权人设定抵押的，债权人主张按照抵押登记的先后顺序清偿的，人民法院应予支持。选项B错误；人民法院裁定受理破产申请的，此前债务人尚未支付的公司强制清算费用、未终结的执行程序中产生的评估费、公告费、保管费等执行费用，可以参照企业破产法关于破产费用的规定，由债务人财产随时清偿。此前债务人尚未支付的案件受理费、执行申请费，可以作为破产债权清偿。选项C正确，选项D错误。

19. C 【解析】本题考核非票据关系。非票据关系，与票据有密切联系，但并非基于票据行为发生。选项C正确；非票据关系不以支付票据金额为内容，其仍然受票据法规范调整。选项A、D错误；非票据关系包括票据法上的非票据关系和民法上的非票据关系。选项 B 错误。

20. D 【解析】本题考核国家出资企业管理者兼职限制。未经股东会议同意，国有资本控股股东的董事长不得兼任经理。选项 D 表述错误。

21. D 【解析】本题考核国有资产产权登记管理机关。县级以上地方财政部门负责同级地方政府出资的金融类企业及其分支机构、子公司和投资实体的国有资产产权登记管理工作。选项 D 表述错误。

22. D 【解析】本题考核经营者承诺。经营者承诺的措施可以是结构性措施、行为性措施和综合性措施。不包括选项 D 所表述的情形。

23. B 【解析】本题考核滥用市场支配地位行为。限制外地经营者参加本地招标投标属于滥用行政权力排除、限制竞争。选项 B 当选。

24. A 【解析】本题考核外商投资管理。负面清单由发改委会同商务部提出，报国务院批准。选项 A 表述错误。

25. C 【解析】本题考核临时反倾销措施。实施配额等数量限制，属于保障措施的形式。选项 C 当选。

26. D 【解析】本题考核《外汇管理条例》适用范围。我国《外汇管理条例》采取属人主义与属地主义相结合的原则。

二、多项选择题

1. ABCD 【解析】本题考核习近平法治思想核心要义。

2. ACD 【解析】本题考核法律渊源。全国人民代表大会负责制定、修改带有普遍性的社会关系的规范性法律，即基本法律。选项 B 错误。

3. ABD 【解析】本题考核委托代理。委托代理中的授权行为是单方民事法律行为，仅凭被代理人的单方意思表示，就可以产生授权的法律效果。选项 C 错误。

4. BCD 【解析】本题考核用益物权。居住权是对他人住宅进行利用的权利，而不动产的范围较宽，包括房屋和土地等。选项 A 错误。

5. ABC 【解析】本题考核第三人代为履行。债务人不履行债务，第三人对履行该债务具有合法利益的，第三人有权向债权人代为履行；但是，根据债务性质、按照当事人约定或者依照法律规定只能由债务人履行的除外。在没有合法利益的情况下，此处债权人的沉默并不具有积极意义，不能排除第三人代为履行的权利。选项 D 错误。

6. ACD 【解析】本题考核借新贷还旧贷。新旧贷担保人相同时，债权人请求新贷担保人承担担保责任的，人民法院应予支持。选项 B 不选。

7. AD 【解析】本题考核当然退伙。合伙人未履行出资义务，经其他合伙人一致同意，可以决议将其除名退伙。选项 B 错误；作为合伙人的自然人被宣告死亡，属于当然退伙。被宣告失踪，并不导致其当然退伙。选项 C 错误。

8. ACD 【解析】本题考核合伙企业清算。经全体合伙人过半数同意，可以委托第三人担任清算人。过半数不包含半数本数，而半数以上则包括半数本数。选项 B 错误。

9. ABC 【解析】本题考核决议不成立之诉。有资格提起决议不成立之诉的主体，包括股东、董事和监事等。不包括公司债权人。

10. ACD 【解析】本题考核投资者保护制度。普通投资者与证券公司发生证券业务纠纷时，证券公司不得拒绝投资者保护机构的调解。选项 B 错误。

11. AD 【解析】本题考核管理人报酬。管理人报酬由人民法院确定。选项 A 表述错误。管理人聘用企业经营管理人员或者其他社会中介机构人员处理专业性较强工作的，所需费用经债权人会议同意后，列入破产费用。选项 D 表述错误。

12. BD 【解析】本题考核本票。本票的绝对必要记载事项包括无条件支付的承诺，选项 A 错误。本票的绝对必要记载事项不包括付款人名称，选项 C 错误。
13. AB 【解析】本题考核企业增资。国家出资企业直接或者指定其控股的其他子企业参与增资的、企业债权转为股权的、企业原股东增资的三种情况，均由国家出资企业自行决策。选项 C、D 错误。
14. ACD 【解析】本题考核宽大制度。按照宽大制度规定，第一个申请者可以免予处罚或者按照不低于 80%的幅度减轻罚款。选项 B 错误。
15. ACD 【解析】本题考核经营者集中审查程序。两个以上经营者共同控制的合营企业，通过集中被其中的一个经营者控制，该经营者与合营企业属于同一相关市场的竞争者，且市场份额之和大于 15%的，不按简易案件处理。
16. ABCD 【解析】本题考核外商投资安全审查制度。

三、案例分析题

1.【答案】

（1）A 公司破产案件应由乙市中级人民法院管辖。根据规定，破产案件由债务人住所地人民法院管辖。债务人住所地指债务人的主要办事机构所在地。本题中，A 公司主要办事机构所在地为乙市，故 A 公司破产案件应由乙市人民法院管辖。

另外，破产案件的级别管辖依破产企业的注册登记情况确定。基层人民法院一般管辖县、县级市或者区的市场监督管理机关核准登记企业的破产案件；中级人民法院一般管辖地区、地级市（含本级）以上的市场监督管理机关核准登记企业的破产案件。本案中，A 公司为“地级市”市场监督管理机关核准登记的企业，故其破产案件应由中级人民法院管辖。综上，A 公司的破产案件应由乙市中级人民法院管辖。

（2）C 公司关于 A 公司章程规定的第二期出资的缴纳期限尚未届至，目前无需缴纳的主张不成立。根据规定，在破产程序中，公司股东是以其认缴的出资而不仅是已经缴纳的出资对债权人承担责任；公司股东尚未完全履行出资义务的，管理人应当要求股东缴纳所认缴的出资，不受出资期限的限制。

（3）F 公司有权提走其委托 A 公司加工的产品。F 公司提供原材料、委托 A 公司加工产品的合同，属于承揽合同。根据规定，债务人基于承揽合同关系占有的他人财产不应认定为债务人财产。故 F 公司可以行使取回权。

（4）债权人会议通过了和解协议。根据规定，债权人会议通过和解协议的决议，由出席会议的有表决权的债权人过半数同意，并且其所代表的债权额占无财产担保债权总额的 2/3 以上。本题中，和解协议在债权人会议讨论时，出席会议的有表决权的债权人有 60%（>1/2）表示同意，并且表示同意的债权人所代表的债权额占无财产担保债权总额的 70%（>2/3）。故和解协议可以通过。

（5）人民法院可以裁定宣告 A 公司破产。根据规定，和解协议草案经债权人会议表决未获得通过，或者已经债权人会议通过的和解协议未获得人民法院认可的，人民法院应当裁定终止和解程序，并宣告债务人破产。

2.【答案】

（1）A 在原始汇票上伪造乙公司的签章不会导致该汇票无效。根据规定，票据上有伪造签章的，不影响票据上其他真实签章的效力。可以看出，伪造签章不会直接导致汇票无效，本题中，A 在原始汇票上伪造乙公司的签章后背书给丙公司，而甲公司、M银行的签章均为真实的，该汇票仍为有效。

(2)丙公司可以向甲公司追索。根据规定，票据上有伪造签章的，不影响票据上其他真实签章的效力。在票据上真正签章的当事人，仍应对被伪造的票据的债权人承担票据责任。本题中，甲公司属于在汇票上真正签章的当事人，在丙公司行使追索权时，真正签章人甲公司不能以伪造为由进行抗辩。

(3)丙公司无权向A行使追索权。根据规定，由于伪造人没有以自己的名义签章，因此不承担票据责任。但是，如果伪造人的行为给他人造成损失的，必须承担民事责任；构成犯罪的，还应承担刑事责任。在本题中，A属于伪造人，A在票据上没有以自己的名义签章，因此，A不承担票据责任。

(4)乙公司对丁公司的背书转让行为有效。根据规定，背书时附有条件的，所附条件不具有汇票上的效力，即不影响背书行为本身的效力。在本题中，乙公司背书时记载的"本票据转让于钢材验收合格后生效"属于附条件背书，所附条件不具有汇票上的效力，背书有效。

(5)戊公司享有票据权利。根据规定，以背书转让的汇票，背书应当连续。持票人以背书的连续，证明其票据权利；非经背书转让，而以其他合法方式取得汇票的，应依法举证，证明其汇票权利。在本题中，戊公司应当证明：丁公司与戊公司发生了吸收合并，丁公司被注销登记，丁公司的所有权利、义务均由戊公司承受。此时，尽管票据背书不连续，但相关证据能够证明丁公司与戊公司之间权利转移的事实，戊公司可以主张票据权利。

3.【答案】

(1)张某以甲公司的名义和乙公司签订的五常大米买卖合同有效。根据规定，张某以甲公司的名义和乙公司签订五常大米买卖合同的行为构成无权代理，合同成立时效力待定；但被代理人甲公司通过向乙公司支付50万元五常大米货款的行为，对此进行了追认，该买卖合同转为有效合同。

(2)泰国香米因遭遇泥石流发生毁损的风险由甲公司承担。根据规定，当事人没有约定交付地点或者约定不明确，标的物需要运输的，出卖人将标的物交付给第一承运人后，标的物毁损、灭失的风险由买受人承担。在本题中，甲乙没有约定交付地点，乙公司将泰国香米交给丙公司后，风险应由买受人甲公司承担。

(3)泰国香米因山洪暴发发生毁损的风险由丁公司承担。根据规定，出卖人出卖交由承运人运输的在途标的物，除当事人另有约定的以外，毁损、灭失的风险自合同成立之日起由买受人承担。

(4)甲公司不能以未收到丁公司的泰国香米货款为由，拒绝向乙公司承担违约责任。根据规定，当事人一方因第三人的原因造成违约的，应当向对方承担违约责任。

(5)乙公司不能同时适用定金条款和违约金条款。根据规定，当事人既约定违约金，又约定定金的，一方违约时，对方只能选择适用违约金或者定金条款，二者不能并用。

(6)甲公司无权要求戊公司返还五常大米。根据规定，戊公司基于善意取得制度依法取得了该批五常大米的所有权，甲公司已经丧失了对五常大米的所有权，甲公司无权要求戊公司返还五常大米。

4.【答案】

(1)非公开发行对象的人数符合规定。根据规定，上市公司非公开发行股票的，发行对象不超过35名。本题中特定对象是20名，没有超过人数限制。

(2) A信托公司不得以管理的信托产品认购股份，B证券投资基金管理公司可以其管理的2只基金产品认购股份。根据规定，信托公司只能以自有资金认购；证券投资基金管理公司未限制必须以自有资金认购。证券投资基金管理公司、证券公司、合格境外机构投资者、人民币合格境外机构投资者以其管理的二只以上产品认购的，视为一个发行对象。

(3) 乙公司承诺发行结束后12个月内不转让不符合规定，根据规定，以下主体自发行结束之日起18个月内不得转让：控股股东、实际控制人或其控制的关联人，通过认购取得实际控制权的投资者，战略投资者。本次发行后乙公司取得控股地位，因此应自发行结束之日起18个月内不得转让。

(4) 发行价格为定价基准日前20个交易日公司股票均价的75%不符合规定。根据规定，上市公司非公开发行股票的，发行价格应不低于定价基准日前20个交易日公司股票均价的80%。

(5) ①公开发行优先股拟筹资2亿元，不符合规定。公司发行优先股筹资的金额不得超过发行前净资产的50%。发行前净资产为3亿元，筹资2亿元已经超过了50%。

②未能足额发放的优先股股息不予累积的内容不符合法律规定。公开发行的优先股，未能足额分配的优先股股息，差额部分应当累积到下一会计年度。

③采用浮动股息率的做法不符合规定。根据规定，公开发行优先股的公司，必须在公司章程中规定采取固定股息率。在本题中，根据盈利情况调整股息率的做法不符合规定。

(6) 董事会收到提案后未将其列入临时股东大会表决事项符合规定。根据规定，单独或合计持有公司股份3%以上的股东可以在股东大会召开10日前向董事会提出临时提案，董事会收到后2日内通知全体股东。张某和李某1月28日提出提案，距离2月5日召开临时股东大会已不足10日，董事会有权拒绝。

(7) 本次股东大会未通过非公开发行股份的决议。根据规定，股东大会就发行事项作出决议的，需要经出席会议的股东所持表决权的2/3以上通过。本题中，出席会议股东所持表决权为45%，同意的为25%，未达到2/3，因此决议没有通过。

模拟试卷（二）参考答案及解析

一、单项选择题

1. C 【解析】本题考核法律规范。法律条文是法律规范的文字表述形式。选项C表述错误。

2. B 【解析】本题考核无效民事法律行为。限制民事行为能力人不能独立实施的民事法律行为，属于效力待定的民事法律行为。选项A错误；受欺诈而实施的民事法律行为，属于可撤销的民事法律行为。选项C错误；名为房屋买卖合同实为借贷担保的担保合同，属于隐藏的意思表示，要按有关法律规定处理。选项D错误。

3. C 【解析】本题考核代理与委托。代理人需以被代理人的名义实施民事行为，委托既可以委托人名义，也可以受托人名义实施民事行为。选项A表述错误；代理实施的行为一定是民事法律行为，受委托实施的行为则既可以是民事法律行为，也可以是事务性行为。选项B表述错误；代理涉及被代理人、代理人和第三人，委托则属于委托人和受托人双方之间的法律关系。选项C表述正确；代理可以是有偿，也可以是无偿的。委托可以是有偿的，也可以是无偿的。选项 D 表述错误。

4. C 【解析】本题考核不动产登记类型。不动产权利的第一次登记，是首次登记，其是转移登记的前提，不同于转移登记。选项 A 错误；共有性质发生变更的，应办理变更登记。选项 B 错误；共有人增加、减少以及共有不动产份额发生变化的，应办理转移登记。选项 C 正确；不动产灭失，应办理注销登记。选项 D 错误。

5. D 【解析】本题考核按份共有。转让人向其他按份共有人发出的包含同等条件内容的通知中载明行使期间的，以该期间为准；通知中未载明行使期间，或者载明的期间短于通知送达之日起 15 日的，为 15 日；转让人未通知的，为其他按份共有人知道或者应当知道最终确定的同等条件之日起 15 日；转让人未通知，且无法确定其他按份共有人知道或者应当知道最终确定的同等条件的，为共有份额权属转移之日起 6 个月。需注意，6 个月的起算点为共有份额权属转移之日。

6. D 【解析】本题考核保证人抗辩权。一般保证人原则上享有先诉抗辩权，连带保证人并不享有本权利。选项 A 错误；保证人明知主债权诉讼时效期间届满仍然为其提供保证的，不可以援引诉讼时效届满为由拒绝承担保证责任。选项 B 错误；其承担保证责任后，原则上不可以向债务人追偿，除非债务人放弃诉讼时效抗辩。选项 C 错误。

7. D 【解析】本题考核赠与合同。赠与人的继承人的撤销权，自知道或者应当知道撤销原因之日起 6 个月内行使。

8. D 【解析】本题考核合伙企业事务执行。合伙事务，需要由合伙人执行。经全体合伙人一致同意，可以聘用合伙人以外的人担任合伙企业的经营管理人员，但其并不能执行合伙事务。选项 D 表述错误。

9. D 【解析】本题考核普通合伙人无限连带责任。无限责任，是指合伙企业全部财产不能清偿到期债务时，普通合伙人应以个人财产承担责任。选项 A 错误；连带责任，是指合伙企业全部财产不能清偿到期债务时，合伙企业的债权人有权向任何一个普通合伙人主张偿还债务。选项 B 错误；合伙企业对外债务到期后，第一顺序应以合伙企业财产偿还。仍有余额不能偿还的，由普通合伙人承担无限连带责任。选项 C 错误。

10. C 【解析】本题考核特殊普通合伙企业。一个合伙人或者数个合伙人在执业活动中因故意或者重大过失造成合伙企业债务的，应当承担无限责任或者无限连带责任，其他合伙人以其在合伙企业中的财产份额为限承担责任。合伙人甲乙应当承担无限连带责任，其他合伙人承担有限责任。选项 C 正确。

11. B 【解析】本题考核公司利润分配。决议、章程中如未规定时间或者时间超过一年的，公司应当自决议作出之日起一年内完成利润分配。

12. D 【解析】本题考核公司减资。以股权购买资产方式的并购，属于公司合并。选项 D 当选。

13. A 【解析】本题考核独立董事。上市公司董事会有权提出独立董事候选人。选项 B 中为“董事”，表述错误。独立董事每届任期不得超过 3 年，连任不超过 6 年。选项 C 错误；独立董事有权提议召开董事会，而不是监事会。选项 D 错误。

14. D 【解析】本题考核存托凭证。存托人可以在境外委托金融机构担任托管人。选项 D 表述错误。

15. A 【解析】本题考核强制退市。上市公司、上市公司股东等对上市公司所有股东股份的收购，导致公司股本总额、股权分布不再具备上市条件的，属于主动退市。选项 A 当选。

16. D 【解析】本题考核虚假陈述民事责任。信息披露义务人在证券交易市场承担民事赔偿责任的范围，以原告因虚假陈述而实际发生的损失为限。实际损失包括投资差额损失、投资差额损失部分的印花税及佣金。选项 D 表述错误。

17. B 【解析】本题考核破产费用。债务人不当得利产生的债务，以及债务人财产致人损害所产生的债务，属于共益债务。选项 AC 错误。破产申请受理前，债务人尚未支付的案件受理费、执行申请费等，属于破产债权。选项 D 错误。

18. C 【解析】本题考核债权人会议。对债务人破产财产的分配方案，债权人会议二次表决未通过的，由法院裁定。选项 C 表述错误。

19. D 【解析】本题考核票据责任。汇票的承兑人和本票的出票人，属于票据上的主债务人。选项 A、C 错误；支票上的付款人和未经承兑的汇票的付款人，并非票据义务人。选项 B 错误。

20. B 【解析】本题考核国内信用证。可转让国内信用证，开户行必须指定转让行，转让行可以是开户行。选项 B 表述错误。

21. D 【解析】本题考核企业国有资产监督管理。各级国有资产监督管理机构作为履行出资人职责的机构，根据本级人民政府授权，代表本级人民政府对国家出资企业履行出资人职责。对于中央文化企业、中国烟草、中国铁路、中国邮政集团等公司由财政部履行出资人职责。

22. C 【解析】本题考核产权转让。国家出资企业产权转让，应通过产权交易机构网站分阶段对外披露产权转让信息，其中正式披露信息不得少于 20 个工作日。

23. D 【解析】本题考核反垄断法适用范围。农业生产者及农村经济组织在农产品生产、加工、销售、运输、存储等活动中进行协同的行为不适用反垄断法。

24. B 【解析】本题考核剥削性滥用市场支配地位行为。搭售、拒绝交易、掠夺定价等行为属于排他性滥用市场支配地位行为。

25. B 【解析】本题考核外商投资的界定。中国投资者在境外直接投资，属于对外直接投资，不属于外商投资。选项 B 当选。

26. A 【解析】本题考核《对外贸易法》的适用范围。我国《对外贸易法》不适用于香港特别行政区、澳门特别行政区和台湾地区。

二、多项选择题

1. ABCD 【解析】本题考核建设中国特色主义法治体系。

2. AB 【解析】本题考核诉讼时效中止。权利人被义务人控制，引起诉讼时效中止。选项 C 错误；申请追加当事人参加诉讼或者被通知参加诉讼，引起诉讼时效中断。选项 D 错误。

3. AD 【解析】本题考核物权变动。作为不动产的商品房，所有权发生变动以登记作为物权变动生效要件，交付并不产生物权变动的效果。选项 B 错误；机动车作为特殊动产，以交付作为物权变动的生效要件，登记是行政管理手段，并不会直接导致物权变动。选项 C 错误；土地承包经营权的设立，不以交付或登记为要件，签订的土地承包合同生效时，物权即设立。选项 D 正确。

4. ACD 【解析】本题考核担保物权与诉讼时效。主债权诉讼时效期间届满后，抵押权人主张行使抵押权的，人民法院不予支持；抵押人以主债权诉讼时效期间届满为由，拒绝承担担保责任的，人民法院应予以支持。选项 A 正确、选项 B 错误；主债权诉讼时效期间届满后，财产被留置的债务人或者对留置财产享有所有权的第三人请求债权人返还留置财产的，人民法院不予支持。选项 C 正确；主债权诉讼时效期间届满后，动产质权、以交付凭证作为公示方式的权利质押，参照适用留置权的相关规定。选项 D 正确。

5. ABD 【解析】本题考核公司对外担保的决议。公司为其全资子公司开展经营活动提供担保时，不得以未经决议为由主张担保无效。选项 C 错误。

6. AC 【解析】本题考核委托合同。因王五原因，导致李四不能向张三履行义务，李四应当向张三披露王五，张三原则上可以对王五行使合同权利。除非王五知道张三存在，就不会和张三签订合同除外。选项 B 错误；因张三原因，导致李四不能向王五履行义务，李四应当向王五披露张三，王五可以选择要求李四或者张三承担责任。一旦选定后不得变更相对人。选项 D 错误。

7. ACD 【解析】本题考核有限合伙企业利润分配。有限合伙企业不能通过合伙协议约定的方式，约定全部亏损由部分合伙人承担，或者部分合伙人完全不承担亏损。选项 B 错误。

8. ABC 【解析】本题考核有限合伙人出资义务。合伙人未履行出资义务的，属于除名退伙的事由。选项 D 错误。

9. ABCD 【解析】本题考核股东诉讼。股东代表诉讼中，有权股东在特定情况下可以为了公司的利益以自己的名义向董事、高级管理人员提起诉讼，但胜诉利益应归公司所有。股东直接诉讼中，对于董事、高级管理人员损害股东利益的行为，股东可以直接提起诉讼，胜诉利益归股东自己，对股东持股比例没有特别要求。

10. ABC 【解析】本题考核经理。上市公司总经理、副总经理、财务主管和董事会秘书，必须在上市公司领薪，不得由控股股东代发薪水。

11. ABCD 【解析】本题考核非上市公众公司定向发行。

12. BD 【解析】本题考核重整计划监督。在重整计划规定的监督期内，管理人应当代表债务人参加监督期开始前已经启动而尚未终结的诉讼。选项 A 错误；监督期满，管理人应当向人民法院提交监督报告。选项 C 错误。

13. ABC 【解析】本题考核质押背书。质押背书具有抗辩切断的效力，而委托收款背书不具有抗辩切断的效力。选项 D 错误。

14. ABCD 【解析】本题考核产权变动登记。

15. ABCD 【解析】本题考核公平竞争审查制度。

16. BC 【解析】本题考核合格境内机构投资者管理。外汇管理局负责 QDII 机构境外投资额度、账户及资金汇兑管理，选项 A 错误。RQDII 可以使用自有人民币资金投资于境外金融市场的人民币计价产品，选项 D 错误。

三、案例分析题

1. 【答案】

（1）广元公司认为其他债权人不得重复提出破产申请不符合规定。根据规定，人民法院裁定受理破产申请前，提出破产申请的债权人的债权因清偿或者其他原因消灭的，因申请人不再具备申请资格，人民法院应当裁定不予受理。但该裁定不影响其他符合条件的主体再次提出破产申请。债权人 A 的债权被清偿，但其他债权人的债权尚未被消灭，仍有权继续提出破产申请。

（2）债权人 B 提起的诉讼不能继续审理。根据规定，破产申请受理前，债权人主张债务人的出资人、发起人和负有监督股东履行出资义务的董事、高级管理人员等直接向其承担出资不实或者抽逃出资责任，破产申请受理时案件尚未审结的，人民法院应当中止审理。债权人 B 的诉讼属于要求债务人出资人向其直接承担出资不实责任，且破产申请受理时尚未审结的，应中止审理。

（3）债权人 C 要求撤销广元公司设立居住权的行为符合规定。根据规定，破产申请受理后，管理人未依据法律规定请求撤销债务人无偿转让财产行为的，债权人依法提起诉讼，要求撤销债务人上述行为并将因此追回的财产归入债务人财产的，人民法院应予受理。广元公司设立无偿的超长期限的居住权的行为，视为无偿转让财产。债权人 C 可以据此要求撤销该行为。

（4）债权人 D 的主张不能够得到人民法院的支持。根据规定，破产申请受理后，经债权人会议决议通过，管理人或者自行管理的债务人可以为债务人继续营业而借款。提供借款的债权人主张优先于此前已就债务人特定财产享有担保的债权清偿的，人民法院不予支持。债权人 D 的债权可以优先于普通债权，但不能优先于其他对债务人财产享有担保债权。

2.【答案】

（1）①E 公司提示付款的时间符合规定。根据规定，见票后定期付款的汇票，自到期日起 10 日内提示付款。在本题中，提示付款期限为 7 月 10 日～7 月 20 日；②如果持票人未在法定期限内提示付款的，则丧失对前手的追索权；但承兑人或付款人的票据责任不能解除。持票人在作出说明后，承兑人仍应付款。

（2）①E 公司发出追索通知的时间不符合规定。根据规定，持票人应当自收到被拒绝承兑或者拒绝付款的有关证明之日起 3 日内，将被拒绝的事由书面通知其前手；②如果持票人未在法定期限内（3 日）发出追索通知的，持票人仍可以行使追索权，但因延期通知给其前手或者出票人造成损失的，应承担该损失的赔偿责任，但赔偿的金额以汇票金额为限。

（3）如果 E 公司于 2021 年 4 月 1 日才向 B 公司发出追索通知，其追索权丧失。根据规定，持票人对前手的追索权，消灭时效期间为自被拒绝承兑或被拒绝付款之日起 6 个月。在本题中，持票人 E 公司于 2020 年 7 月 12 日被拒绝付款后，应当在 6 个月内向 B 公司行使追索权，否则追索权消灭。

（4）如果 E 公司于 2022 年 7 月 5 日才行使票据的付款请求权，其对承兑人的票据权利并未丧失。根据规定，持票人对汇票的出票人和承兑人的权利，自票据到期日起 2 年。在本题中，该汇票的到期日为 2020 年 7 月 10 日，持票人的票据权利在 2022 年 7 月 10 日之前并不消灭。

（5）如 C 公司未在汇票上签章，不构成票据质押。根据规定，如果出质人在汇票上只记载了“质押”字样而未在票据上签章的，或者出质人未在汇票上记载“质押”字样而另行签订质押合同、质押条款的，不构成票据质押。

3.【答案】

（1）不符合规定。根据规定，当事人约定的定金数额不得超过主合同标的额的 20%；超过 20%的，超过部分不产生定金的效力。主合同的标的额是 130 万元，30 万元已经超过 20%，因此不符合规定。

（2）该担保合同有效。根据规定，行为人以虚假的意思表示隐藏另外一个民事法律行为，被隐藏的民事法律行为的效力，按照有关法律规定处理。C 公司与 B 公司签订的担保合同，名为买卖实为借贷担保，应按照担保法律关系处理。

（3）张某与甲开发商签订的商品房预售合同有效。根据规定，出卖人未取得预售许可而与买受人订立预售合同的，合同无效，但是在起诉前取得预售许可的，合同有效。

(4)张某因小区没有售楼广告所宣传的儿童乐园、游泳池、篮球场等公共设施而要求开发商承担违约责任有法律依据。根据规定，有关商品房的销售广告和宣传资料，就商品房开发规划范围内的房屋及相关设施所作的说明和允诺具体确定，并对合同的订立以及房屋价格的确定有重大影响的，为要约。上述内容即使未订入合同，仍属于合同的组成部分，当事人违反这些内容的，应承担违约责任。本题中甲的售楼广告构成要约，属于合同的组成部分，甲开发商违反这些内容需要承担违约责任。

(5)张某因其购买的商品房存在质量问题而要求退房，能得到法律支持。根据规定，因房屋质量问题严重影响正常居住使用的，买方可以行使法定解除权。

(6)如果张某与甲的售楼合同解除，则贷款合同也相应解除，甲应将收受的购房贷款和购房款的本金及利息返还给银行和张某。根据规定，商品房买卖合同无效、被撤销或者被解除，则贷款合同也应相应解除，出卖人应当将收受的购房贷款和购房款的本金及利息分别返还给担保权人和买受人。

4.【答案】

(1)属于内幕交易行为。根据规定，公司发生重大亏损或重大损失，属于内幕信息。证券交易内幕信息的知情人和非法获取内幕信息的人，在内幕信息公开前，不得买卖该公司的证券，或者泄露该信息，或者建议他人买卖该证券。因此张二丰自己抛售股份的行为以及告知吴不凡的行为都属于内幕交易行为。

(2)①黑狮基金公司以其管理的3只基金认购，视为1个发行对象。根据规定，证券投资基金管理公司以其管理的两只以上基金认购的，视为一个发行对象；

②金冠信托公司以其管理的资产认购非公开发行的股份，不符合规定。根据规定，信托公司作为发行对象，只能以自有资金认购；

③黑狮基金公司、金冠信托公司股份限售期6个月符合规定，凯龙保险公司限售期6个月不符合规定。根据规定，发行对象认购的股份自发行结束之日起6个月内不得转让，但上市公司控股股东、实际控制人及其控制的关联人，认购的股份在18个月内不得转让。凯龙保险公司是恒天公司控股股东的另一控股子公司，限售期应当是18个月。

(3)构成借壳上市。根据规定，上市公司自控制权发生变更之日起36个月内，向收购人及其关联人购买资产，购买的资产总额占上市公司控制权发生变更的前一个会计年度经审计的合并财务会计报告期末资产总额的比例达到100%以上的，构成借壳上市。

(4)应当经过中国证监会并购重组委审批。根据规定，上市公司并购重组中，构成借壳上市或者涉及发行股份购买资产的，均应经中国证监会并购重组委审批。本次重组涉及借壳上市以及发行股份购买资产，应当经证监会并购重组委审批。

(5)市场参考价符合规定，发行价格不符合规定。根据规定，上市公司发行股份购买资产的，发行价格不得低于市场参考价的90%，市场参考价为本次发行股份购买资产的董事会决议公告日前20个交易日、60个交易日或者120个交易日的公司股票交易均价之一。市场参考价13元，发行价格10元不足13元的90%，所以发行价格不符合规定。

(6)不能完成借壳上市。根据规定，借壳上市的条件之一是：上市公司及其控股股东、实际控制人最近12个月内未受到证券交易所公开谴责，不存在其他重大失信行为。

(7)不符合规定。根据规定，特定对象以资产认购而取得的上市公司股份，自股份发行结束之日起12个月内不得转让；但特定对象通过认购本次发行的股份取得上市公司的实际控制权的，36个月内不得转让。兆达公司成为恒天公司的控股股东，因此36个月内不得转让。